U0573086

本书为国家社会科学基金青年项目
"中国参与国际公共产品供给模式与路径选择"（批准号：13CJY117）的结项成果。

感谢南昌大学经济管理学院一流学科建设经费的资助。

中国参与
国际公共产品供给的
模式与路径

The Mode and Path of China's Participation in
International Public Goods Supply

杨 伊 / 著

社会科学文献出版社
SOCIAL SCIENCES ACADEMIC PRESS (CHINA)

摘 要

在全球化浪潮的推动下，多层次、多渠道、全方位的国际合作已经成为当代国际体系的一个重要特征。各国不仅在特定的问题领域建立了前所未有的密切联系，而且全球和地区层面的政治经济合作不断向纵深发展，以解决日益增多的超国家和跨区域的重大问题，如全球气候变暖、资源短缺、恐怖主义、人口增多、粮食危机、全球贫困等。这些全球公共问题的非竞争性、非排他性与利弊的不可分割性使其成为非常典型的国际公共产品。国际公共产品的有效供给需要各国合作协调，同时由于公共产品的特性，"搭便车"行为的出现成为必然。所以国际公共产品供给与需求之间的鸿沟始终不能弥合，且近些年有不断扩大的趋势。

一般而言，公共产品供给模式是解决公共产品供给问题的方法论，主要包括供给主体、供给内容、供给决策、筹资机制与供给路径等要素。但从现有研究来看，首先，关于国际公共产品供给的研究比较零散，并没有构建形成完整的供给模式，这在很大程度上不利于许多重要国际公共产品的供应。其次，西方学者研究国际公共产品供给普遍基于发达国家的现行制度基础，没有考虑不同国家间不同发展阶段的特殊性。而且他们在研究中过分强调发展中国家应承担的责任，在融资机制中过于强调对国际公共产品支付的"受益原则"，不适当地将国际公共产品成本分摊均等化，体现出极力维护于己有利的国际政治与经济秩序的思想。在这样的背景下，作为发展中国家的中国应以何种模式参与国际公共产品供给？选择怎样的路径供给，从而既维护国家利益，又能获得更多的国际公共产品红利？对这些问题的解答使得本书的探索非常有必要。

本书主要内容包括以下方面。

第一章，国际公共产品理论概述。本章阐述了全球公共问题的公共产品特性与面临的挑战，对国际公共产品的概念做出界定，并对国际公共产品供给理论相关研究进行了述评。

第二章，国际公共产品供给模式的构建。本章从供给主体、供给方式、供给博弈策略、供给资金来源、供给制度设计及面临的挑战等几个层面对国际公共产品供给模式的理论框架进行了较为完整的构建。

第三章，中国参与国际公共产品供给的现状、特点与挑战。本章主要分析了中国参与供给国际公共产品的现状与面临的资金供给困境、公正性困境、主体权力不平等困境等问题。

第四章，中国参与国际公共产品供给的博弈策略与身份变迁。本章以全球气候治理为例讨论了中国参与国际公共产品供给的博弈策略，并将理论联系实践，挖掘中国供给国际公共产品的身份变迁。

第五章，中国参与国际公共产品供给的创新模式。首先，中国参与国际公共产品供给的创新主体结构采取以政府为主导、多元主体并存的多利益攸关方互补型结构。其次，中国供给国际公共产品的责任应主要放在地区层面，同时履行适当的全球责任。最后，中国将以不同的供给方式供给不同类型的国际公共产品。

第六章，中国供给国际公共产品的路径选择与政策建议。本章分析了中国供给国际公共产品的身份定位和路径选择，并提出了中国参与供给国际公共产品的政策建议。中国将以"人类命运共同体"理念主导未来的区域公共产品和全球性公共产品供给，坚持合作共赢、共同发展，以自身的和平发展促进世界的和平发展，与世界各国一起向着持久和平、共同繁荣的人类命运共同体迈进。

目　录

第一章

国际公共产品理论概述

第一节　全球公共问题的公共产品特性
与面临的挑战

20世纪50年代以来，全球化浪潮势不可当，给世界带来了巨大的冲击，使民众充分感受到国家边界和疆域的模糊，国家间的相互依赖已成为当今时代最凸显的特征之一。正是这种相互依赖，使得世界各国的经济、政治、文化形成了"你中有我，我中有你""一荣俱荣，一损俱损"的现象。然而，全球化就像一把"双刃剑"，在促使资源自由流动与高效配置的同时也带来了全球公共问题。所谓公共，布坎南认为，"决定的做出是集团或社会团体的共同行为，无论什么原因，通过集体行动提供的物品或服务，都被界定为公共的"①。全球公共问题最本质的特点毫无疑问是公共性，但由于涉及的领域跨越国界，所以又具备一些异质性。首先，全球公共问题的不可分割性使得所有国家都会受到影响，没有国家能独善其身，例如，大气污染与核战争带来的危害是国家行政疆域阻隔不了的。其次，全球公共问题的应对方是个人—国家—全球的行为体集合，不能简单地认

① 〔美〕詹姆斯·布坎南（James Buchanan）：《民主过程中的财政》，唐寿宁译，上海三联书店，1992，第13页。

为仅有国家这一单一行为体。最后，解决全球公共问题需要联合各方共同行动，且需要全球公共政策和规划的指导。由此可见，全球公共问题的非竞争性、非排他性与利弊的不可分割性使其成为非常典型的国际公共产品。

全球公共问题既可能是公益问题，如全球福祉的增加，也可能是公害问题，如全球环境污染；既有低级政治领域的国际公共问题，如经济、贸易、金融等方面的议题，也有高级政治领域的国际公共问题，如安全、政治等方面的国际公共问题。以经济领域的事务为例，国际汇率制度的协调、国际资本的流动、国际贸易的规则等都带有"国际影响"的烙印，受到国际因素的约束与牵制；环境领域的公共问题如臭氧层的损耗、温室效应、全球气候变化、生物多样性的保护、沙漠化趋势等，是每个国家乃至整个人类所面临的生存和可持续发展问题，任何人为边界设定都阻隔不了；而安全领域的问题早已跨越"国家安全"狭隘的理念，被作为世界或全球安全问题来讨论。帕尔梅委员会①（Palme Commission）的报告中指出：国际安全必须建立在共享生存的基础上。马克·博耶也认为，一个满意的安全水平仅仅通过单个国家的努力将不能达成。② 可见，全球公共问题这一国际公共产品需要全球治理，需要各国合作协调以达成积极协议并主动执行。但由于全球公共问题具有公共品特性，"观望者"或"搭便车者"的出现成为必然。奥尔森的集体行动逻辑第二条定律指出，由于个体理性与集体理性的矛盾，自利往往占据优势，全球公共利益经常得不到应有的维护。③ 所以国际公共产品的供给与需求之间的鸿沟始终不能弥合，且近年来有日益扩大的趋势。

然而，发展机遇总是隐藏在每一次重大的时代挑战背后。中国作为世

---

① 帕尔梅委员会即裁军和安全问题独立委员会（Independent Commission on Disarmament and Security Issues），是由瑞典前首相帕尔梅领导的一个关于和平与安全研究的非营利机构。

② Mark A. Boyer, *International Cooperation and Public Goods: Opportunities for the Western Alliances* (Baltimore: The Johns Hopkins University Press, 1993), p. 5.

③ 〔美〕曼瑟·奥尔森（Mancer Olson）：《集体行动的逻辑》，陈郁、郭宇峰、李崇新译，上海人民出版社，1995，第 2 页。

界上最大的发展中国家，国际政治经济影响力日益扩大，正逐步迈入国际舞台的中心。中国在国际公共产品供给中的角色正在悄然发生变化，将重塑国家身份，从以往的"被动参与供给者"向"主动倡导参与供给者"转换，向世界各国提供更多的"搭便车"机会。这不仅是历史的必然，也是时代赋予一个新兴崛起大国的发展机遇和责任担当。"中国越来越多的利益是在国际参与和对外交往中获得的，提供国际公共产品其实就是在创造有利于自身的和平、开放和可持续的发展环境。"① 因此，供给国际公共产品对中国和国际社会而言，是一个"双赢"的结果。第一，承担起国际公共产品供给的责任，有利于中国获得国际声誉、地位、影响力和话语权；第二，参与并倡导国际公共产品供给体现了国家与国际社会的双向互构与重塑，有利于中国国家利益国际化的实现；第三，中国倡导参与国际公共产品供给，有利于赋予国际公共产品中国特色，打破由单一国家垄断供给的一元化治理格局，推动了国际政治经济民主化进程，为广大发展中国家提供发展福利与和平红利。

党的十九大报告提出"坚持推动构建人类命运共同体，坚持推动构建新型国际关系"，这是中国参与国际公共产品供给坚定立场的体现，因此立足中国现实、放眼世界，对国际公共产品供给问题进行系统研究是新时期进一步扩大开放、深化改革的必然要求。当前国际公共产品的供给比较零散，没有形成完整的供给模式，在很大程度上不利于许多重要国际公共产品的供给。因此，本书旨在对下面几个问题进行回答：①国际公共产品完整的供给模式如何构建？②中国参与国际公共产品供给面临哪些困境？对此如何破解？③中国供给国际公共产品的模式、类型及方式是什么？④中国参与国际公共产品供给应采取怎样的博弈策略和路径，从而既维护国家利益，又获得更多国际公共产品红利？⑤中国供给国际公共产品时由被动参与转换为主动倡导参与的现实动因和支撑条件是什么？

---

① 张蕴岭：《中国发展战略机遇期的国际环境》，《国际经济评论》2014 年第 2 期。

第二节 国际公共产品的界定

在 1954 年的一篇文章中，保罗·萨缪尔森（Paul Samuelson）将非排他性和非竞争性作为区分私人产品与纯粹公共产品的基本特征。非排他性是指将那些不为商品付费的人排除在消费之外是不可能的，或者代价高昂得令人望而却步。非竞争性意味着任何一个人对公共产品的消费对他人可获得的公共产品数量都没有影响。

与公共产品概念密切相关的其他概念是外部性和"搭便车"。外部性，或称第三方效应，指的是某一特定商品或行为的成本或收益没有反映在商品本身的价格中。影响的成本从直接负责的行动者转移到其他行动者。只要外部因素仍然存在，纠正这种情况的动机就不存在。当外部成本被有效地归因于产生它的个体时，这种外部成本就被内部化了。最终，提供公共产品的动机源于鼓励正面外部性或纠正负面外部性的愿望。"搭便车"与公共产品的非竞争性和非排他性直接相关，是指使用者缺乏为公共产品供给融资的激励。公共产品引出的行为模式，从个体代理人的观点来看，是相当理性的。然而，从集体的角度来看，例如，从一个地方社区、一个国家或整个人类的角度来看，结果是次优的，甚至可能是灾难性的。

自萨缪尔森首次提出公共产品概念以来，人们对严格意义上的经济定义和公共产品概念的批评越来越多。萨缪尔森本人坚持认为，在现实生活中，公共产品很少是纯粹的，他所假设的实际上是一个理想的理论概念，不能严格应用于实际的政策性事务。他认为，公共产品是由定性的伦理因素决定的，并依赖于政治共识。实际上，大多数公共产品是不纯粹的，而不是纯粹的，这一事实使得集体行动（政府干预、私人代理之间的协议或两者的结合）成为相关领域知识分子和政策关注的焦点。

贸易、金融流动和人口流动推动世界变得更加一体化，一系列新的公共政策挑战也出现了。国家实施相应政策举措是必要的，但还不够。的确，从国际角度来看，为国家利益而采取行动有时会使情况变得更糟。应对气候变化、艾滋病流行和金融危机等挑战，需要全球协作努力。如果这些对全球稳定的威胁能够促使全球协调合作，那么这些威胁就可以变成机会。人道和公平的全球化需要全球繁荣的共同愿景。这种共同的愿景使国际公共产品成为可能，国际公共产品包括跨国界适用的规则、监督和执行这些规则的机构，以及各国获得的无区别的利益。例如，这些利益包括更清洁的环境、更低的患病率、更稳定的全球金融体系和更少的国际冲突。

一　从公共产品到国际公共产品

对于公共产品，应通过与私人产品的对比关系来理解。私人产品通常在市场上交易。买卖双方通过价格机制进行交易。如果他们就价格达成一致，商品（或服务）的所有权或使用权就可以转让。因此，私人产品往往具有排他性，有明确的所有权归属，同时也往往具有竞争性，例如，某块蛋糕一旦被某人消费了，则其他人就不能消费。

我们在分析中要使用的具体经济概念是公共产品。公共产品有两个特征，即非竞争性和非排他性。如果一种产品的使用在任何方面都不会减少其他人对该产品的使用，那么它就被称为非竞争性产品。非竞争性产品最常见的例子之一是知识。例如，一个班级的学生学习牛顿运动定律，并不会减少该定律对其他人的可用性。相比之下，人们在市场上购买的大多数商品本质上是竞争的。例如，如果一个人穿上某件衣服，那么另一个人就不能同时使用它。如果很难或不可能阻止个人从中受益，如果把它的使用限制在一个或几个人之内并试图阻止其他人使用它是极其困难、昂贵和效率极低的，则该产品被称为非排他性产品。清洁的空气是非排他性产品的一个好例子。与之相反，公共汽车服务是排他性产品，因为可以对乘坐公共汽车的人收费。

物品可以在不同程度上具有非排他性和非竞争性。例如，知识在一定程度上是可以具有排他性的，因为可以使用知识产权法和专利法来阻止人们使用知识，但房子的排他性更强。

市场可以有效地提供私人产品，但不能提供公共产品。国防的例子可以说明这一点。国防的好处是完全没有竞争性的，因为一个人从国防中得到好处并不会减少另一个人可以得到的好处，而且具有非排他性，因为不可能把任何人排除在国防的好处之外。国防的非排他性意味着私营企业不太可能提供这种服务。相比之下，政府可以通过税收为国防提供资金。如果对每个人征收的税款不超过他愿意支付的国防费用，那么公共条款代表着没有任何对国防的"帕累托改进"。

"搭便车"问题也证明了由市场提供公共产品是效率低下的。如果任其发展，个人将不愿为公共资源付费，因为考虑到公共资源的非排他性，他们将能够以某种方式从中受益。如果不能阻止个人从一种公共产品中获益，那么自私的理性人将有动机把提供公共产品的重担留给别人。例如，如果要求个人捐献用于维护公共道路的资金，那么每个人捐献的资金可能都会少于其获得的利益（现代经济学假定行为者是自私的）。因而政府必须为了整个社会的利益而运作，利用税收来确保道路的有效投资水平。

这就引出了谁提供公共产品的问题。一旦它们存在，它们就在那里供所有人享用。因此，对于自私的理性人来说，不为公共产品供给做出贡献，却通过"搭便车"享受公共产品带来的利益往往是最理性的策略。这的确是公共产品面临的两难境地。一方面，如果没有某种集体行动机制，可能会出现公共产品供给不足的风险；另一方面，如果有集体行动机制，污染、噪声、高风险的银行贷款等公共产品也可能会被过度提供。

公共产品的性质是全球性的，如果它的特征是非竞争性和非排他性的，那么不仅在一个区域内，而且在广泛的全国、全世界的范围内也是如此。一个城市的清洁空气对该城市居民而言是非竞争性和非排他性的，全球变暖的危害（公害品）对世界上所有的人口而言也是非竞争性和非排他性的。国家政府有责任充分提供公共产品。然而，国际公共产品（International Public Goods，IPGs）目前面临的关键问题是，没有一个世界政府对此进行充分供给。因此，国际公共产品只有通过国际合作才能得到充分供给，而国际合作是否可行，则取决于国际公共产品的效益和各国合作的成本。

国际公共产品是公共产品，其利益跨越国界、世代和人口群体。它们构成更广泛的国际公共产品集团（其中包括作为另一个子集团的区域公共产品）的一部分。例如，一旦实现了消灭天花这一目标，这个国际公共产品就会造福于世界各地的人民，包括现在和未来，无论贫富。同样，如果国际社会能成功地保卫和平，那么每个人都能享受和平。运作良好的国际市场也大致如此。避免全球气候变化的风险将确保各世代不同地理区域的人口广泛受益，尽管世界各地的人们可能会以不同的方式受益。同样，诸如民用航空、邮政服务、电信和护照免签制度等，都具有显著的全球公共性。

具有国际性质的公共产品并不少见。在过去几十年里，世界各地之间的相互渗透程度急剧加深，产生了许多超越国界的问题。随着对外开放逐渐成为实现经济繁荣的一个重要因素，当今商品和金融市场一体化达到空前繁荣的程度，与此同时，国际贸易和跨境金融流动也迅猛增加。技术进步降低了运输货物、人员的成本和通信成本，促进了贸易、旅行、信息交流和文化交流的增加。世界人口增长和工业化导致了对自然资源的不可持续利用，从而引发了更多的全球问题。

按照联合国1996年《经济、社会和文化权利国际公约》的规定，各民族国家有义务在世界各地保护并提升经济和社会权利，这意味着，鉴于当今世界财富分配不均，各国有义务采取措施促进全球公平。我们在分析国际公共产品框架下的国际合作时，首先要问一问：全球公平本身是不是国际公共产品？我们认为民族国家出于自身利益的考虑，应该致力于促进全球公平。如果我们忽视道德上的原因，是否可以说富裕国家有动机增加不那么富裕国家的福祉？这个问题将全球公共利益的概念延伸到了极致，因为如果人们接受全球公平是一种全球公共利益，那么由此可以得出结论：任何增加较贫穷国家福利的努力，也有利于较富裕国家。实际上，国家产品和国际公共产品之间的区别是模糊的。然而，这是一个有用的起点，可以确定各民族国家的经济义务和道德义务在多大程度上重叠。如果说全球公平是全球公共利益，那就意味着这两种义务完全重叠。

这个问题与后文讨论的其他国际公共产品问题也是相关的，某些国际公共产品将主要由较贫穷国家获得，而这些国际公共产品主要由较富裕国家供给。

二 国际公共产品的传统分类

国际公共产品并不是什么新鲜事物。自然共有物，如大气和公海，甚至早于人类活动而存在。关于各国自由进入公海的协定可以追溯到 17 世纪。19 世纪和 20 世纪初，随着国际经济活动的加强，航运业、电信业、民航业和邮电业开始蓬勃发展，大量协定被制定出来。如果这些协定的性质是多边的，范围是全球性的，那么它们本身就具有全球公益性质。它们建立了国际秩序和规则，这些秩序和规则一旦存在，往往人人都能从中受益。

传统的国际公共产品包括两类：一类是国家外部问题，如自然公地；另一类是国家之间的关系，即所谓的边境问题，如贸易关税、资本管制和军事安全。这两种传统的国际公共产品共同构成了传统意义上的外交事务。它们仍然很重要，甚至可能比以往任何时候都更重要，因为国际经济活动正在增长，各种新挑战正在出现。

关于国际公共产品的分类，Kaul 等将国际公共产品分为全球自然共享品、全球人为共享品和全球条件三大部分[1]；Morrissey、Gardiner 等按部门将国际公共产品分为环境性产品、社会性产品、经济性产品和制度或基础设置产品四个大类[2][3]；Sandler、Kanbur 和 Barrett 依据加总技术的不同，将国际公共产品分为简单加总产品、加总权重产品、最优环节产品和最弱环节产品四种[4]~[10]。虽然这些分类不尽相同，但是对于和平、健康、可持续发展

---

① Kaul, I., Grunberg, I., and Stern, M., *Global Public Goods: International Cooperation in the 21st Century* (New York: Oxford University Press, 1999), pp. 454 – 455.

② Morrissey, O., et al., "Defining International Public Goods: Conceptual Issues," in M. Ferroni and A. Mody (eds.), *International Public Goods: Incentives, Measurement and Financing* (Dordrecht: Kluwer Academic Publishers, 2002), p. 35.

③ Gardiner, R., Goulven, K., "Sustaining Our Global Public Goods," *Economic Briefing* 3 (5), 2002, pp. 1 – 15.

④ Sandler, T., "Global and Regional Public Goods: A Prognosis for Collective Action," *Fiscal Studies* 19 (3), 1998, pp. 221 – 247.

⑤ Sandler, T., "On Financing Global and International Public Goods," Policy Research Working Paper 109 (6), 2001, pp. 259 – 312.

（转下页注）

等各国目前特别关注的问题是否属于国际公共产品，学者们还是达成了较为一致的意见。

三 国际公共产品的新类型

当今政策议程上最突出的全球性挑战代表了一种全新的、完全不同的国际公共产品。它们跨越国界，涉及诸如清洁空气、健康、金融稳定、市场效率或知识管理等公共产品，而这些产品已不能仅靠国内行动来生产，也涉及诸如人权和公平等产品，这些产品在国家边界的保护下供给不足。供给这些新型国际公共产品需要跨国界的政策协调并根据实际情况做出改变，而不仅仅是制定协议。

新型国际公共产品的产生有几个因素。其一，一些国家的开放程度不断提高，导致全球负面影响的蔓延，比如社会倾销、竞争性贬值以及高风险的消费行为（比如吸烟）。其二，全球系统性风险日益增多，比如国际金融市场固有的波动性风险、全球气候变化风险，或者爆炸性全球不平等引发的政治风险，因此需要更多地考虑可持续发展。其三，非国家行为体如跨国公司和民间组织的力量日益增强，加大了对各国政府的压力，要求它们遵守共同的政策规范。

（接上页注）

⑥ Sandler, T., "Financing International Public Goods," in M. Ferroni and A. Mody (eds.), *International Public Goods: Incentives, Measurement and Financing* (Dordrecht: Kluwer Academic Publishers, 2002), p. 81.

⑦ Kanbur, R., Sandler, T., and Morrison, K., "The Future of Development Assistance: Common Pools and International Public Goods," *ODC Policy Essay* 5 (25), 1999, pp. 1 – 92.

⑧ Kanbur, R., "IFI's and IPG's: Operational Implications for the World Bank," from www. arts. cornell. edu/poverty/kanbur/IFI-IPG. pdf, 2002.

⑨ Barrett, S., "Supplying International Public Goods," in M. Ferroni and A. Mody (eds.), *International Public Goods: Incentives, Measurement and Financing* (Dordrecht: Kluwer Academic Publishers, 2002), p. 47.

⑩ Barrett, S., *Why Cooperate?: The Incentive to Supply Global Public Goods* (Oxford: Oxford University Press, 2007).

第三节　国际公共产品供给理论研究述评

一　经济学视角

经济学的研究内容紧紧围绕供给与需求两大主题不断推进，国际公共产品的特性（非排他性、非竞争性）对供给问题提出了不同于其他经济问题的挑战。大多数国际公共产品的供给水平低于需求水平，毫无疑问，有关各方对成本和效益的考虑导致供给不足或效率低下。外部性往往会造成成本与效益不匹配。但是，根据古典经济理论，对于外部性，可以通过政府实施公共政策（庇古）或跨国公司实施私人决策（科斯）两种方式来衡量和纠正。就目前而言，将国际外部性内部化既可以通过转移机制实现，也可以借助强制内部化的手段实现，包括资本转移、技术转移和其他具有特定条件的转移。而 Martin 等在 2010 年提出可采用"可影响定价方案"（Price-influencing Scheme）对国际公共产品供给或减少国际公害品所做出的努力进行定价，本质上是征收基于国际公共产品的动态庇古税，解决缺少世界性政府的监管问题，提高参与个体的积极性。[1] 另外，利益不确定性和存在的风险也是影响成本效益的关键因素，国家个体为了政权的稳定普遍厌恶风险，重大的不确定性会对国际公共产品的供给增加许多成本，还会对供给效率的提高形成阻碍，最后造成福利减损。因而，不确定性和风险会对各方在国际公共产品供给合作过程中达成国际共识、制定国际协定造成一定的阻碍。

从经济学角度而言，可确定的收益水平有利于提高国际公共产品的供给水平，解决市场失灵和"搭便车"问题，在某种程度上减少不确定性、避免风险，凡此种种都对提升国际公共产品的供给效率有着积极的意义。

界定清楚供给职责和最有效的供给主体有利于解决国际公共产品供给数量满足不了需求数量的问题。过去普遍认为，主权国家和由主权国家衍

---

[1]　Martin, A., Dirk, T. G., and Sheshinski, E., "Environmental Protection and the Private Provision of International Public Goods," *Economica* 77 (308), 2010, pp. 775–784.

生而来的国际组织等是国际公共产品的最佳供给个体。然而，随着学术研究以及实践的不断发展，人们发现国家间的合作才是有效提供国际公共产品的主要手段，例如，形成国家联盟、制定国际协定等。

Kempf 和 Rossignol 认为应当通过国际合作的方式来解决缺少具有权威性的"世界政府"所导致的国际公共产品供给不充分问题，通过国家间的"组织化合作"来促成国际层级合作，以破解集体行动难题。[1] 于世海等认为信托基金是国际组织在为国际公共产品筹集资金方面卓有成效的手段，其中最重要的原因是某些国际公共产品具有一定程度的排他性，由此形成"俱乐部公共产品"，促使私营部门或跨国公司自发对其进行融资，以类似市场行为对国际公共产品进行供给。[2] 同时，缺乏稳定资金来源和公共税收作为收入来源是国际公共产品和国家公共产品最大的区别，大部分资金来源于国际公共经济援助官方渠道，但其审计周期长、流程复杂，而自愿筹资所取得的资金则显得杯水车薪。

综上，经济学视角下国际公共产品的有效供给问题是一个值得关注研究的问题，无论是分析国际公共产品供给不足的原因，还是供给主体或筹资方式的选择，最终都落脚在对效率的考量上。如何提高供给水平和效率以实现供需平衡，始终是经济学关心的问题。

二 政治学与国际关系学视角

从政治学视角来看，国际公共产品供给困境不仅仅是表面上的"搭便车"难题，其中更深层次的问题是政治和经济间的摩擦和矛盾带来的。

第一，"搭便车"是经济市场与政治市场双重失灵的表现。具有权威性的国际组织很少，因而几乎所有的国际公共产品只能依靠各国自愿供给，各国政府理所当然地将本国利益置于首要地位，而本国利益未必与全球福利一致，因而各国政府往往会忽视全球福利，并且随着参与供给的个

---

① Kempf, H., Rossignol, S., "National Politics and International Agreements," *Journal of Public Economics* 100, 2013, pp. 93 – 105.

② 于世海、王洪国:《跨国公司发展与环境保护协同策略研究》,《当代经济》2008 年第 13 期。

体数量增加，这种双重失灵的严重程度也会不断加深。

第二，国际公共产品供给困境同时也是国际政治市场功能与机构失衡的表现。参与国家所能获得的确定性收益是国际合作形成并推进政策实施的决定性因素，而违反共识、不守信用、不遵守国际协议等政治失灵行为会降低国际公共产品供给效率，这种困境的成因与对各个国家政治利益诉求和偏好的忽视以及普遍存在的历史文化差异密切相关。因此在实践中，为了充分而优化地供给国际公共产品，建立有效可行的激励相容机制势在必行。

第三，组织约束的限制。特定政策与管理方式对于国际公共产品供给来说是必需的，传统意义上的国际治理方式与国际组织形式在国际公共产品供给上显得力不从心，尤其是对于政治偏好相对保守的国家来说，更需要创新型的政策和管理模型来提高它们供给国际公共产品的意愿，将国际利益也纳入国家政府的考量之中。各国政府应采取基于新问题的导向性组织原则，是因为国际公共产品的供给或国际合作往往针对某一特定问题。例如，纠正和消除负外部性，鼓励提供具有正外部性的物品或实施具有正外部性的行为。

第四，政策的刚性（Policy Stand-offs）。Repetto 等认为在当今世界，政策的刚性（僵化）是广泛而常见的现象，大刀阔斧的政策改革已经非常少见，在供给涉及更多国家的国际公共产品中这个问题更加严重。[①] 在当今政治舞台上，各国间的政治分歧不断加剧，导致国家间的合作受到阻碍，重大的国际政治改革不可避免。这些因素导致经济和政治市场双重失灵，致使国际公共产品供给不足。

与国家公共产品不同的是，各参与个体从国际公共产品中获得的利益在大多数情况是不均等的，各国从中受益的程度各不相同，甚至有的国家的福利会受损。因为国际公共产品有明显的非中性特点，对公平层面的关注与对个体价值实现的重视，也成为国际公共产品供给研究中的重要内

---

① Repetto, R., Speth, J. G., *Punctuated Equilibrium and the Dynamics of U. S. Environmental Policy* (New Haven: Yale University Press, 2006).

容。与经济视角不同，基于政治视角的研究更注重公平。新兴发展中国家在世界舞台上的话语权不断提高，国际公共产品所具备的"公平"特征在未来的经济社会中将越来越重要。此外值得注意的是，在国际公共产品供给过程中不可避免地会涉及国家主权，Rodrik 认为主权改革已经迫在眉睫，不能侵犯他国主权的概念也发生了变化，积极参加国际合作、主动供给国际公共产品性以及承担相应的费用，成为负责任地行使国家主权的新要求。[①]

三 博弈论视角

博弈论是一种新兴的研究方法，侧重于研究利益相关者的博弈行为和决策，为研究国际公共产品供给问题提供了空间，并引领了一种新的研究风潮。从博弈论的角度研究国际公共产品供给是如何从非合作转变为合作，其中对纳什均衡与帕累托均衡的比较，即博弈均衡是否能同时最大化财富，是许多学者关注的焦点。

针对国际公共产品供给的有效性，博弈论涉及的研究主要集中于两个方面：第一，所涉及的国际公共产品的客体性质；第二，参与者的博弈策略。对于国际公共产品，可以从主体性质（非排他性、非竞争性）的角度研究如何克服集体行动的困境。不同的加总技术会带来不同的边际效益，进而影响国家博弈行为。在简单加总供给方式下存在的囚徒困境中，各国博弈可能会达成最优环节供给或者最弱环节供给，形成纳什均衡，从而使非合作的各个国家达成合作，这也可以解释"搭便车"或"小国剥削大国"的现象。

除此之外，各个国家的博弈行为也会被各国的相对实力影响，Lei 等认为，在采用线性技术供给时主导国家倾向于结成联盟国家数量尽可能少的国家联盟，而在采用最优环节供给时主导国家倾向于结成联盟国家数量尽可能多的国家联盟，并自发地供给国际公共产品。[②] 采用最弱环节供给

---

① Rodrik, D., *The Globalization Paradox*（Oxford：Oxford University Press，2011）.

② Lei, V., Tucker, S., and Vesely, F., "Foreign Aid and Weakest-link International Public Goods：An Experimental Study," *European Economic Review* 51（3），2007，pp. 599 – 623.

时，在以货币作为转移支付的情况下，两国相对实力相差不多能够带来较多的国际公共产品供给，而两国实力悬殊时采用非货币形式更有效率，相对富裕国家在参与国际转移支付时则倾向于选择非货币手段进行支付援助。在许多国际公共产品供给情况下，"利他主义者"即供给国际公共产品的国家而非"接受者"国家是主要的受益者，因此发达国家有动力与其他国家合作。

博弈论为破解国际公共产品供给困境提出了有效措施——选择性激励机制，即在国际公共产品供给中，采取惩罚手段抵消一国不参加合作得到的收益与参加合作得到的收益之间的正差部分，以防止该国实施"搭便车"行为，或采取奖励手段鼓励国家参加合作。采取适当的选择性激励措施可使各国在开展某些具有私人性质的活动的同时促进国际公共产品的供给。有时，参加集体行动的国家数量的不断增加，会对后加入的国家产生正向反馈，即付出的成本不断下降，从而使边际收益不断增大，或成本不变，但收益提高。在这种情况下，"搭便车"与"不搭便车"之间的收益差距越来越小，国际公共产品供给行为将得到"奖励"。徐崇利还提出了一些新的选择性激励措施，如"议题关联"——政府间进行国际环境治理谈判时，把其他相关领域的国际合作问题考虑进来，或"联合产品"——相关国参与特定国际公共产品供给时不仅有助于提升总体供给水平，也会给本国带来收益，供给国际公共产品产生的副产品——私人品，实际上就是对有关国家参与国际公共产品供给的一种激励。①

基于博弈论的研究更加注重对行为的研究，这与经济学大相径庭。基于博弈论的研究将参与博弈的国家或国际组织从整体上视为博弈个体，不考虑内部的具体差异，从集体行动的角度来考虑国际公共产品供给问题，构建了选择性激励机制。同时，近年来的研究也往往从本身性质与加总技术的角度出发，区分了不同类型的国际公共产品并提出了相应的供给策略。另外也可以看到，对国际公共产品供给的博弈研究基本遵循了非合作博弈的框架，主要分析了博弈困境的产生和各参与国在其中的策略选择问

---

① 徐崇利：《国际公共产品理论与国际法原理》，《国际关系与国际法学刊》2012 年第 2 期。

题，罕有运用合作博弈理论对该问题进行的研究，并且大多数研究以静态博弈为主，动态博弈的研究不多。从国际合作的实践来看，国际公共产品的供给经常陷入博弈困境，因此有必要同时运用合作博弈的理论对该问题进行分析，注重从非合作均衡向合作均衡转化的条件，同时强调在合作中各参与国的利益分配问题，并设置强有力的约束，以保证合作持续进行。另外，国际合作往往需要经过多轮谈判与协商才能达成，不可避免地会涉及动态与重复博弈的过程，但相关研究也比较匮乏。

第二章

国际公共产品供给模式的构建

本章将在理论和实践研究的基础上构建国际公共产品供给模式（见图 2-1）。不同的供给主体（主权国家、国际组织、区域国家联盟等）在经过供给博弈后根据各自的利益诉求和政治立场选择合作博弈或者非合作博弈，在达成一定的协定后对国际公共产品的供给进行筹资，在具体的供给路径中应该兼顾最优供给以及供给效率，在供给方式的选择上有简单加总供给、加总权重供给、最优环节供给、最弱环节供给四种方式，最后达成供给国际公共产品的目的。

图 2-1 国际公共产品供给模式

第一节 供给主体

国际公共产品问题是如今全球经济社会飞速发展进程中最关键的难题之一。国际公共产品在国际政策辩论中越来越重要，人们通常给出的理由是全球化。全球化是一种极为矛盾的现象，它使所有人都相互联系，但同时又使不同国家集团之间和各国人民之间存在深刻的分歧。这被描述为全球秩序的断裂。

在各种各样的情况下，当各国出于自身利益行事时，它们也会对国际公共产品的供给做出贡献。从国内和国际的角度来看，安全的国内金融体系、更好的公共卫生条件、更多的研究和开发以及温室气体排放的下降都是有益的。因此，国际公共产品供给将在很大程度上继续取决于各国政府是否愿意和有能力将国家资源用于那些也有助于实现国际目标的国内项目。国际公共问题具有共同性以及不可分割性，急需世界各国采取双边或者多边协作加以解决，全球治理问题成为其中不可避免的问题。

全球治理并不是世界政府或国家行为者的线性加总，而是国家和非国家行为者之间的伙伴关系，以及从区域层级到全球层级合作破解难题的创新路径。全球治理模式是在机构合作的基础上发展起来的，两者之间有着互相依存的关系和内部相互关联性。如今各个国家、经济体之间的相互依存度不断提升，使得国际体系、国际制度的效力得到前所未有的提高。因此，全球治理的多边合作不能忽视制度的作用，并且要借助制度的力量推进合作。全球合作的激励因素不同于制度合作的激励因素，制度合作的激励因素主要取决于国家之间共享或者共同利益的存在，这种利益是一种以经济利益为主的国家之间的共同利益。而全球治理合作在认可这种利益动力的基础上，还要寻求为解决共同面对的全球问题而形成的新的激励因素。

通常而言，政府天然地被赋予供给公共产品的职责，而人们往往对政府供给的诸如安全、卫生等公共产品心怀不满，并且供给过程中产生的公共预算成本难以控制，因此许多国家创造性地提出了在公共产品供给领域引入"私营化"。研究公共产品供给，可以将其分为三大类：政府供给、市场供给、非政府组织供给。非政府组织中以非营利组织为代表。非营利组织是满足公共目的，实现社会公众利益的私人组织。非营利组织介于市场和政府之间，不仅规避了市场供给中企业追求利润最大化而妨碍集体利益的弊端，而且借鉴了市场的竞争模式来提高供给效率；不仅避免了政府因处于垄断地位而缺乏提高效率的外在压力的弊端，而且作为政府的补充，为社会提供了更有效的公共产品。非营利组织将成为现代社会的重要组成部分，使市场与政府更加和谐，使社会更加有效地运转。

公共产品供给方式的选择通过两项原则来决定：比较成本和效益；整体分析经济和社会。因此，任何一种公共产品的供给都是由成本、效益、经济、社会多方面的因素决定的。那么在世界范围内公共产品的供给主体是什么呢？国际公共产品具有广泛影响力，各国民众和经济体都可以从多样化的国际公共产品中获益，其供给主体同样也是多样化的。从理论上分析，在上述三大类供给主体的框架下，可将国际公共产品的供给主体具体细分为以下五个。

一　主权国家

主权国家是现代国际关系中最重要的因素。在多边或双边关系中，每个国家都是重要的因素，并发挥核心作用。国家之间的关系是国际关系中最重要的内容，国际公共问题能否解决依赖于各国合作与否。从结果来看，国家合作行为体是目前国际关系中最重要、最基本、最活跃的行动派，只有国家才具有支撑整个社会的强大力量。

主权国家在自身权威、合法性和资源管理方面具有天然优势，对公共产品治理合作机制的建立、完善、效率提升以及国际条约和协定的制定、有效性和履行起到重要作用。在环境等直接关系人类共同利益的领域，多数情况下主权国家会产生更大的影响。[①] 因而在未来的一段时期里，不可能产生其他的主体来取代主权国家，也不可能出现可以凌驾于领土主权和国家主权之上的一系列政治框架和国际规则。但是，非国家行为体将成为未来一种活跃的个体，并且将成为长期趋势。世界各国之间的联系将由于各种正式、非正式国际规则的制定和实施而更加紧密，各国的发展也将由于这些规则的出现而被深刻改变，因此，未来国家的自治性将不断下降，过去所界定的保持绝对政治自治的国家将不复存在。一方面，国家个体是国际政治关系中最重要的参与者和全球治理中最强大的管理者，"有效的全球治理必须以国家和市场为基础"。多边合作已成为国际合作中的主要

[①] 《关于消耗臭氧层物质的蒙特利尔议定书》就是各个主权国家出于对全球臭氧层问题的关注而签订的协议。

形式，在国际关系中占据主导地位。另一方面，非国家行为体也需要通过与政府的合作来影响世界政治。

二　国际政府间组织

国际政府间组织产生于各国之间的合作，全球治理将依托国际政府间组织发挥作用，要制定和运用多样化的全球治理标准，就必须依赖国际政府间组织。鉴于国家间的相互依存程度提升，国际政府间组织具有的稳定、制度化的特性显得更重要。国际政府间组织（如联合国、世界贸易组织和世界银行）在国际事务中扮演着极为重要的角色，尤其是在减少贫困、维护和平等方面。

国际政府间组织通过外交斡旋推进各国合作，为全球问题的解决提供数据收集、信息处理平台。例如，联合国致力于促进和平、维护世界稳定；世界银行致力于减少贫困人口和攻克疾病；国际货币基金组织致力于减少金融波动和维护金融稳定。因此，国际政府间组织在有关和平与发展的全球问题治理中发挥了积极作用。

在广义上，国际政府间组织包括国际规则、国际机制和其他国际关系网络。在狭义上，国际政府间组织是一个由不同国家及其国内参与者组成的社区，旨在实现共同的目标。

国际政府间组织有共同的目标。国际政府间组织通常以下列目标为基础：和平解决国家间的争端，调节国际关系，控制国际冲突和减少战争；增加特定地区或人群的社会和经济利益，促进国家间的合作，促进民族国家集体防御外部威胁。二战后成立的国际政府间组织主要是为了加强国家间的合作，防止大规模战争重演，而目前成立的国际政府间组织主要是为了促进不同国家的经济发展。因此，国际政府间组织的出现直接干预了国家间的集体行动，在国际或全球范围内提供公共产品。一方面，国际政府间组织可以通过奖励或胁迫民族国家的相关机制进行集体行动。除了提供非排他性的、非竞争性的公共产品外，国际政府间组织还可以向各国提供具有个性的产品。另一方面，国际政府间组织可以扮演政治家、企业家或领导人的角色。任何集体行动都需要组织成本或启动成本。在集体行动完成之前，总需要有人或国家承担费用。当国际或全球问题出现时，有关国际政府间组织可以组织或领导集体行动。一些国际政府间组织具有与世界各国政府类似的职能，在某些情况下，它们可以干涉民族国家的行动，确保集体行动的开展。

联合国、世界银行、国际货币基金组织等在国际公共产品供给中发挥了不可替代的作用。然而，由于合法性有限，国际政府间组织不得不寻求与权威国家之间的合作，以增加其权威性。它们不能征税，不能侵犯国家主权，资金来源主要依赖于民族国家的捐款和收缴的会费。国际政府间组织可能面临资金短缺，即使它们有动力提供国际公共产品。国际政府间组织的会费分摊方式主要有以下五种。

第一，各成员方平均分摊。这是沿袭已久的方式，此方式易于执行，实质上是一种对成员方征收的"人头税"。此方法适用于所需资金较少的情况。各个会员方应从组织活动中获得同样的好处，各自拥有同等数量的代表席位和投票权。各成员方平均分摊还可以应用于其他情况，例如，联合国善后救济总署将预算分成"行政"和"职能"两个主要部分，其中的行政预算由各成员方均摊。

第二，人均分摊。此法曾于 1875～1876 年被国际计量组织及欧洲议会所用。它的累退效应很明显，只适用于要承担的支出较少的情况。

第三，多级会费制。成员方的分摊额或者自愿归级，或者根据某项标准归级。此法运用不普遍，国际电信联盟采用此法，成员方各自归入相应等级，结果导致少数成员方支付的会费远低于其能承担的水平。

第四，比例会费制。比例会费制分为单一比例制度和有上下限的多层级比例制度。有上下限的多层级比例制度是应用最广泛的制度，即根据不同比例计算各成员方应缴纳的会费，如联合国将会员国的国民生产总值作为设定各国缴款比例的依据。在这种方法下，会员国的缴款既不会低于联合国预算，也不会超过预算。另外，国际铁路运输联盟则是根据成员国的铁路长度对其缴款比例进行设定。

第五，累进会费制。此法迄今为止还未见有国际政府间组织采纳。

国际政府间组织在提供国际公共产品时所采取的投票机制反映了每个

国家在国际政府间组织中的话语权大小，体现了每个国家之间的利益竞争关系。有以下几种不同的投票机制：一国一票一致同意机制、一国一票多数同意机制、一国数票加权同意机制等。基于公众选择的视角，不同的投票机制反映了各个国家话语权的竞争博弈结果。一国一票一致同意机制和一国一票多数同意机制虽然能够使得每个国家在执行决议时的影响相同，表面上体现了相当高程度的民主性，但没有反映各国在人口、地域、发展阶段和其他方面的客观差异。对不同投票机制的选择可以影响投票结果，从而影响国家利益。所以在不同的国际政府间组织中，针对不同主题的投票机制也成为各国讨论的话题。发展中国家必须积极争取在国际事务中的直接利益，并在这些领域采取行动，提高自己在国际问题上的发言权，从而实现保护自身利益的目标。

此外，国际政府间组织选择的各种投票机制的成本收益差异也可能影响它们所提供的公共产品数量。

图 2-2 反映了国际政府间组织公共产品的供给受不同投票机制的影响。横轴表示国际政府间组织提供的公共产品数量，边际收益曲线向右下方倾斜，表示随着公共产品数量的增加，边际收益递减，而边际成本曲线向右上方倾斜，表示随着公共产品数量的增加，边际成本上升。与此同时，不同投票机制下的边际成本曲线存在差异。这由两部分构成：一是任何投票机制下都存在的边际成本，二是由投票机制造成的边际成本差异。一国一票多数同意机制下的边际成本曲线最低，一国一票一致同意机制下的边际成本曲线最高。因而，一国一票一致同意机制下国际政府间组织能够提供的公共产品数量最少，即 $Q_3 < Q_2 < Q_1$。

三 区域国家联盟

在博弈论的视角下，对提供公共产品的国家政府而言，集体供给不算是一个最优的合作博弈形式，因为一旦参与个体增加，囚徒困境、公地悲剧、"搭便车"等博弈中存在的问题将更难解决。曼瑟尔·奥尔森详细研究了集体行动的问题，在理性人和追求个体利益这两种假设下，发现了"集体行动的逻辑"。奥尔森认为，行为主体的多样化和复杂性导致大群体

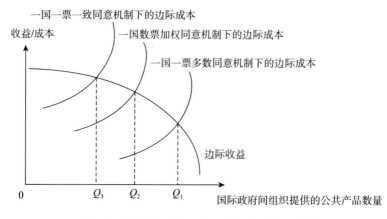

图 2 - 2　公共产品的供给受不同投票机制的影响

之间的合作博弈失败，从而"搭便车"这一现象在合作博弈中也就难以规避了。在这种理论基础下，小群体成员之间的合作显得更加具有可行性，但这并不意味着成员数较少的小集体能提供充足的公共产品。基于国际关系的视角，肯尼斯·沃尔茨分析了个体数量与国际合作成功与否之间的关系，研究发现参与个体（称为"极"）的数量与国际合作的效益负相关。奥耶根据交易成本分析了合作博弈的博弈抉择，并确认了参与游戏的个体数量与合作的关系。首先，参与个体数量越多，所需要进行交流的信息量越多、越复杂，交易成本就越高；其次，参与个体的数量多，还会导致个体的预期更加多样化、更加复杂，难以达成多边个体都满意的博弈结果，降低决策效率；最后，在个体数量增加的情况下，信息不完全沟通和不确定的环境会导致形势更严峻，"搭便车"的现象会增多。所有这些都表明，由一小部分国家组成的紧密的区域国家联盟，可以更可行地供给国际公共产品。

　　布鲁斯·拉西特、哈维·斯塔尔、约瑟夫·奈等学者详尽地阐述了区域国家联盟在供给国际公共产品方面的优势，总结起来就是参加联盟的国家对于相互间的共同利益有共同的认识，这奠定了各国政府间相互合作的良好基础。因为参加联盟的国家对于加入联盟和不加入联盟的利益已经做了比较，愿意加入者自然认为加入联盟更有利。所以建立区域国家联盟供给国际公共产品将会是未来相当长时期内各国政府的优先选择，通过这种途径供给国际公共产品将会是国际公共产品供给制度发展中的一个重要阶段。欧盟就是这方面的范例。

四 以国际非政府组织为主体的全球公民社会

全球公民社会是自 20 世纪 80 年代以来，特别是冷战结束以来在国际关系领域兴起的新话题。[①] 自 20 世纪 70 年代起，全球性问题和各种危机出现，国家越来越显示出其能力的不足，人们便产生了对国家能力的信任危机。在应对经济社会危机的过程中，全球公民社会顺应潮流迅速成长为一个独立的社会政治空间，弥补了主权国家无所作为而导致的政治空间，其多样性有效地弥补了公共机会的不足。尽管国际科学领域对全球公民社会的定义还有相当多模棱两可的见解[②]，但基本共识是：作为在国家之上和之外运作但又与国家互动互补的非政府的网络和领域，追求公共目标的各种非政府组织和社会运动及其所表达的全球意识和全球价值取向是全球公民社会的核心内容和思想灵魂。开展各种跨国活动的社团特别是国际非政府组织是全球公民社会中的主要活动主体。

实际上，国际非政府组织开展跨国活动，主要是指在区域和全球一级开展集体跨国活动，以及建立一个健全的跨国倡议网络，以此说服国际体系中的各种行为者积极参与跨国活动。通过联合行动，影响当局改变执政策略，从发达国家向发展中国家输送援助；影响发展中国家当地非政府组织的政策，进而影响当局政策的实施；通过网络舆论动员市民，以及通过本国公民影响政府等。与此同时，还可成立多个专门监管国际公司的机构。人权组织和环境组织也会向各国施加压力，要求其改善人权和环境。

这些集体跨国行动和倡议网络有效地推动了全世界包括国家在内的各种力量协调行动，以解决由全球化带来的全球性问题。除了促进跨国活动的实施以直接参与全球治理，非政府组织还通过组织政府间活动，特别是

---

① 蔡拓、王南林：《全球治理：适应全球化的新的合作模式》，《南开学报》（哲学社会科学版）2004 年第 2 期。

② 当代国际学术界有关全球公民社会的研究有四位极为重要的人物，分别为 Ronnie D. Lips-chutz、Lester M. Salamon、Helmut K. Anheier 和 John Keane。

通过制度化的直接参与和跨国对话广泛介入全球治理。非政府组织在联合国的咨商地位是其制度化地参与政府间组织和国际活动的最典型表现。国际非政府组织由此将全球公民社会与联合国这一全球最大的国际政府间组织相互联系起来，并通过这样的联系对全球治理产生巨大的影响。然而，国际政府间组织对国际非政府组织的参与持有不同的看法，因此，跨国组织在全球民间社会发展过程中的逻辑性、合规性及其影响大小也受到了一些质疑。

五　私营或跨国企业

当今世界正在经历信息爆炸，知识的多样化和互动传播的多渠道提高了某些全球公益物的私营提供者和跨国企业等行为者的参与积极性。虽然关于跨国企业的作用积极与否尚未达成一致意见，但随着"企业社会责任"① 和"三重底线"② 意识的提高，如今跨国企业在全球治理方面扮演着不可或缺的角色。例如，对互联网而言，网络服务提供商是为民众提供能够消费的、高效率的网络不可缺少的部分，它们将在线浏览信息、收发电子邮件等转变为廉价的国际公共产品，这与政府并没有太大的关系。因此，一些国际公共产品实际上可以由私人提供，私营或跨国企业的权力继续扩大，极大地影响了国际公共产品的供应。此外，许多公共产品的生产可以由特殊的个人来完成，同时需要进行宏观调控，需要政府当局进行监管。

需要关注的是，上述供应主体广泛地在经济社会的各个方面寻求合作以

---

① "企业社会责任"概念的提出可以追溯到 17 世纪早期的主流经济学家亚当·斯密，其观点是企业的社会责任就是向社会提供产品和劳务，并使企业利润最大化，这种观点在 20 世纪 30 年代有所发展，但仍局限于"经济人"的观念。20 世纪 60 年代，以肯尼斯·安德鲁斯为代表的经济学家认为企业不是纯粹追求利润最大化的"经济人"，而是"经济人"与"道德人"的统一。到了 20 世纪 80 年代，对企业社会责任的关注越来越多，如以托马斯·唐纳森为代表的"社会契约理论"，主张坚持一种更广泛的、超出法律的社会契约。另有"附属理论"，即主张接受政府的干预和管理。总之，企业社会责任的概念经历了从经济责任到法律责任再到道德责任（包括公益责任、文化责任、教育责任、科学责任、环境责任等）的不断发展。

② "三重底线"（Triple Bottom Line，TBL）指的是与公司活动有关的环境、社会和经济方面的指标。另外，"TBL"也被当作一种决策工具，即在决策前确定并评估项目的环境、社会和经济影响。

供应国际公共产品。因此，国际公共产品是多个供应主体交互协同和互相促进所带来的产品，每个行为体都可能有助于促进国际公共产品的供给。

第二节　供给方式

要解决公共产品供给可能存在的问题，我们需要考虑的不仅仅是非竞争性和非排他性，供给方式也是重要的方面。目前学界已有大量的供给方式被提出，其中最常见的是简单加总供给、加总权重供给、最优环节供给和最弱环节供给。不同的供给技术决定着公共产品不同的成本分摊方式，也影响着最终的供给数量。

简单加总供给是最为常见的公共产品供给方式，指的是该类产品的供给总量等于所有供给主体的贡献量之和。对于国际公共产品而言，这意味着供给总量等于所有供给主体供给量的总和。

加总权重供给是指每个供给主体对国际公共产品供给总量有不同的影响权重，一个供给主体的单位贡献不可能被另一个供给主体的单位贡献完全替代。例如，在防止全球酸雨形成的过程中，由于风向和地理位置的不同，每个国家减少等量的二氧化硫排放量所产生的边际效用是不同的。

最优环节供给是指国际公共产品的供给总量由做出最大贡献的供给主体生产的公共产品数量单独决定。低于这一水平的供给量不会对该公共产品的供给总量产生任何影响。例如，美国疾病控制中心对全世界范围内的传染病情况进行跟踪调查，并向其他各国发出警报就属于此类国际公共产品供给方式。

最弱环节供给与最优环节供给正好相反，供给总量是由做出最小贡献的供给主体生产的公共产品数量单独决定的。例如，即使所有国家都采取了防御措施，但只要有国家疏于防范，就会为恐怖袭击创造机会，对全球安全造成威胁。

一　简单加总供给

国际公共产品的供给总量由参与主体的供给总额决定。每个主体的公共产品供给都会增加供给总量，且每一单位投入给公共产品供给总量带来的边际效益是一样的。可以表示为：

$$Q = \sum_{i}^{n} q_i, i = 1, 2, \cdots, n \qquad (2-1)$$

其中，Q 为公共产品的总供给，它等于 n 个供给主体供给量 q_i 的总和，q_i 为第 i 个国家的贡献。

在简单加总供给方式下，当一方供给主体从单位产品供给中得到的收益 b_i 小于供给支出 c_i 时，便会出现囚徒困境。因此，每个潜在的供给主体考虑到可能会遭受（$c_i - b_i$）的损失，占优策略都是不提供公共产品。除非有更具权威性的机构加以干预，否则将无主体愿意供给该类公共产品。

简单加总供给方式与非竞争性和非排他性利益相结合，会造成融资不确定性，需要国际协调。如果参与供给的主体所获得的利益未超过其付出的成本，就不可能达成合作。

采用这种供给方式的国际公共产品是国际社会最难以提供的，产品的总供给量取决于各个主体的供给量，但现实是每一个供给主体根据其单边愿望都只愿意提供有限数量的公共产品。这里不能不提到贸易漏损的现象，一些国家减少公害品生产的行为增加了工业成本，使得生产或使用这些产品的相对优势转移到其他国家，结果是另一些国家又增加生产，最终减少公害品生产的国家行为所带来的正效应被增加公害品生产的国家行为所带来的负效应抵消。在这种情况下，贸易漏损实际上削弱了国家单边提供公共产品的动力。

二　加总权重供给

加总权重供给方式中的权重不仅仅是一个，这些权重反映了一方提供的单位产品对某个公共产品总体供给水平产生的边际效用。可以用下式表示：

$$Q_i = \sum_{j}^{n} a_{ij} q_j, i = 1, \cdots, n \qquad (2-2)$$

Q_i 是国家 i 能受益的公共产品数量，q_j 是国家 j 提供的公共产品数量，

a_{ij} 是 j 国所供给的公共产品中由 i 国受益的份额,这种公共产品供给方式最适合受区域公共产品影响的一些地区。例如,对发电厂硫排放的清理可采用加总权重供给方式,因为污染源的位置对顺风沉积物的形态有影响。当害虫的分布不均时,控制害虫的公共产品供给也适合采用加总权重供给方式,因为在害虫据点内消灭害虫比在害虫较少的地方消灭害虫会产生更大的效果。从一项加总权重供给的公共产品中获得的具体利益越大,就越有动机做出贡献。从另一个角度来看,加总权重供给还可以表示为:

$$Q = Aq \qquad\qquad (2-3)$$

Q 为 $n \times 1$ 阶向量 $(Q_1, \cdots, Q_n)'$,A 是 $a_{ij}s$ 的 $n \times n$ 阶矩阵,q 为 $n \times 1$ 阶向量 $(q_1, \cdots, q_n)'$。当公共产品的受益者与供给者之间的距离远近比方向更重要时,A 就是对称的矩阵,否则就是非对称的。

我们可以运用这个公式来解释酸雨问题,在这种情况下,风向会决定硫化物的扩散途径,所以 A 是非对称的转置矩阵。如果在这一转置矩阵里 $a_{ij}s$ 非常显著,也就是说对角线上的元素非零并且最大,那么国土面积大的特定国家能从减少硫化物排放中获利最大。因此,显著的 $a_{ij}s$ 数值将促使与之相关的国家采取措施来消除硫化物排放所带来的影响。这也解释了自 1985 年开始的关于减少硫化物排放的行动所取得的巨大进展。

另一个需要关注的是中性问题。当这些国家的权重都不一样时,重新分配收入和征税可以实现国际公共产品供给的理想水平。收益从 $a_{ij}s$ 较小的国家转移到 $a_{ij}s$ 较大的国家,使之从供给国际公共产品中获得更多利益,从而提高该国际公共产品的供给水平。而且,加总权重供给并不意味着会发生囚徒困境,当一个国家从国际公共产品里分摊的受益份额足够大时,它就有动力参与公共产品供给,甚至是独自供给公共产品。实际上,此时的行动博弈既有囚徒博弈、保证博弈,还存在一致博弈。

三 最优环节供给

在最优环节供给方式下,国际公共产品的供给总量由参与主体中的最大贡献额单独决定,低于这一水平的贡献额不发挥作用。具体表示为:

$$Q = \max\{q_1, q_2, \cdots, q_n\} \qquad (2-4)$$

其中，q_i 是个体 i 对公共利益的贡献。如果某个国家的某种行为威胁到整个世界的和平与稳定，那么，那个尽最大努力的国家或组织才有可能平息这种威胁。再如，在寻找艾滋病等疾病的治疗方法方面，付出最大努力的研究最有可能成功。

一般来说，在科学和健康领域适合采用最优环节供给方式。在这种方式下，需要协调多方关系。例如，要在保健部门实现最优环节供给，多边伙伴可包括制药公司、贫穷国家、富有的捐助者和政府间组织等。当富有的捐助者对最优环节没有兴趣时，融资的前景就很渺茫。例如，疟疾多发于贫穷、卫生状况糟糕的国家，富国不太可能供给疟疾治疗方面的公共产品，因为它不会对富裕国家的人民构成威胁。这时就需要政府间组织提供资金，或者通过伙伴关系为发展中国家的重要国际公共产品供给提供支持，如进行疟疾治疗药物风险投资。

最优环节供给是个一致博弈，即参与者只需要在均衡集合中选择自己的行为。对于一个包含 n 个参与者的博弈模型，其最优的情况是仅需要一个参与者去提供某国际公共产品。而当这一国际公共产品属于一般产品时，通常都是由参与者中最富有的那个提供。

如图 2-4 所示，一旦一个参与者提供一个单位的国际公共产品，那么另一个再提供一个单位将不会增加效用。同样，当一个参与者提供 2 个单位的国际公共产品时，如果另一个提供的国际公共产品数量小于或等于 2 都不会增加额外的效用。也就是说，不同参与者提供国际公共产品产生的效用是不能叠加的，而只有同一个参与者提供的国际公共产品产生的效用才可以叠加。在图 2-4 中，3×3 矩阵中的净收益都是效用扣除成本后的净值。举个例子，参与者 A 提供 2 个单位国际公共产品，参与者 B 提供 1 个单位国际公共产品，则 A 会得到 3 个单位的净收益，等于 7 单位收益减去 4 单位的供给成本，而 B 会得到 5 个单位的净收益，等于 7 单位收益减掉 2 单位的供给成本。在这一博弈中不存在占优策略，两个纯战略纳什均衡是图 2-4 中的打星号阴影部分。在纯战略纳什均衡中，A 或 B 将独自提供 2 个单位的公共产品。

		博弈者 B		
		0	1	2
博弈者 A	0	0, 0	4, 2	7, 3*
	1	2, 4	2, 2	5, 3
	2	3, 7*	3, 5	3, 3

图 2 - 4 最优环节供给博弈

在最优环节供给方式下，只要对公共产品的供给国来说提供产品带来的收益大于成本，这种产品就可以由一国单独提供而不需要进行国际合作。现实中的事例包括工业化国家的研发（R&D）支出——该支出能为进行研发投资的国家带来丰厚的利润，最终也提高了发展中国家的生产力。这里包含了两个方面的刺激机制：一是，发展中国家通过进口高科技产品掌握了一定程度的先进技术；二是，发展中国家能通过一定的渠道享受工业化国家研发获取的新成果，而如果这些新成果由它们自己来研发的话，要付出高昂得多的成本。Coe 等认为工业化国家研发活动的总外溢效益增加了发展中国家约合 220 亿美元的总产出，这几乎相当于 1997 年官方发展援助（ODA）总金额的一半。[①]

四 最弱环节供给

在最弱环节供给方式下，做出最小贡献的个体供给量确定了国际公共产品的总供给量。具体表示为：

$$Q = \min\{q_1, \cdots, q_n\} \tag{2-5}$$

Hirshleifer 在其 1983 年的论文中，以环岛堤防为例说明了最弱环节供给，一国环岛堤防的防洪能力取决于最薄弱堤防部分的高度。[②] 另一个例子是网络，其中最不可靠的部分决定了整个系统的可靠性。最弱环节供给

---

① Coe, D. T., Hoffmaiser, A. W., and Helpman, E., "North-south R&D Spillovers," *The Economic Journal* 107 (440), 1997, pp. 134 - 149.

② Hirshleifer, J., "From Weakest-Link to Best-Shot: The Voluntary Provision of Public Goods," *Public Choice* 41 (3), 1983, pp. 371 - 386.

为官方发展援助提供了一个令人信服的理由。比如，说服北方人相信通过官方发展援助在南方抗击传染病能保证整个国家的安全是比较容易的。再如，在控制某一疾病蔓延的行动中，采取预防措施最少的国家将决定疾病蔓延的程度；在扑灭大火的行动中，最不积极的一方将使得整个集体控制火灾的难度大大增加。最弱环节供给可能构成一个一致博弈，在一致博弈中，每一个参与者都愿意做其他参与者都在做的事情。

在图 2-5 中，我们首先看 3×3 博弈矩阵中粗线框所示 2×2 区域，博弈参与者 A 和 B 都有两种选择：贡献 0 单位的国际公共产品或者贡献 1 单位的公共产品。除非两个参与者都贡献一个单位的国际公共产品，否则有效的国际公共产品数量将是 0，也就是说人们不能从国际公共产品中获得好处。我们假设提供每单位国际公共产品的成本是 2 个单位，而且只有当每个参与者都提供 1 个单位的国际公共产品时，每个参与者才能获得 4 个单位的好处。当国际公共产品提供数量为 0 时，每个参与者的效用也为 0，因为既没有收益也无须付出成本。假如参与者 A 提供 1 单位的国际公共产品，而 B 没有，那么 A 将花费 2 个单位的成本，但却没得到一点好处。显然，A 没有动力这样做，国际公共产品的有效提供量还是 0，这时 B 也就没法免费搭车。反之亦然。但如果每个参与者都提供 1 个单位的国际公共产品，则每个参与者都可以获得 2 个单位的收益，因为其提供一个单位国际公共产品的支出为 2 个单位，而得到的收益却是 4 个单位。不同于囚徒困境模型的是，这个博弈没有占优策略均衡。但在灰色阴影所示 2×2 区域，标有星号的集合是两个纯战略纳什均衡。当双方都做出贡献时，任何一方的最优选择都是贡献，因为 2＞0。同理，在大家都不贡献的情况下，没有人能够从单独贡献中获得好处，因为 0＞-2。而最弱环节供给博弈最本质的特征就是纳什均衡的匹配行为集会沿着该博弈矩阵的对角线出现。最终均衡结果是每个参与者都会提供公共产品，因为这时集团处于帕累托最优状态，获得的总净收益要好于每个参与者都不提供的情况。而且此时，为供给公共产品而达成的协议也是自动实施的，集体供给行为的预期要高于匀质加总供给的一般囚徒困境博弈。

		博弈者 B		
		0	1	2
博弈者 A	0	0, 0*	0, -2	0, -4
	1	-2, 0	2, 2*	2, 0
	2	-4, 0	0, 2	4, 4*

图 2 - 5　最弱环节供给博弈

如果两个参与者都有三个策略——提供 0 个单位、1 个单位、2 个单位的公共产品，这时就要用到 3 × 3 矩阵。我们假设每单位公共产品的供给成本还是 2 个单位，当最小贡献是 1 个单位时，那么每个参与者的收益将是 4 个单位（1 × 2 + 1 × 2）；当参与者的最小贡献是 2 个单位时，则每个参与者将得到的收益是 8 个单位。当一个参与者提供 2 个单位而另一个只提供 1 个单位时，那么提供较多的那一个参与者将得到 0（4 - 4）个单位的收益，这等于从 1 个单位公共产品得到的收益减去 2 个单位的成本，而提供较少的那个参与者却得到了 2（4 - 2）个单位的收益。这也适用于公共产品供给单位更多的情形，所有的均衡解将都在对角线上（如图中打星号的集合）。当然在实践中，这些均衡结论也取决于参与者的禀赋或福利情况。当公共产品供给成本与博弈者的收入正相关时，那些最贫穷的国家或地区的国际公共产品供给成本将最少，这也决定了国际公共产品的供给总量。这是由于其他国家或地区也将遵循这一水平的公共产品供给，即使提供更多的公共产品也只会增加成本而不会增加收益。

总之，在最弱环节供给方式下，激励机制往往比较容易建立并促进国际公共产品顺利提供。比如，在传染病控制方面，处于最弱环节的往往是一些贫困国家，但是传染病得不到控制将会引起全球性大恐慌。发达国家一般会提供资金资助或者技术援助，帮助贫困国家解决该问题。多边机构和非政府组织也可以为差额部分提供资助。因此，最弱环节供给方式能够大幅改善公共产品供给不足的情况。

另外，Sandler 在上述分类基础上进一步补充了较优环节和较弱环节供给。[①] 较优环节供给相当于最优环节供给的一种次极端方式，最大的贡献者对供给总量具有较大但非决定性的影响，即最大贡献者的供给量对供给总量的影响最大，第二大贡献者的影响次之，依此类推。例如，一国发现的新型抗生素可以最有效地治疗大部分患者，然而有效性稍差一些的抗生素可能为那些受收入水平限制而无法获取或因过敏而无法使用新型抗生素的患者所需。较弱环节供给正好与较优环节供给相反，它是最弱环节供给的一种次极端形式，即最小贡献者具有最大的边际影响，第二小贡献者的边际影响次之，依此类推。以害虫防治为例，超过最低贡献量的供给能够提供一些额外的保护以防止害虫入侵。再如一些跨国条约（如禁止濒危物种贸易的条约）的执行，超过最低贡献量的努力同样能够产生净收益。

较弱环节供给博弈可以实现更多的均衡，比如图 2－6 里 3×3 矩阵中嵌入的 2×2 矩阵，同样供给 1 个单位国际公共产品的成本是 2 个单位，每个参与者在扣除成本之前从该单位公共产品中获得的收益为 2 个单位。但是，如果两个参与者都供给了 1 个单位公共产品，那么在成本扣除之前，每个参与者能获得 4 个单位的收益。由此看来，当参与者互相协调行动从而都供给公共产品时，所供给的单位具有更大的边际收益。较弱环节供给博弈与最弱环节供给博弈在对角线单元格中的回报是相同的，但非对角线单元格中的回报是不同的。同样，当每个参与者都有 3 个可能的供给数量时，即供给 1 个、2 个、3 个单位公共产品时，博弈会出现 7 种用星号表示的纯策略纳什均衡，且这些均衡允许更大的集体行动可能性，对协作的要求也更低。

博弈者 A		博弈者 B		
		0	1	2
	0	0, 0*	2, 0*	3, -1
	1	0, 2*	2, 2*	4, 2*
	2	-1, 3	2, 4*	4, 4*

图 2－6　较弱环节供给博弈

---

① Sandler, T., "Global and Regional Public Goods: A Prognosis for Collective Action," *Fiscal Studies* 19 (3), 1998, pp. 221 – 247.

第三节 国际公共产品供给的资金来源

不考虑客观存在的定义和数据获得性方面的问题，20 世纪的最后 10 年中，更多的资源被用于供给国际公共产品。据世界银行估计，20 世纪 90 年代中期，官方发展援助总额 550 亿美元中约有 30% 直接或间接地分配给了国际公共产品，并且这一分配比例有逐年增加的趋势。这一趋势引起了人们的关注，这等于从发展中国家净转移资源。而且由于国际公共产品交付系统涉及的渠道众多，因此对资金来源进行系统的探讨是有必要的。

一 资金来源

国际公共产品供给的资金来源有许多种类。我们可以将它们分为四类：内嵌外部性、私人来源、公共来源以及通常以伙伴关系形式出现的各种组合。

（一）内嵌外部性

创造市场以确保国际公共产品供给需要一系列的制度安排，包括产权的分配、配额的分配、信息交流机制的建立、定价程序的建立和管理机构的设立。值得注意的是，这些机制的有效运作需要透明和有效的管理框架，而这反过来又需要公共资金。这是国际公共产品供给融资的一个关键因素。从本质上讲，即使市场能够提供国际公共产品，也需要一定数量的公共融资，以确保私人市场机制的良好运作。

征税和收费是与国际公共产品相关的内嵌外部性的另一种方式。征税是国际公共产品供给的重要资金来源。在 2002 年于墨西哥举行的发展筹资问题会议筹备期间，税收的申请一直是讨论的主题。虽然讨论集中在是否可以建立一个国际税收制度，但实际上没有必要建立一个超国家的税务当局。可以通过现有的税收征收机构在国家层面征收任何这类税收，协调如何在国家层面使用这些收入并将其转移到一些国际机构。收费也是国际公共产品供给的资金来源。但与广泛的国际税收相比，收费产生收入的潜力有限。

（二）私人来源

私人来源主要包括：非营利组织、营利性企业和个人。

非营利组织包括独立基金会、非政府组织和学术机构等。独立基金会通常有捐赠基金，可通过投资获取收益，进一步用于发放赠款（赠款基金会）或运行项目（运营基金会）。

大型国际非政府组织从各种来源中获得资金，其运营预算可能高达数千万美元，尽管大多数非政府组织的预算要小得多。在许多情况下，这些已成为国际公共产品供给的主要资金来源。例如，世界野生动物基金会和自然保护协会已成为全球生物多样性保护的主要资金来源。

学术机构，包括各种研究中心和智库，通过国际问题研究、信息编译和处理、知识传播和扩散等，有助于国际公共产品供给。学术机构通过私立和公立大学的预算、双边和多边机构的经常性预算、私人捐款和政府赠款等获得资金。

以营利为目的的企业可直接设立和管理一些项目（不需要设立单独的捐赠基金），这些项目的运营成本被认为是公司运营费用的一部分，通常来自税前收入。这些计划可为雇员提供礼品、奖品、折扣优惠及带薪假期，让他们参与公益活动。虽然有证据表明，营利性企业的捐助方案正在丰富，但这些方案通常不是针对国际公共产品的供给，所涉财政资源的数额相对于其他筹资来源来说是非常小的。此外，一些大型跨国公司，如壳牌国际公司和英国石油公司，已经修改了它们的内部操作程序，为减少温室气体排放做出了贡献，从而有助于为缓解气候变化提供国际公共产品。

个人捐款是个人对国际公共产品供给所做的贡献，在特殊情况下，也可以进行大量筹资。

（三）公共来源

公共来源包括发达国家和发展中国家政府机构提供的资金，意味着政府放弃收入以实行税收优惠，以及来自国际金融机构和其他国际组织的资金。其中，来自政府收入的资金是通过国家机制提供的，这些机制包括捐助国捐款（来自官方发展援助和非官方发展援助各部分）、发展中国家政府的预算拨款、税收优惠（放弃的公共收入）等。

发达国家利用四种不同的机制为国际公共产品提供资金：通过双边机构提供官方发展援助；开展债务互换和减债业务；提供非官方发展援助和机构的预算拨款；对私营企业提供公共产品给予税收激励。通过双边机构提供的官方发展援助来自国家一级的一般税收，并用于商定的国际公共产品。债务互换涉及法律和金融工具，这些工具将债务义务转化为提供国际公共产品的资源，而且往往会低估发展中国家债务的原始面值。最近的一项创新涉及将债务减免与明确地将公共支出转向与国际公共产品供给有关的活动相结合。例如，哥斯达黎加增加对生物多样性保护的投资，以此换取债务减免。

提供非官方发展援助和机构的预算拨款是发达国家资助国际公共产品供给的另一种方式。如果要解决为国际公共产品提供额外资金这一问题，就必须有一套商定的国际标准和规范系统来跟踪和报告这类拨款（参照发展援助委员会官方发展援助开支系统）。目前很少有国家建立了类似的程序或制度。

发达国家对私营公司提供税收优惠以激励其提供国际公共产品是一种创新。到目前为止，应用这一机制的例子还很少，这也许并不令人惊讶，因为它意味着税收收入的损失。例如，根据千年疫苗倡议，美国总统克林顿曾于 2000 年 1 月宣布向企业提供高达 10 亿美元的税收抵免，以促进向发展中国家提供现有疫苗，并加快新疫苗开发。

发展中国家通过国家预算以及在某些情况下通过州和地方政府预算为国际公共产品供给提供资金。这些资金主要用于支付提供国际公共产品所需的国家和地方活动的费用，也包括直接资助与其他国家（主要是发展中国家）的合作方案。这些捐款应被确认为专门用于提供国际公共产品的资金总额的一部分，尽管可能很难将这些资金同其他国家和地方开支精确地区分开。

包括多边开发银行和国际货币基金组织在内的国际金融机构通过其净收入、成员捐款、行政预算和各种来源的信托基金为国际公共产品的供给提供资金。现有数据清楚地表明，国际金融机构在 20 世纪最后 10 年中越来越多地参与到为国际公共产品的供给提供资金。这造成了政策冲突，并对多边开发银行净收入的使用和分配施加了巨大压力，主要原因是优先事项的相互竞争。多边开发银行的一些股东，包括许多发展中国家，对国际公共产品融资的趋势感到担忧，甚至感到震惊，它们认为这是将稀缺资源从国家发展的重点领域转移出去。

国际货币基金组织在提供国际公共产品方面的作用完全集中在金融稳定方面。国际货币基金组织主要通过配额认购或会费筹集资金。国际货币基金组织的一个潜在资金来源是设立特别提款权，其初衷是使国际储备能够根据需要增加，而不使成员方承担费用。尽管这一机制自 1981 年以来一直没有启用，但它可以用来建立发展中国家的储备，甚至为国际公共产品的供给提供资金。

联合国的成立是为了协调旨在维持和平、促进发展和提供国际公共产品的国际政策。筹资办法包括会员国的分摊预算捐款、各基金会的自愿捐款以及特别筹资安排。这些资金大部分由各国政府提供，有时可能涉及私人来源，例如，电视大亨泰德·特纳捐款 10 亿美元成立联合国基金会。

（四）以伙伴关系形式出现的各种组合

伙伴关系在 20 世纪最后 10 年中变得更为普遍，通常为特定目的结合若干资金来源，并经常采取临时方案的形式。它们在不同程度上涉及政府机构、私营公司、基金会、民间社会组织和国际机构等，并发展了各种特别的筹资、决策和行政程序。伙伴关系的存在刺激了超出政府单独能力范围的行动，但迄今为止的经验也证明其存在严重的管理问题。

二　ODA 中用于国际公共产品的比例

现实中国际公共产品供给的资金来源通常与 ODA 相联系，这就产生了一系列的问题：ODA 的性质应该如何定位？ODA 与国际公共产品供给的关系与比例分配应该如何确定？两者之间究竟是存在"重合效应"还是"挤出效应"？一方面，在很多情况下，ODA 与国际公共产品供给之间并没有明确的界限，对国际公共产品的定义越广泛，两者的区别就越模糊。一些国际公共产品的供给对于发展中国家实现发展目标至关重要。也就是说，两者间的"重合效应"是客观存在的。例如,消除贫困是传统发展援助的重要目标,但其本身就是典型的正外部性国际公共产品。因此,ODA 理应成为国际公共产品供给的主要资金来源。另一方面,对于发展中国家而言,其首要任务是实现本国经济发展,要求其承担与发达国家相同的国际公共产品供给职责并不现实,也不尽合理。从这个角度来看,如果国际公共产品的主要受益者不是发展中国家,则其在 ODA 中过多占用份额可能会产生对发展援助投入的"挤出效应",这将给发展中国家的发展带来负面影响。对于发达国家而言,ODA 中用于发展与用于国际公共产品供给的资金比例分配取决于对所获取的收益与国家利益的综合考虑,不同国家的分配偏好各不相同。

目前 ODA 中用于国际公共产品的比例有多高?ODA 将一部分资金用于国际公共产品会不会对传统发展援助产生"挤出效应"?对此下面将展开具体分析。

(一) ODA 中用于国际公共产品的比例:趋势分析

官方发展融资主要是由经济合作与发展组织(OECD)下属的发展援助委员会(DAC)的成员向发展中国家或者转型国家提供的双边或者多边融资,ODA 是其中最重要的组成部分。图 2-7 反映了 1997~2017 年 ODA 的总额及其占国民收入(GNI)的比例。从图中可以看出 ODA 总额在 2005年达到一个高峰之后出现两年的回落,之后继续增长。ODA/GNI 在 1997~2017 年的整体大趋势较为平稳,2004~2007 年出现小幅波动。

从单个成员 2007~2017 年 ODA 占比变化情况来看,大部分 DAC 成员 ODA 占 GNI 的比例未发生明显变化(见表 2-1)。而且绝大部分 DAC 成员并未充分承担各自的责任,即未达到联合国所要求的 ODA 占 GNI 的比例达到 0.7%。像美国、日本这样的国家,它们提供的 ODA 离要求还有很大差距,表中只有丹麦、卢森堡、挪威和瑞典的比例较高,但是因为这些国家的 GNI 总额有限,并不能对全球 ODA 的发展带来实质性的影响。另外,英国和德国近几年的比例增长较多,英国由 2007 年的 0.25% 增长至 2017 年的 0.72%,德国由 2007 年的 0.32% 增长至 2017 年的 0.64%。

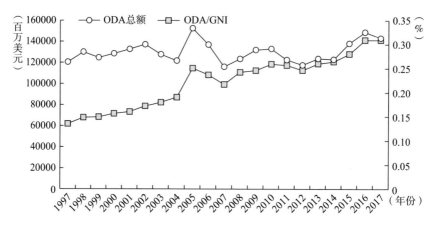

图 2 - 7　1997 ~ 2017 年 ODA 总额及其占 GNI 的比例

资料来源：根据 OECD 官网资料整理所得。

表 2 - 1　2007 ~ 2017 年 DAC 部分成员 ODA 占 GNI 比例

单位：%

成员	2007 年	2008 年	2009 年	2010 年	2011 年	2012 年	2013 年	2014 年	2015 年	2016 年	2017 年
澳大利亚	0.30	0.29	0.30	0.27	0.24	0.26	0.25	0.25	0.29	0.26	0.21
奥地利	0.44	0.35	0.25	0.28	0.22	0.25	0.24	0.24	0.35	0.42	0.29
比利时	0.37	0.38	0.47	0.55	0.45	0.41	0.37	0.39	0.43	0.49	0.42
加拿大	0.26	0.28	0.28	0.28	0.24	0.25	0.22	0.20	0.27	0.26	0.25
丹麦	0.74	0.66	0.75	0.77	0.70	0.71	0.70	0.69	0.82	0.75	0.71
芬兰	0.37	0.36	0.46	0.50	0.45	0.47	0.46	0.51	0.55	0.44	0.41
法国	0.32	0.30	0.39	0.42	0.37	0.39	0.34	0.31	0.36	0.38	0.42
德国	0.32	0.32	0.30	0.34	0.32	0.33	0.32	0.36	0.52	0.69	0.64
希腊	0.13	0.15	0.14	0.14	0.11	0.11	0.08	0.08	0.12	0.19	0.15
爱尔兰	0.41	0.43	0.43	0.44	0.41	0.41	0.37	0.33	0.32	0.33	0.31
意大利	0.16	0.17	0.13	0.13	0.16	0.12	0.14	0.16	0.22	0.27	0.29
日本	0.18	0.17	0.15	0.15	0.13	0.13	0.20	0.19	0.22	0.20	0.23
卢森堡	0.84	0.80	1.09	0.97	0.83	0.90	0.88	0.82	0.93	0.98	0.97
荷兰	0.64	0.62	0.63	0.65	0.57	0.57	0.52	0.53	0.75	0.64	0.58
新西兰	0.28	0.32	0.34	0.26	0.25	0.25	0.22	0.22	0.26	0.25	0.22
挪威	0.79	0.65	0.91	0.79	0.64	0.63	0.71	0.71	1.01	1.13	0.95
葡萄牙	0.18	0.20	0.18	0.25	0.25	0.25	0.19	0.16	0.16	0.17	0.17

续表

成员	2007年	2008年	2009年	2010年	2011年	2012年	2013年	2014年	2015年	2016年	2017年
西班牙	0.30	0.34	0.36	0.36	0.23	0.13	0.15	0.12	0.12	0.34	0.19
瑞典	0.79	0.78	1.01	0.83	0.80	0.79	0.79	0.88	1.41	0.95	1.00
瑞士	0.43	0.43	0.45	0.39	0.38	0.42	0.42	0.45	0.49	0.53	0.46
英国	0.25	0.34	0.46	0.51	0.47	0.47	0.60	0.54	0.59	0.70	0.72
美国	0.17	0.20	0.22	0.22	0.21	0.19	0.19	0.19	0.17	0.18	0.17

资料来源：根据 OECD 官网资料整理所得。

　　本书主要借鉴 Mascarenhas 和 Sandler 对国际公共产品的分类标准[1]，并将其与最新的五位数目的码（Purpose Code）分类表相对照，将国际公共产品分为环境、安全、治理、教育和健康五大类。考虑到细分数据的可获得性，本书选择 DAC 成员为对象，对基于 CRS 数据库获得的初始数据进行了汇总处理，图 2－8 显示了 1997～2017 年 ODA 中用于国际公共产品的比例情况。虽然不同年份间有所起伏，但从整体上看，ODA 中用于国际公共产品的比例呈上升趋势，国际社会对国际公共产品的关注逐步加强。

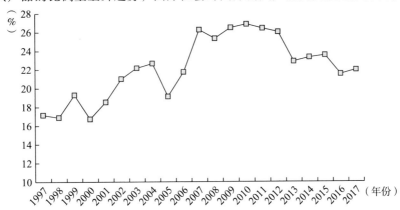

图 2－8　1997～2017 年 ODA 中用于国际公共产品的比例

资料来源：根据 OECD 官网资料整理所得。

---

[1]　Mascarenhas, R., Sandler, T. "Donor's Mechanisms for Financing International and National Public Goods: Loan or Grants?" *World Economy* 28 (8), 2005, pp. 1095 – 1117.

具体而言，从环境、安全等不同类国际公共产品的 ODA 流入情况来看，ODA 中用于治理的比例最大，用于教育的比例较大，为 6% ~ 8%（见图 2 - 9）。这与实际情况相符，DAC 成员在加强核心公共部门管理和提高教育水平方面确实投入较多，但是随着相关问题的解决，例如移民矛盾的缓解、核心公共部门权利的集中，则其在这方面的投入将会发生变化。所有这些都表明，由于国际公共产品的跨国界性和影响范围的广泛性，发达国家更倾向于关注那些与国内自身利益联系更为密切的国际公共产品的投入，在国家间的博弈中，国家利益始终是放在首位的。

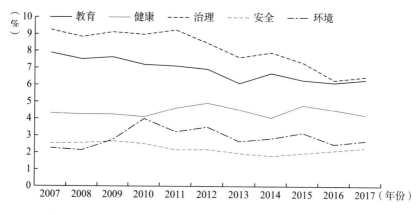

图 2 - 9　2007 ~ 2017 年 ODA 中用于不同类国际公共产品的比例

资料来源：根据 OECD 官网资料整理所得。

（二）ODA 中用于国际公共产品的投入与传统发展援助的关系：理论模型与实证检验

综上分析可以看出，虽然 ODA 中投向国际公共产品的比例并不大，但是随着国际公共问题重要性的提升，国际公共产品投入已经成为 ODA 分配中要考虑的一个重要因素。那么 ODA 中用于国际公共产品比例的增加是否会对传统发展援助产生"挤出效应"？本部分研究的基本命题是：如果 ODA 中用于国际公共产品比例的增加是源于 ODA 占 GNI 比例的增加，则表明不存在"挤出效应"；如果随着 ODA 中用于国际公共产品比例的增加，ODA 占 GNI 的比例保持不变或者下降，则二者间存在"挤出效应"。对于这一命题，笔者将采用面板协整方法予以实证检验。在下面的分析中，ODA 中用于国际公共产品的比例和 ODA 占 GNI 的比例分别用 *IPGbl* 和 *ODAbl* 来表示。

1. 接受国所有权与国际公共产品供给间的权衡：一个基准模型[①]

假定有两个国家：穷国（poor，同时为接受国）和富国（rich，同时为捐赠国）。它们生产两种产品：一种私人产品 C 和一种国际公共产品 G。假定这种公共产品由穷国来提供，两国的收入水平分别为 Y_p 和 Y_r。除了从这两种产品所获得的效用外，富国亦关心穷国效用的变动，因为穷国效用的增加会使富国的效用水平提高。为了得到封闭解，假定对数形式的效用函数如下：

$$\begin{cases} U_p = \ln(C_p) + \alpha_p \ln(G) \\ U_r = \ln(C_r) + \alpha_r \ln(G) + \beta U_p \end{cases} \quad (2-6)$$

其中，α_p 和 α_r 用于测度国际公共产品对两国的相对重要性，β 表示富国对穷国福利的关注程度。

情况一：接受国自由处置转移收入。

假定捐赠国以税率 t 自愿转移 tY_r 给接受国，并且让接受国决定如何使用捐赠资金。考虑一个两阶段博弈，接受国基于预算约束下的本国效用最大化，来决定它愿意花费在公共产品上的最优支出，即：

$$\mathrm{Max}\, U_p = \ln(C_p) + \alpha_p \ln(G), \mathrm{s.t.}\ Y_p + tY_r = C_p + G \quad (2-7)$$

将约束条件代入效用函数方程，求解一阶条件得：

$$\frac{\mathrm{d}U_p}{\mathrm{d}G} = \frac{-1}{Y_p + tY_r - G} + \frac{\alpha_p}{G} = 0 \quad (2-8)$$

求解得均衡解为：

$$G = \frac{\alpha_p(Y_p + tY_r)}{1 + \alpha_p} \quad (2-9)$$

---

① 本部分的模型构建借鉴了 Reisen 等的研究思路。Reisen, H., Soto, M., and Weithoner, T., "Financing Global and Regional Public Goods Through ODA: Analysis and Evidence from the OECD Creditor Reporting System," OECD Development Centre Working Papers 232, 2004。

捐赠国预期到在自由转移情况下，基于自身预算约束的效用最大化，接受国自愿供给上述数量的国际公共产品，即：

$$\text{Max} U_r = \ln(C_r) + \alpha_r \ln(G) + \beta U_p, \text{s. t. } Y_r - tY_r = C_r \qquad (2-10)$$

将约束条件代入效用函数方程，得：

$$U_r = \ln(Y_r - tY_r) + \alpha_r \ln\left[\frac{\alpha_p(Y_p + tY_r)}{1 + \alpha_p}\right] + \beta \ln\left(\frac{Y_p + tY_r}{1 + \alpha_p}\right) + \beta \alpha_p \ln\left[\frac{\alpha_p(Y_p + tY_r)}{1 + \alpha_p}\right]$$

$$(2-11)$$

求解一阶条件得：

$$\frac{dU_r}{dt} = \frac{1}{t-1} + \frac{\alpha_r Y_r}{Y_p + tY_r} + \frac{\beta Y_r}{Y_p + tY_r} + \frac{\beta \alpha_p Y_r}{Y_p + tY_r} = 0$$

$$t = \frac{Y_r[\alpha_r + \beta(\alpha_p + 1)] - Y_p}{Y_r[1 + \alpha_r + \beta(\alpha_p + 1)]}$$

$$(2-12)$$

将式（2-12）代入式（2-9），可以得到在自由处置情况下，国际公共产品的最优供给为：

$$G_1^* = \frac{\alpha_p[\alpha_r + \beta(\alpha_p + 1)]}{(1 + \alpha_p)(1 + \alpha_r + \beta + \beta\alpha_p)}(Y_p + Y_r) \qquad (2-13)$$

命题1：在自由处置情形下，国际公共产品的最优供给与两国的收入水平、国家认为公共产品相对于私人产品消费的重要性以及富国对于穷国福利变化的关注程度正相关。

情况二：转移收入被指定用作特定用途。

捐赠国为国际公共产品提供的资金仅用于特定用途，从捐赠者的角度来看，可能专用于公共产品支出和TA（对穷国有益的私人产品），这意味着接受国不能在国内自由处置转移资金。然而，如果捐赠国为公共产品提供的资金太少，则接受国可能超出自己的预算来供给公共产品。这使得捐赠国的最优化问题变为：

$$\text{Max} U_r = \ln(C_r) + \alpha_r \ln(G) + \beta U_p, \text{s. t. } Y_r - TA - G = C_r, Y_p + TA = C_p, G \geqslant G_1^*$$

$$(2-14)$$

由上部分自由处置情形我们已经得到了给定捐赠量 tY_r，接受国的公共

产品自愿供给量为 G_1^*。如果捐赠国的自愿转移金额不少于 tY_r，并且专用于国际公共产品的资金不少于 G_1^*，则最后一个约束条件可以不用。将前面两个约束条件代入效用函数可得：$U_r = \ln (Y_r - TA - G) + \alpha_r \ln (G) + \beta \ln (Y_p + TA) + \beta \alpha_p \ln (G)$。求解一阶条件：

$$
\begin{cases}
\dfrac{\partial U_r}{\partial TA} = \dfrac{-1}{Y_r - TA - G} + \beta \dfrac{1}{Y_p + TA} = 0 \\[3mm]
\dfrac{\partial U_r}{\partial G} = \dfrac{-1}{Y_r - TA - G} + \dfrac{\alpha_r}{G} + \dfrac{\beta \alpha_p}{G} = 0
\end{cases}
$$

$$
\rightarrow
\begin{cases}
G_2^* = \dfrac{(\alpha_r + \beta \alpha_p)}{1 + \alpha_r + \beta (1 + \alpha_p)}(Y_p + Y_r) \\[3mm]
TA = \dfrac{\beta (Y_p + Y_r)}{1 + \alpha_r + \beta (1 + \alpha_p)} - Y_p
\end{cases}
\tag{2-15}
$$

命题 2：在转移收入被指定用作特定用途的情形下，国际公共产品的供给与捐赠国和接受国的收入水平及其对公共产品的相对偏爱程度正相关。更具体地来看，如果 $\alpha_r > \alpha_p$，则随着 β 增大，G_2^* 也将会增加。

$$
G_2^* - G_1^* = \dfrac{\alpha_r(Y_p + Y_r)}{(1 + \alpha_r)(1 + \alpha_r + \beta + \beta \alpha_p)} > 0
\tag{2-16}
$$

命题 3：当转移收入被指定用作特定用途时，国际公共产品的最优供给量高于自由处置情形下的国际公共产品自愿供给量。

上述分析表明，自由处置和指定特定用途这两种为穷国提供 ODA 的途径存在重要差异。从富国的角度来看，在指定特定用途的情形下，它不仅可以从更高水平的国际公共产品消费中获取直接效用，还可以从穷国的福利增加中获益。基于式（2-16）的结果表明，ODA 中用于国际公共产品的部分对传统援助存在明显的"挤出效应"。

2. IPG/ODA 与 ODA/GNI 长期趋势的测度：实证分析

下面笔者将采用面板协整方法实证检验二者的关系。设因变量 y_{it} 与 $k \times 1$ 维解释向量 x_{it} 满足线性关系：

$$
y_{it} = \alpha_{it} + x_{it}\beta_{it} + \delta_i + \gamma_t + u_{it}, i = 1, 2, \cdots, N, t = 1, 2, \cdots, T
\tag{2-17}
$$

上式是考虑 k 个经济指标在 N 个个体以及 T 个时间点上的变动关系。

其中，N 表示个体截面成员的个数，T 表示每个截面成员的观测时期总数，α_{it} 表示模型的常数项，β_{it} 表示对应于解释向量 x_{it} 的 $k \times 1$ 维系数向量，δ_i 表示截面的特定效应，γ_t 为 t 时期的特定效应，随机误差项 u_{it} 相互独立，且满足零均值、等方差的假设。在固定效应中，截面效应 δ_i 和时期效应 γ_t 被当作未知的确定常数，而在随机效应中被视为随机的。

（1）面板单位根检验。

在进行面板协整检验之前，首先要对各个变量进行单位根检验，以确保数据的平稳性。为了保证分析结论的稳健性，本书分别使用了 LLC 检验、PP 检验和 ADF 检验这三种最经常使用的方法（见表 2 - 2）。经检验，两个变量为一阶单整 I（1）。

表 2 - 2　单位根检验

处理变量	LLC 检验	PP 检验	ADF 检验
水平变量	- 1. 52251 （0. 0639）	7. 24851 （0. 0639）	9. 71722 * （0. 0455）
一阶差分变量	- 5. 78146 *** （0. 0000）	36. 8614 *** （0. 0000）	29. 0006 *** （0. 0000）

注：计量软件选择 Eviews 8.0；括号中数据为 P 值；单位根检验的滞后长度判断采用 Schwarz 评价标准自动选择；* 和 *** 分别表示在 10%、1% 的显著性水平下拒绝原假设。

（2）面板协整检验。

由于模型的两个变量均为一阶单整，可以进行协整分析。在时间序列分析中，Engle-Granger 协整检验是基于残差检验实现的。如果变量之间存在协整关系，则残差应为 I（0）过程；如果变量之间不存在协整关系，则残差应为 I（1）过程。我们先检验残差的平稳性，对变量的协整关系进行预检验。检验结果表明残差符合 I（0）过程，可以预先判定变量存在协整关系，面板协整预检验结果如表 2 - 3 所示。

表 2 - 3　面板协整预检验

T 统计量	P 值
- 4. 025095 ***	0. 0067

注：计量软件选择 Eviews 8.0；*** 表示在 1% 的显著性水平下拒绝原假设。

Pendroni 等将 Engle-Granger 的框架扩展到了面板数据领域。Pendroni 运用多种方法构建不同的统计量以检验同一个零假设不存在协整，即 $\rho_i = 1$。基于该零假设的备择假设有两个：同质性备择假设，即对于所有的截面 i 有 $\rho_i = \rho < 1$；异质性备择假设，即对于所有的截面 i 有 $\rho_i < 1$。其中 Panel V、Panel Rho、Panel PP、Panel ADF 四个统计量是假设不同的截面具有相同的自回归系数，Group Rho、Group PP、Group ADF 三个统计量是假设不同的截面具有不同的自回归系数。由表 2-4 的估计结果来看，Pedroni 的各统计量基本在 10%、1% 的显著性水平下拒绝不存在协整关系的原假设，只有 Panel V、Group Rho 的检验是个例外，协整检验表明变量间存在长期协整关系。

表 2-4　面板协整检验

零假设：不存在协整关系（假设不同的界面具有相同的自回归系数）				
计量指标	统计量	P 值	加权统计量	P 值
Panel V	-0.6939	0.7561	-0.6939	0.7561
Panel Rho	-1.3104 *	0.0450	-1.3104 *	0.0450
Panel PP	-5.8240 ***	0.0000	-5.8240 ***	0.0000
Panel ADF	-5.2298 ***	0.0000	-5.2298 ***	0.0000
零假设：不存在协整关系（假设不同的界面具有不同的自回归系数）				
计量指标	统计量	P 值		
Group Rho	-0.5072	0.3060		
Group PP	-6.3912 ***	0.0000		
Group ADF	-5.6858 ***	0.0000		

注：计量软件选择 Eviews 8.0；* 和 *** 分别表示在 10%、1% 的显著性水平下拒绝原假设。

（3）面板协整方程的估计。

由于因变量与自变量均是一阶单整变量，变量之间又存在着显著的协整关系，我们可以进一步建立一个面板协整方程。由于面板数据存在三维特征，因此在分析时要先对模型的设定形式进行检验，从而决定是采用混合效应模型、固定效应模型还是随机效应模型等。

首先，对固定效应检验的结果显示，横截面固定效应统计量为 31.0878，P 值为 0.0000，表示在 1% 的显著性水平下，模型拒绝使用混合效应模型的原假设，应该采用固定效应模型。

其次，Hausman 随机效应检验的结果显示，横截面随机效应统计量为 1.8907，P 值为 0.3549，表示在 1% 的显著性水平下，模型接受随机效应是一致有效估计方法的零假设，应该采用随机效应模型。

考虑到本书的研究对象是 DAC 的 19 个成员[①]，不存在随机抽样的情况，所以选择横截面的固定效应模型更为适合。同时，为了修正序列自相关，我们引入了 AR（1）。在方法的选择上，为了消除异方差的影响，我们采用截面加权的方法。综合上述分析，协整后的回归方程为：

$$ODAbl_{it} = 0.0047 \quad + \quad 0.00783IPGbl_{it} \quad + \quad 0.6902AR(1)$$
$$(11.6261^{***}) \quad (-4.8053^{***}) \quad (4.8151^{***}) \qquad (2-18)$$

其中，$R^2 = 0.672$，$F = 5.8223$，$DW = 1.8916$，括号里面为 T 统计量的值，$***$ 表示在 1% 的显著性水平下通过检验。该协整方程表明，$IPGbl$ 与 $ODAbl$ 显著正相关，即 ODA/GNI 的变化在很大程度上可以由 IPG/ODA 的变化来解释。因此，那些分配较多的援助到国际公共产品的国家也倾向于分配较多的 GNI 到援助上。

更进一步，考察 $\triangle ODAbl$ 和 $\triangle IPGbl$ 之间的关系，由于原序列的一阶差分是平稳的，采用固定效应截面加权方法估计的面板回归结果如下所示：

$$\triangle ODAbl_{it} = 4.5005 \times 10^{-5} - 0.0083\triangle IPGbl_{it}$$
$$(1.4655^{**}) \quad (-5.4516^{***}) \qquad (2-19)$$

其中，$R^2 = 0.445$，$F = 14.8598$，$DW = 1.9721$，括号里面为 T 统计量的值，$*$、$**$ 和 $***$ 分别表示在 10%、5% 和 1% 的显著性水平下通过检验。式（2-19）表明，$\triangle ODAbl$ 和 $\triangle IPGbl$ 之间是负相关的关系，ODA 中用于国际公共产品的部分对传统援助存在"挤出效应"。换句话说，对国际公共产品援助份额的增加是以牺牲其他类型的援助支出为代价的，而这些其他类型的援助支出可能对发展中国家自身的经济发展非常重要。因

---

① 本书中 DAC 的 19 个成员分别为：澳大利亚、奥地利、比利时、加拿大、丹麦、芬兰、德国、卢森堡、挪威、爱尔兰、意大利、日本、荷兰、葡萄牙、西班牙、瑞典、瑞士、英国和美国。

此，要么应该增加援助总量，要么应该寻求其他新的国际公共产品供给的资金来源。

（4）基本结论。

本部分的实证分析表明，在一定时期内 ODA 中流向国际公共产品的部分会对传统发展援助造成一定的"挤出效应"，因此需妥善处理用于发展的财政投入与国际公共产品财政投入之间的关系，最重要的是发达国家应承担起更大的责任，提供更多的资金支持。此外，国际社会应引导发展中国家的发展战略同国际公共产品供给的目标相一致，同时尽量在发展融资与国际公共产品供给间建立适当的联系。从全球角度来看，要处理好国际公共产品供给与传统发展援助间的关系，关键是要把 ODA 蛋糕做大，同时还需要呼吁发达国家继续履行其应尽的历史与国际责任。基于此，国际社会应敦促发达国家兑现将其国民总收入的 0.7% 用于 ODA 的承诺。

自蒙特雷会议以来，DAC 的一些成员相继发表了将增加其发展合作预算的声明。但即便是这些承诺和计划全部兑现，要实现新千年发展目标，仅仅依靠 ODA 规模的扩大也远远不够，因此开发新的发展融资来源已经成为当务之急。

三 国际公共产品供给资金的新来源：新的技术与工具

近年来，已有一些学者开始探讨国际公共产品供给资金的新来源问题，例如 Clunies-Ross、Binger 和 Reisen 等。[1][2][3] 另外，一些学者提出了针对国际公共产品的具体融资工具和融资机制。他们针对最近的一些国际公共产品融资困难做了论述，特别是针对全球卫生和环境领域的相关问题做

---

[1] Clunies-Ross, A., "Resources for Social Development," *Development* 43 (2), 2000, pp. 21 – 25.

[2] Binger, A., "Global Public Goods and Potential Mechanisms for Financing Availability," Background Paper Prepared for the Fifth Session of the Committee for Development Policy Meeting, 2003 (4), pp. 7 – 11.

[3] Reisen H., Soto, M., and Weithoner, T., "Financing Global and Regional Public Goods Through ODA: Analysis and Evidence from the OECD Creditor Reporting System," OECD Development Centre Working Papers 232, 2004.

了论述，为应对全球卫生挑战提出筹集资金的新方法。其中 Sachs、Evans 和 Kremer 贡献良多，他们的研究重点是如何促进更有效地提供知识（知识本身就是一种国际公共产品），以便更有效地应对当前的全球卫生危机。[1][2][3] Cooper 研究了碳排放税可能带来的双重红利：减少二氧化碳排放和增加共同碳税收。[4] Sandor 等着眼于研究为碳排放交易创造的新市场所带来的经济机遇和挑战。[5] 金融稳定和市场效率也是全球公认的公共产品。然而，生产这些产品所需的融资仍然是一个备受争议的问题。Stansfield 等的研究重点从融资工具转移到了融资来源，回顾了慈善基金会在资助和促进国际公共产品供给方面的作用。[6] Ferroni 探索了捐款和贷款如何用于区域和国际公共产品的供给。[7] Andersson 等提出了一个探讨国际公共产品融资选择的框架。[8]

总体而言，文献中讨论的国际公共产品供给的资金新来源可以分为如下三类（见表 2 - 5）。

表 2 - 5　国际公共产品供给的资金新来源

类别	简要描述	与传统资金来源的补充程度
全球性税收	全球污染税：根据烟尘排放程度对使用碳氢化合物燃料征收的税收	高，但是将产生很高的管理成本，国别税收和公共财政将受到影响

[1] Sachs, J. D., "Institutions Don't Rule: Direct Effects of Geography on Per Capita Income," NBER Working Papers, No. 9490, 2003.

[2] Evans, C., *Managing for Knowledge* (London: Taylor & Francis Ltd., 2003).

[3] Kremer, M. R., Robert, M., and Miguel, E. A., "The Illusion of Sustainability," Center for International and Development Economics Research, Working Paper Series, 2004.

[4] Cooper, R. N., "A Carbon Tax in China?" Climate Policy Center White Paper, 2004.

[5] Sandor, R., Walsh, M., and Marques, R., "Greenhouse-gas-trading Markets," *Philosophical Transactions* 360 (1797), 2002, pp. 1889 - 1900.

[6] Stansfield, S. K., Harper, M., Lamb, G., and Lob-Levyt, J., "Innovative Financing of International Public Goods for Health," Meeting Report for a Three-day Conference Held in Wilton Park in May 2002.

[7] Ferroni, M., "Regional Public Goods in Official Development Assistance," in M. Ferroni and A. Mody (eds.), *International Public Goods: Incentives, Measurement and Financing* (Dordrecht: Kluwer Academic Publishers, 2002), p. 157.

[8] Andersson, T., Formica, P., "Governance Frameworks for International Public Goods: The Case of Concerted Entrepreneurship," *Industry & Higher Education* 21 (2), 2007, pp. 125 - 127.

续表

类别	简要描述	与传统资金来源的补充程度
全球性税收	全球托宾税：对外汇交易征收的税收，可能具有双重税率	高，但是将产生重要的管理成本
全球性税收	全球军火销售税：还未被倡议者清楚地界定，但是很可能是对联合国常规武器登记处规定的武器交易征收的税收	高，联合国常规武器登记处应该对此进行管理
自愿的私人部门贡献	私人捐助的增加：用来刺激慈善性赠与的税收激励、全球基金、公司赠与和互联网手段	高
自愿的私人部门贡献	全球彩票和福利债券：彩票收入由各国和联合国基金分享；债券采用彩票奖励，而不发放利益；对资本价值进行保值	高
自愿的私人部门贡献	特定议题全球基金：为一种公私合作性组织，同时也是一种融资工具，它不是一个执行机构，有权募集和分配大规模的额外资源	具有争议，需要更多的经验研究
融资引擎	国际融资便利：长期承诺，有助于吸引更多来自私人渠道的资金，通过债券发行	可能挤出传统的发展融资
融资引擎	发行特别提款权（SDR）：发达国家为了实现新千年发展目标而发行 SDR	可能挤出传统的发展融资
融资引擎	公共担保：使用由公共实体提供的风险缓释工具；包括对政治性风险、合同风险、信贷风险和外汇储备风险提供担保、借贷和保险产品	高，因为引致了私人的风险承担行为

资料来源：Clunies-Ross, A., "Resources for Social Development," *Development* 43（2）, 2000, pp. 21 - 25; Binger, A., "Global Public Goods and Potential Mechanisms for Financing Availability," Background Paper Prepared for the Fifth Session of the Committee for Development Policy Meeting, 2003（4）, pp. 7 - 11; Reisen, H., Soto, M., and Weithoner, T., "Financing Global and Regional Public Goods Through ODA: Analysis and Evidence from the OECD Creditor Reporting System," OECD Development Centre Working Papers 232, 2004.

在寻求新资金来源的同时，一些学者还基于新公共财政的角度探寻了融资工具创新可能带来的收益。目前主要提到的创新型融资工具包括：援助机构所做的担保、未来应收资金流的证券化、提前购买承诺、国内生产总值指数化债券、宏观市场以及国际污染许可交易。这六项工具被应用于六个方面的事务产生了大约 70000 亿美元的净现值，年收益约为 3600 亿美元（见表 2 - 6）。

表 2-6　六种创新型融资工具及其可能的收益

单位：十亿美元

工具名称	简要描述	应对的挑战	主要受益者	年收益	净现值
援助机构所做的担保	双边和多边发展机构为减少发展中国家投资者的风险而提供	基础设施投资	发展中国家	1.1	22
未来应收资金流的证券化	发展中国家可收到以硬通货计的未来资金流，总量约为770亿美元	对外借款	发展中国家	1.5	31
提前购买承诺	为鼓励扶贫研究和开发以及其他目的而设置的工具。包括制造和推广易被忽略疾病的疫苗	控制疟疾	疟疾流行地区，特别是撒哈拉以南的非洲地区	1.4	47
国内生产总值指数化债券	将主权债务与发行国的经济增长率挂钩	公共支出、稳定债务偿还	发展中国家	30.0	600
宏观市场	宏观市场能够使证券交易与宏观总收入相挂钩	风险管理	七国集团、工业化国家	145.1	2902
国际污染许可交易	将比单个国家为达成目标而单独采取国家层面的措施更有效率	减少温室气体排放	工业化国家	182.0	3640
总计				≈360	≈7000

注：表中提供的收益总额仅用作例证说明，因为用于估算收益的方法参考的是不同的基年。这些工具带来的收益表示为扣除成本后的净值。除了提前购买承诺，其他所有工具的贴现率是5%。对提前购买承诺运用的是3%的贴现率。这符合对与卫生相关的成本-收益分析运用较低贴现率的普遍做法。

资料来源：〔美〕英吉·考尔等编《全球化之道——全球公共产品的提供与管理》，张春波、高静译，人民出版社，2006，第65页。

第四节　国际公共产品的供给制度设计[①]

本节将从囚徒困境博弈开始，说明如何通过改变制度的一些结构环节来诱使合作因素出现，并使之成为占优策略。

[①]　本节内容来源于笔者发表于期刊的研究成果。杨伊、蒋金法：《国际合作供给全球公共品的制度设计研究——兼论中国参与的路径选择》，《当代财经》2014年第1期。

一 国际公共产品供给的几种博弈情形

(一) 囚徒困境情形

我们通过一个标准的 n 国参与的囚徒困境博弈来说明制度设计的办法。假设每个参与者代表一个国家，且它们之间并无太大差异，每个国家都可提供 1 个单位或 0 个单位国际公共产品，每单位国际公共产品的供给成本为 6 个单位，每单位国际公共产品给每个国家带来的效用是 4 个单位。表 2 - 7 显示了代表性国家 i 与其他 $(n-1)$ 个国家供给国际公共产品的获益情况。如果国家 i 不供给国际公共品，其他国家也不供给，则国家 i 得到的收益为 0。如果国家 i 单独供给，则它得到的收益是 -2 $(4-6=-2)$ 个单位。表中第二行列出的是国家 i 没有参与供给国际公共产品，而从其他国家提供的国际公共产品中"搭便车"得到的净收益。第三行列出的是国家 i 供给了 1 单位国际公共产品，得到的收益等于所有供给的国际公共产品单位数乘以 1 单位国际公共产品的效用，再减去 1 单位的供给成本。

从表 2 - 7 中可以看出，在相同的情况下，对于国家 i 来说，第二行的收益都比第三行多出 2 个单位。因此，对于国家 i，以及推而广之，对于每个国家来说，占优战略都是不提供国际公共产品，囚徒困境往往出现在每单位国际公共产品的供给成本 C_i 超过每单位国际公共产品的收益 B_i 的情景下。

表 2 - 7 囚徒困境博弈下的国际公共产品供给

	0	1	⋯	$j-1$	j	$j+1$	⋯	$n-1$
国家 i 不参与供给	0	4	⋯	$4(j-1)$	$4j$	$4(j+1)$	⋯	$4(n-1)$
国家 i 参与供给 1 单位	$4-6$	$2×4-6$	⋯	$4j-6$	$4(j+1)-6$	$4(j+2)-6$	⋯	$4n-6$

(二) 成本平均分摊情形

下面假设成本被平均分摊，也就是说，每个参与者在国际合作协定的约束下都必须分摊每个单位国际公共产品供给成本的 $6/n$，无论它是不是供给者。这时，不参与供给国际公共产品的国家将得到 $[4-(6/n)]j$ 的收益，其中 j 是其他参与者提供的国际公共产品单位数；参与供给国际公共产品的国家将得到 $[4-(6/n)](j+1)$ 的收益。当 $n>\dfrac{3}{2}$（$j=0$，1，…，n）或者 $n>\dfrac{C_i}{B_i}$ 时，后者获得的收益超过前者。因此，如果 n 足够大，则占优策略就是提供国际公共产品。可见，成本平均分摊模式有利于削弱集体行动中"搭便车"的动机，即当每个国家都提供 1 个单位的国际公共产品并获得（$4n-6$）个单位的净收益时，该模型实现了纳什均衡，达到了帕累托最优状态。

（三）不补偿且不分摊成本情形

表 2-8 中的矩阵属于最小临界值博弈支付矩阵。在这里，要使每个参与国获得 4 单位的收益，就必须至少提供（$j+1$）单位的国际公共产品。[①] 在该矩阵中，每单位供给成本既不被分摊也不被补偿。当国际公共产品提供的数量少于（$j+1$）时，没有利益产生，于是第二行的支付为 0，第三行为 -6 个单位（仅反映供给 1 单位国际公共产品的成本）。在矩阵中，存在各国都不供给与所有参与国提供的国际公共产品数量正好与最低要求的数量相一致 [即（$j+1$）个] 两种均衡情形。而后一种情况代表着无数均衡，即刚好（$j+1$）个参与国参与提供该国际公共产品。也就是说，从 n 个国家中抽取（$j+1$）个国家有多少种抽法，就有多少种均衡。同时，也只有这些均衡才能获得正效用，如果多于（$j+1$）个国家参与提供，对于每一个参与国来说，不提供才是占优的选择，这也将导致最后各国的占优策略是都不提供。这种情形应引起关注，因为临界值的出现意味着这一均衡可以得到一个正的国际公共产品供给量，这与表 2-7 中描述的囚徒困境情形不同。

---

① 临界值博弈曾由 Palfrey 和 Rosenthal 于 1984 年分析过，后又由 Sandler 在 1992 年进一步阐述。

表 2 – 8　最小临界值情形下不补偿且不分摊成本的国际公共产品供给

	0	1	…	$j-1$	j	$j+1$	…	$n-1$
国家 i 不参与供给	0	0	…	0	0	$4(j+1)$	…	$4(n-1)$
国家 i 参与供给 1 单位	-6	-6	…	-6	$4(j+1)-6$	$4(j+2)-6$	…	$4n-6$

（四）补偿但不分摊成本情形

表 2 – 9 中的矩阵讨论的是如果临界值无法达到，则允许对供给行为做出补偿的情况。例如，在偏远地区发生动乱时，派去镇压的部队数至少要达到一个最低水准，才能成功完成使命。表 2 – 8 与表 2 – 9 中矩阵的区别在于，后者第三行的支付在达到最低临界值之前是 0，而前者是 – 6 个单位。因此，表 2 – 9 的第三行支付略优于第二行，直到有（$j+1$）个参与者提供国际公共产品，最优的纳什均衡是刚好有（$j+1$）个国际公共产品供给者。供给主体少于临界值是实现不了最优均衡的，因为此时供给国际公共产品不需要付出成本，一旦达到临界值反而会赢得净收益。

表 2 – 9　最小临界值情形下补偿且不分摊成本的国际公共产品供给

	0	1	…	$j-1$	j	$j+1$	…	$n-1$
国家 i 不参与供给	0	0	…	0	0	$4(j+1)$	…	$4(n-1)$
国家 i 参与供给 1 单位	0	0	…	0	$4(j+1)-6$	$4(j+2)-6$	…	$4n-6$

（五）补偿且分摊成本情形

在表 2 – 10 中，供给者既能得到补偿又必须分摊成本。所以，当供给水平超过临界值时，每个国家供给 1 单位国际公共产品净得的收益为（$4-6/n$）个单位。[①] 因此，表 2 – 10 中第二行的支付都要略优于第一行，这就意味着每个参与者都供给国际公共产品是唯一的最优纳什均衡。这一

---

① 国际公共产品的供给水平由参与者的集体行动决定。参与者组成的集团可以建立一个拥有核心权力的国际组织，负责筹资、购买国际公共产品，或当国际公共产品数量没有达到临界值时对供给者进行补偿。

均衡是帕累托最优的，同时也清楚地表明了制度安排具有促进集体行动的力量。通常来说，最优的制度安排能促使供给国际公共产品成为占优策略。而成本分摊之所以能发挥作用，也是因为它使得对个体而言，供给每单位国际公共产品获得的收益高于付出的成本。

表 2 – 10　最小临界值情形下补偿且分摊成本的国际公共产品供给

	0	1	···	$j-1$	j	$j+1$	···	$n-1$
国家 i 不参与供给	0	0	···	0	0	$4(j+1)$	···	$4(n-1)$
国家 i 参与供给 1 单位	0	0	···	0	$\left(4-\dfrac{6}{n}\right)(j+1)$	$\left(4-\dfrac{6}{n}\right)(j+2)$	···	$4n-6$

二　供给制度设计遵循的原则

从以上几种博弈情形中，我们可以总结出有效率的制度设计要遵循以下几个原则。

（一）集体联盟的成本要尽可能降低

一般来说，供给国际公共产品的制度安排通常需要创建专门的集体联盟，依靠它们来约束和激励集体供给国际公共产品的行为。为了减少交易成本，刚开始的制度安排可以允许组织结构松散一些，尽可能使集体联盟带来的收益足够抵补相应的成本，缓解参与成员在一定程度上牺牲国家管辖权来服从联盟安排的抵触情绪。

此外，为了降低成本，制度安排还应该做到以下几点。第一，规定成本分摊或补偿原则。这可以使参与成员自觉地执行决议来供给国际公共产品（环节设计可参照上文分析的支付矩阵）。第二，可以通过引入市场交易机制来达成联盟目标，这样也能节约集体行动的相关成本。第三，争取更多同质国家加入联盟。这些国家偏好相近，决议通过成本低，执行成本也相对低廉。之后，为了进一步扩大外溢性，集体联盟可以吸纳更多的异质成员加入。

（二）参与集体联盟的成员数目不宜过多

集体行动中有这么一个基本原则：参与成员越少，越有利于集体目标的顺利达成。通过限制参与成员数量的制度安排，集体联盟能节省决策成本、依赖成本及执行成本，且费用可根据各成员期望获益的多少进行分摊。

（三）尽可能弥补由外部性导致的国际合作与国家政策领域的缺口

集体联盟司法管理的制度设计要求尽可能弥补国际公共产品供给和消费利益外溢的边界与政府政治管辖权边界之间的缺口，这一原则被奥尔森称为"财力同等"原则。[①]

要弥补这一缺口，从制度上可以做出如下安排。

第一，建立国家外部性制度。国际合作的重要前提就是明晰存在的问题、可能的解决方案以及解决问题的净收益。但事实上，很少有国家了解其行为所产生的外部性，而且，在国家如何依赖外界以及如何受其影响方面还存在许多不确定性。因此，建立国家外部性制度，将国际问题纳入国内政策的考虑范围对于弥补缺口是非常重要的。这些制度能够明确国家到底接受和产生了哪些正的和负的跨国溢出，以及需要什么样的国际公共产品以实现本国的目标，也能揭示国家之间的相互依赖关系，发现国际合作的领域。

第二，解决国家外部性问题。如今许多国家国内政策目标的实现，不仅取决于其自身的条件，也受到其他国家行为的影响。因此，在国际合作中如何解决国家行为的外部性问题，成为能否供给国际公共产品的关键。国家外部性问题的解决方案有多种，其中广为采用的是双边或多边外部性交易方案。例如，一国限制本国恐怖主义分子的活动，作为交换，他国必须提供更多的发展资助并进行安全合作，或改变国内政策以减少其他负外部性的产生。

第三，连接国内、国际政策议程。为了确保国际公共产品供给所要求的政策付诸实施，通常可以采取两种方法：一种是进行跨国外部性管理，

---

① Olson, M., "The Principle of 'Fiscal Equivalence': The Division of Responsibilities among Different Levels of Government," *American Economic Review* 25 (4), 1971, pp. 866 - 874.

另一种就是联合解决国际系统问题。第一种方法要求信息充分并且共享。目前国际组织的严重缺陷之一就是它们都以国家为中心，处理的主要是国家内部事务，平时不会采取一些预防性的行动，只有当发生危机时才去解决国家行为的外部性问题。因此，Kaul 等认为第二种方法更具可行性。①

① Kaul, I. , Grunberg, I. , and Stern, M. , "Defining Global Public Goods," in their edited *Global Public Goods： International Cooperation in the 21st Century* (New York： Oxford University Press, 1999).

第三章

中国参与国际公共产品供给的现状、特点与挑战

第一节 中国参与国际公共产品供给的现状

作为一个负责任的发展中大国，中国应当积极地通过多边或双边的方式在能力范围内参与供给国际和区域公共产品，为我国利用两个市场、两种资源以及进一步扩大对外开放进而促进经济发展营造良好的环境，同时为争取发展中国家应得的利益和全球政治经济治理格局的建设做出贡献。事实上，在国际公共品供给方面，我国政府始终秉承积极参与的态度。在过去几年，我国在诸多国际问题领域都做出了显著贡献，如国际缉私、国际反恐、全球环境保护、国际传染病防治、国际金融风险防范、市场开放度提升等。

纵观中国参与国际公共产品供给的历程，可分为三个阶段。第一阶段是1949年到20世纪80年代末，这是中国重新逐渐融入世界舞台，开始在主流国际体系中拥有话语权的阶段。第二阶段是20世纪90年代到2012年，中国代表发展中国家更多地参与到以联合国为核心的全球治理体系中，进一步嵌入主流国际体系。中国在这一阶段以参与全球治理体系和机制为主，初步尝试主动供给国际公共产品。第三阶段是2013年以来，中国供给国际公共产品的身份真正发生变迁，以负责任大国的姿态积极主动地

向国际社会供给满足现实需求的新型公共产品，比如发起"一带一路"倡议等新型国际公共产品。

一 中国供给国际公共产品的经济实力显著增强，国际地位和国际影响力显著提升

从 1952 年至 2018 年，中国工业增加值从 120 亿元增加到 305160 亿元，按不变价格计算增长 970 倍，年均增长 11%；国内生产总值从 679 亿元增加到 90 万亿元，按不变价计算增长 174 倍，年均增长 8.1%；人均国内生产总值从 119 元增加到 64644 元，按不变价计算增长 70 倍。[①] 根据世界银行数据，按市场汇率计算，2018 年中国经济规模为 13.6 万亿美元，仅次于美国的 20.5 万亿美元。目前，中国是世界上唯一拥有联合国产业分类目录中所有工业门类的国家，多项工业品产量位居世界第一。科技发展成就显著，"两弹一星"、载人航天、超级杂交水稻、高性能计算机、人工合成牛胰岛素、青蒿素、高速铁路等重大科技成果为经济社会发展提供了有力支撑。对外贸易持续增加，2009 年中国成为全球最大货物出口国、第二大货物进口国，2013 年成为全球货物贸易第一大国。[②] 目前中国已经跻身世界第二大经济体，并且保持对外经济规模的高速增长，已成为世界商品消费第二大国、外资流入第二大国、外汇储备第一大国。如图 3-1 所示，中国黄金储备在 2009 年、2015 年都有大幅度阶梯式上升，外汇储备与进出口总额虽因"新常态"的出现而增速放缓，但整体上仍实现了巨量的增长。

1971 年，中国恢复在联合国的合法席位，以更加积极的姿态在国际事务中发挥作用。1980 年 4 月和 5 月，中国先后恢复了在国际货币基金组织和世界银行的合法席位。2001 年，中国加入世界贸易组织，更加广泛深入地参与国际经贸交流与合作。中国在国际社会广交朋友，已与 179 个国家建立外交关系，建立了 110 对各种形式的伙伴关系。党的十八大以来，中国提出推动构建人类命运共同体、共建"一带一路"的倡议，载入联合国

---

① 《新时代的中国与世界》白皮书，中华人民共和国国务院新闻办公室，2019 年 9 月。
② 《新时代的中国与世界》白皮书，中华人民共和国国务院新闻办公室，2019 年 9 月。

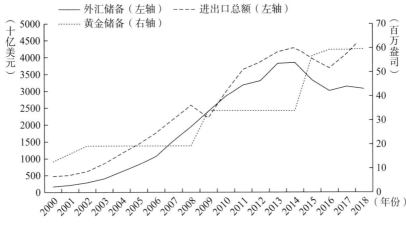

图 3 - 1　2000～2018 年中国对外经济规模

资料来源：中国国家统计局。

多项决议，并得到国际社会的广泛认同和积极响应。

二　中国以积极主动的姿态供给高质量的国际公共产品

（一）推动高质量共建"一带一路"

共建"一带一路"倡议以共商、共建、共享为原则，以和平合作、开放包容、互学互鉴、互利共赢的丝绸之路精神为指引，以政策沟通、设施联通、贸易畅通、资金融通、民心相通为重点，已经从理念转化为行动，从愿景转化为现实，从倡议转化为国际上广受欢迎的公共产品。2016 年 11 月，联合国通过决议，欢迎共建"一带一路"等经济合作倡议。2017 年 3 月，联合国安理会决议中呼吁各国推进"一带一路"建设，构建人类命运共同体。"一带一路"倡议源于中国，机会和成果属于世界。据世界银行研究报告，"一带一路"倡议将使相关国家 760 万人摆脱极端贫困、3200 万人摆脱中度贫困，将使参与国贸易增长 2.8%～9.7%、全球贸易增长 1.7%～6.2%、全球收入增加 0.7%～2.9%。"一带一路"倡议是名副其实的资源共享、共同繁荣、共同发展之路。

（二）搭建多边对话和合作平台

中国坚定支持多边主义，主张国际上的事由各国商量着办，积极搭建政治、经济、安全、人文等领域的多边对话和合作平台。创办"一带一路"国际合作高峰论坛、中国国际进口博览会、虹桥国际经济论坛、中非合作论坛、中阿合作论坛、中拉论坛、博鳌亚洲论坛、中国－东盟博览会、中国－阿拉伯国家博览会、中国－非洲经贸博览会、亚洲文明对话大会、世界互联网大会等多个全球和区域性多边平台，推动多边合作日益深入。主办亚信上海峰会、亚太经合组织领导人北京非正式会议、二十国集团领导人杭州峰会、金砖国家领导人厦门会晤、上海合作组织青岛峰会等，取得了一系列开创性、引领性、机制性成果。发起成立亚洲基础设施投资银行、新开发银行等国际金融合作机构，为全球包容性发展贡献越来越大的力量。发起成立上海合作组织，为维护地区与世界的和平稳定发挥了重要作用。

（三）积极参与国际和地区事务

中国作为联合国安理会常任理事国，努力为解决国际和地区热点问题贡献智慧和力量。积极推动朝鲜半岛、伊朗、叙利亚、阿富汗等地区热点政治问题的解决，致力于推动对话协商，寻求各方都能接受的解决方案。积极参与联合国及其他多边平台的气候治理进程，坚定支持并推动《巴黎气候变化协定》的落实。中国在经济结构转型和经济新常态背景下，承诺并践行 2020 年碳排放量比 2005 年降低 40%～50%。积极推动落实联合国《全球反恐战略》及安理会反恐决议，积极参与国际反恐合作。不断加强能源安全、粮食安全、网络安全、极地、外空、海洋等领域的国际交流与合作。

（四）积极开展对外援助

1. 对外援助的主要方式及具体措施

中国是世界上最大的发展中国家，在中华民族的伟大复兴进程中，在努力提升国民幸福感的同时也肩负起了大国的责任和使命，将自身的发展惠及更广大的世界人民。中国坚持正确的义利观，秉持"相互尊重、平等相待，重信守诺、互利共赢，量力而行、尽力而为"的原则，一直是全球减贫与发展事业的倡导者、推动者和践行者。在致力于实现自身发展、消除贫困的同时，积极开展南南合作，不附加任何政治条件地向其他发展中国家提供资金、技术、人员、智力等方面的援助，帮助受援国特别是最不发达国家增强自主发展能力，促进当地经济社会发展，改善民众生活，极大地推动了消除贫困这个国际公共产品的供给。

中国对外援助主要有 8 种方式：资金援助、成套项目和一般物资援助、技术合作、人力资源开发合作、援外医疗队、紧急人道主义援助、援外志愿者和债务减免。其中，资金援助包括无偿援助、无息贷款和优惠贷款。从援助对象的地理分布来看，主要分布在亚洲、非洲、拉丁美洲、大洋洲和东欧等地区，大部分为发展中国家。中国对其中最不发达国家和其他低收入国家的援助比重始终保持在中国总对外援助的 2/3 左右。在援助领域上，中国对外援助项目主要分布在农业、工业、基础设施、公共服务设施、教育、医疗卫生等领域，重点帮助受援国提高工农业生产能力，打牢经济和社会发展基础，改善基础教育和医疗状况。近年来，应对气候变化成为中国对外援助的新领域。

以非洲为例，中国对非洲援助始于 1956 年，进入 21 世纪后，援助逐步向减贫、医疗卫生、教育培训、基础设施等民生和能力建设方面倾斜。2015 年以来中非重点实施的"十大合作计划"分别如下。一是中非工业化合作计划。该计划旨在推进中非产业对接和产能合作。二是中非农业现代化合作计划。在非洲 100 个乡村实施"农业富民工程"，派遣 30 批农业专家组赴非洲，建立中非农业科研机构"10 + 10"合作机制。三是中非基础设施合作计划。同非洲国家在基础设施规划、设计、建设、运营、维护等方面加强互利合作，支持中国企业参与非洲铁路、公路、专线航空、港口、电力、电信等基础设施建设，支持非洲国家建设 5 所交通大学。四是中非金融合作计划。中方将同非洲国家扩大人民币结算和本币互换业务规模，鼓励中国金融机构赴非洲设立更多分支机构。五是中非绿色发展合作计划。中方支持非洲增强绿色、低碳、可持续发展能力，支持非洲实施100 个清洁能源、野生动植物保护和智慧型城市建设项目。六是中非贸易和投资便利化合作计划。中方将实施 50 个促进贸易的援助项目，支持非洲改善内外贸易和投资软硬条件，扩大非洲向中国出口产品规模。七是中非减贫惠民合作计划。中方将在非洲实施 200 个"幸福生活工程"和以妇女、儿童为主要受益者的减贫项目。免除非洲有关最不发达国家截至 2015 年底到期未还的政府间无息贷款债务。八是中非公共卫生合作计划。中方将参与非洲疾控中心等公共卫生防控体系和能力建设，支持中非医院开展示范合作，继续派遣医疗队员，开展"光明行"，鼓励支持中国企业赴非洲开展药品本地化生产。九是中非人文合作计划。中方将为非洲援建 5 所文化中心，为非洲 1 万个村落实卫星电视收视项目，为非洲提供 2000 个学历、学位教育名额和 3 万个政府奖学金名额；每年组织 200 名非洲学者访华和 500 名非洲青年来华研修；每年培训 1000 名非洲新闻领域从业人员；支持开通更多中非直航航班，促进中非旅游合作。十是中非和平与安全合作计划。中方将向非盟提供 6000 万美元无偿援助，支持非洲常备军和危机应对快速反应部队的建设和运作。中方将继续参与联合国在非洲的维和行动。为确保"十大合作计划"顺利实施，中方还决定提供总额达 600 亿美元的资金支持，其中包括设立首批 100 亿美元的"中非产能合作基金"。

截至 2019 年，中国开展对外援助 60 多年来，共向 166 个国家和国际组织提供近 4000 亿元人民币援助，派遣 60 多万名援助人员，其中有 700 多人为他国发展献出了宝贵生命。中国先后 7 次宣布无条件免除重债穷国和最不发达国家对华到期政府无息贷款债务。中国积极向亚洲、非洲、拉丁美洲和加勒比地区、大洋洲的 69 个国家提供医疗援助，先后为 120 多个发展中国家落实联合国千年发展目标提供帮助。积极参与联合国 2030 年可持续发展议程的磋商，全面做好国内落实工作，率先发布落实议程的国别方案和进展报告，在多个领域实现早期收获。在南南合作框架下，中国为其他发展中国家落实议程提供帮助。中国 – 联合国和平与发展基金 2030 年可持续发展议程子基金 3 年来成功实施 27 个项目，惠及 49 个亚非拉国家，为全球落实议程注入了强大动力。2015 年，中国宣布设立南南合作援助基金，截至 2018 年，已在亚洲、非洲、美洲等地区共 30 多个国家实施了 200 余个救灾、卫生、妇幼、难民、环保等领域的发展合作项目。2019 年，中国和联合国多个机构签署了南南合作援助基金项目合作协议，包括联合国工业发展组织、联合国儿童基金会、世界卫生组织、世界粮食计划署、联合国开发计划署、国际民用航空组织等，合作涵盖粮食援助、卫生、农业、人道主义援助等多个领域，南南合作援助基金成为中国对外援助的重要载体。

2. 对外援助的基本理念和主张

第一，大国担当共谋发展。把中国人民的利益同各国人民的共同利益结合起来，支持和帮助发展中国家特别是最不发达国家减少贫困、改善民生，实现各国共同发展，这是中国对外援助的主要目的。

第二，坚持正确义利观。这里所说的正确义利观，就是在国际交往中讲求道义和公平正义，坚持道义为先，重视和照顾其他国家的利益需求。中国在对外交往中摒弃"丛林法则"，反对"霸权主义"，坚持相互尊重、合作共赢、共同发展。

第三，秉承"授人以渔"的援助原则。如何提升援助的有效性一直是国际援助领域关注的焦点问题。中国一直坚持"授人以鱼，更要授人以渔"，提倡加强对受援国自身发展能力的培养，如人才和技术力量的培养以及基础设施的修建，为受援国打好发展基础，支持其走上自力更生、独立发展的道路。

第二节　中国参与国际公共产品供给的特点

通过上述对中国参与国际公共产品供给现状的探索，我们发现中国积极参与全球治理，供给国际公共产品有别于西方霸权大国传统的供给模式，有着自己独特的理念和价值观。

一　以开放的态度迎接"搭便车"

在实力不对等的国际社会，小国"搭便车"是一种常态，具有正当性；同时大国主动让别人"搭便车"也是常态，具有道义性。① 从供给动

① 杨原：《体系层次的国家功能理论——基于对结构现实主义国家功能假定的批判》，《世界经济与政治》2010 年第 11 期。

因上看，中国以积极开放的态度欢迎他国"搭便车"，既源于国力强大后的自信，更是维护崛起利益的重要方式。欢迎"搭便车"不仅有助于积累软实力与感召力，还有利于维护中国的战略利益。近年来，中国积极倡导改革全球经济治理结构，在多边和区域平台上发出中国声音，通过供给国际区域性公共产品构建具有包容性和开放性的发展环境，进一步创造中国和平崛起的环境。"一带一路"建设惠及各国，实现了中国与沿线国家的互利共赢。一方面，中国与沿线国家的贸易持续增长。2013～2017 年，进出口总额达 69756.4 亿美元，年均增速远高于中国对外贸易的整体增速，占中国进出口总额的比例一直在 30% 以上（见表 3-1）。

表 3-1　2013～2017 年中国与"一带一路"沿线国家进出口总额
及其占中国进出口总额的比例

单位：亿美元，%

	2013 年	2014 年	2015 年	2016 年	2017 年
中国与沿线国家进出口总额	14103.1	15026.3	13528.0	12695.8	14403.2
占中国进出口总额的比例	33.9	34.9	34.3	34.3	36.2

资料来源：中国一带一路网，https://www.yidaiyilu.gov.cn/xwzx/gnxw/67936.htm。

二　发挥中国智慧，创造性地供给新型国际公共产品

国际公共产品的分析框架如同任何公共产品的分析框架一样，始终是围绕着消费侧和供给侧展开的。不过由于公共产品的本质属性非排他性和非竞争性太过明显，主流理论大多沿着非排他性和非竞争性的二维标准，将公共产品界定为：一种"每个人对它的消费都不会减少其他人的消费"（即消费非竞争性），同时"任何人的消费都不排斥与妨碍其同时被他人消费"的产品（即消费非排他性）。[①] 目前国际学术界的权威定义"所有国

---

① Paul A. Samuelson, "The Pure Theory of Public Expenditure," *Review of Economics and Statistics* 36 (4), 1954, pp. 387-389.

家、所有人群、所有世代均可受益的产品"① 依然围绕着非排他性和非竞争性两个维度构建。这也说明，现有国际公共产品的分析框架过多聚焦于消费侧，对供给侧的关注明显不足。那么在供给侧，应该围绕什么特点来构建分析框架呢？

首先，当新兴国与霸权国供给的国际公共产品的功能趋同时，供给竞争将被激化。强者"让利"可以交换弱者的"承认"，因此大国主动供给国际公共产品可以扩大自己的国际影响力。② 所以说，国际公共产品的供给侧是竞争性的，在供给时突出比较优势，是新兴国胜出的策略。

其次，大国也会根据需求的轻重缓急，对供给领域进行选择。从效率上看，只有供给那些有比较优势的国际公共产品，才能更容易满足国际社会的需求。供给什么不仅要基于别人需要什么，也要基于自己擅长什么。消费者对国际公共产品的需求也有层次，有些是刚性需求，有些则是弹性需求。由此，供给国需要在评估国际需求的前提下，对供给的产品进行先后排序。③ 因此，国际公共产品的供给侧是选择性的。我们将上述内容总结在表 3 - 2 中。

表 3 - 2　聚焦于供给侧的国际公共产品供给

	竞争性强	竞争性弱
优先性强	安全类国际公共产品 （军事安全保证等）	发展类国际公共产品 （基础设施建设、脱贫发展经验等）
优先性弱	价值类国际公共产品 （共享观念与价值共同体等）	规则类国际公共产品 （国际制度、技术标准等）

中国创造性地供给新型国际公共产品在党的十九大报告中被阐述为

---

① Kaul, I., Grunberg, I., and Stern, M., *Global Public Goods: International Cooperation in the 21st Century* (New York: Oxford University Press, 1999), p. 2.

② 杨原：《崛起国如何与霸权国争夺小国？——基于古代东亚历史的案例研究》，《世界经济与政治》2012 年第 12 期。

③ Alexander Wendt, "The State as Person in International Theory," *Review of International Studies* 30 (2), 2004, pp. 289 - 316; Alanna Krolikowski, "State Personhood in Ontological Security Theories of International Relations and Chinese Nationalism: A Sceptical View," *Chinese Journal of International Politics* 2 (1), 2008, pp. 109 - 133.

"解决人类问题的中国智慧和中国方案"①，表 3 - 3 归纳了 2012 年以来中国供给的主要国际公共产品。

表 3 - 3　2012 年以来中国供给的主要国际公共产品

	竞争性强	竞争性弱
优先性强	安全类国际公共产品 （上海合作组织升级、伙伴关系网络等）	发展类国际公共产品 （提出"一带一路"倡议、优化 G20 等多边机制）
优先性弱	价值类国际公共产品 （人类命运共同体、亚洲新安全观等）	规则类国际公共产品 （亚洲基础设施投资银行、亚洲金融合作协会等）

第一，在发展类国际公共产品方面，提出"一带一路"倡议，对接周边国家发展需求。2013 年提出的"一带一路"倡议，涵盖沿线 65 个国家②，通过"五通"建设，为沿线国家的基础设施发展提供了大量公共产品。作为"俱乐部产品"，基础设施网络能让沿线国家都从中受益。一方面，区域基础设施互联互通能够帮助弱小的经济体更有效地参与一体化，补足网络中的薄弱一环。③ 另一方面，基础设施互联互通可以传播中国经验与发展模式。基础设施和产业规划是促进经济跨越式发展的核心要素之一。"一带一路"沿线大部分是发展中国家，都面临基础设施陈旧老化、道路交通不完善、电力供给不足、通信设施匮乏等问题，"一带一路"建设可以提供解决方案，供给跨区域公共产品。④

第二，在规则类国际公共产品方面，创设以亚洲基础设施投资银行为代表的国际新机构。2012 年以来，中国提议成立新开发银行、丝路基金、亚洲基础设施投资银行以及亚洲金融合作协会等一系列新型金融机构，彰显包容开放与合作精神。⑤ 其中，亚洲基础设施投资银行超越欧洲复兴开

---

① 《习近平：决胜全面建成小康社会夺取新时代中国特色社会主义伟大胜利——在中国共产党第十九次全国代表大会上的报告》，新华网，2017 年 10 月 27 日，http://www.xinhuanet.com//2017 - 10/27/c_1121867529.htm。

② 包括蒙古国、东盟 10 国、西亚 18 国、南亚 8 国、中亚 5 国、独联体 7 国以及中东欧 16 国。

③ 保尔·科利尔（Paul Collier）等：《中低收入国家道路基础设施建设成本探讨》，《世界银行经济评论》2016 年第 3 期。

④ 郑永年：《"一带一路"是可持续的公共产品》，《人民日报》2017 年 4 月 16 日。

⑤ 涂永红、王家庆：《亚投行：中国向全球提供公共物品的里程碑》，《理论视野》2015 年第 4 期；曹德军：《中国外交转型与全球公共物品供给》，《中国发展观察》2017 年第 5 期。

发银行和亚洲开发银行，成为仅次于世界银行的全球第二大多边开发机构。亚洲基础设施投资银行是典型的国际公共产品，体现在两个方面。一方面，推动国际金融治理规则和体系优化完善。亚洲基础设施投资银行坚持多赢、包容和开放的原则，特别是积极吸纳新兴经济体，代表了国际金融体系的未来发展方向。① 另一方面，构建并强化区域金融安全网络。亚洲基础设施投资银行、亚洲金融合作协会将结合现有的金融机制，构筑更完善的亚洲金融安全网。②

第三，在价值类国际公共产品方面，倡导"人类命运共同体""亚洲新安全观"等新理念。中国供给的价值类国际公共产品具有独特的治理功能。一方面，凝聚共识，创造性地为全球治理设定新的规范。2017 年 2 月，慕尼黑安全会议的主题是"后真相、后西方、后秩序？"，会议讨论认为西方主导的世界秩序正逐渐走向终结。而"人类命运共同体"国际公共产品旨在达成共识，凝聚人心。另一方面，人类命运共同体与全球治理理念一脉相承。人类居住在一个地球村，共同体意识长期存在。③

第四，在安全类国际公共产品方面，创新区域安全合作机制。2012 年以来中国外交转向"有所作为"，在安全领域供给区域公共产品。例如，作为首个以中国城市命名的国际安全组织，上海合作组织是中国供给的重要区域公共产品。2017 年 6 月 9 日，上海合作组织吸纳印度、巴基斯坦成为新的成员国，这是上海合作组织的首次扩员。该组织所遵循的"上海精神"强调互信、互利、平等、协商，尊重多样文明，谋求共同发展，为地区安全贡献了积极的指导原则。④

三 积极拓展对联合国的贡献路径

联合国的属性就是促进全球治理的国际公共产品，中国作为联合国安

---

① 徐超：《新开发银行与全球金融治理体系改革》，《国外理论动态》2016 年第 11 期。
② 杨权：《全球金融动荡背景下东亚地区双边货币互换的发展——东亚金融合作走向及人民币角色调整》，《国际金融研究》2010 年第 6 期。
③ 韩雪晴：《自由、正义与秩序——全球公域治理的伦理之思》，《世界经济与政治》2017 年第 1 期。
④ 《历史新起点：上合组织实现首次扩员》，中国新闻网，2017 年 6 月 10 日，http://www.chinanews.com/gn/2017/06 – 10/8247380. shtml。

理会常任理事国，积极拓展对联合国的贡献路径。

一是贡献会费与人力。中国承担的联合国会费比例逐年上升，在 2000 年以前，中国分摊联合国会费的比例仅为 0.995%，而 2013 ~ 2015 年分摊比例上升为 5.148%，2016 ~ 2018 年更是高达 7.921%，位居成员国分摊比例第三。2018 年 12 月 22 日召开的联合国大会决议通过了 2019 ~ 2021 年预算分摊比例方案。其中最引人注目的是，中国的分摊比例显著上升至 12.01%，而日本则下降到 8.56%，中国正式超越日本成为联合国第二大会费缴纳国（见图 3 - 2）。

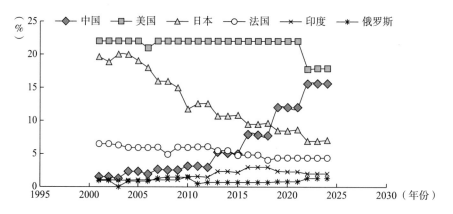

图 3 - 2　世界主要大国联合国会费分摊比例变化

注：2022 ~ 2024 年度分摊比例为作者预测值。

资料来源：联合国文献检索系统，Assessment of Member State's Nations Contribution for United States Regular Budget，22 December 2018，http://undocs. org/zh/A/RES/73/271。

此外，迄今为止，中国共派出维和人员 3.9 万余人次，参与维和任务区道路修建工程 1.3 万余公里，运输总里程 1300 万公里，接诊病人 17 万余人次，完成武装护卫巡逻等任务 300 余次。中国海军医院船已访问 43 国，惠及当地民众 23 万余人次。

二是依托联合国，积极贡献国际公共产品。2016 年 1 月 1 日联合国 2030 年可持续发展议程（简称 2030 年议程）正式生效，该议程彰显的是全球发展的 "5P" 理念，即 People（人类）、Planet（地球）、Prosperity（繁荣）、Peace（和平）和 Partnership（合作），本身就是重大的全球公共产品。① 为落实好 2030 年议程，中国政府公开承诺比 2030 年目标提前 10 年实现全部脱贫，即到 2020 年让中国现行标准下的 5000 多万农村贫困人口全部脱贫。② 在公共卫生方面，中国也计划超标准完成联合国 2030 年议程，争取到 2030 年全国孕产妇死亡率下降到 12/10 万人（超前完成 2030 年议程的 70/10 万人要求）。③ 在国际治理层面，2015 年在第 70 届联合国大会及其系列峰会上，中国承诺支持建立"中国气候变化南南合作基金"；向联合国妇女署捐款 1000 万美元；5 年内计划帮助发展中国家实施 100 个"妇幼健康工程"和 100 个"快乐校园工程"，邀请 3 万名发展中国家妇女来华参加培训；设立为期 10 年、总额 10 亿美元的"中国－联合国和平与发展基金"。④ 这都是中国依托联合国，落实 2030 年议程所贡献的国际公共产品。

第三节　中国参与国际公共产品供给面临的挑战

一　国际公共产品供给困境的根源

国际公共产品供给困境的根源在于国际公利和主权国家个体私利的二元分离和对立，具体可从以下三个层面分析。

（一）面临资金供给困境

所有产品的生产都需投入资金，国际公共产品也不例外。但是，国家追求自身利益，而强有力的国际组织和部门缺乏，导致缺乏总体的统筹，产生"搭便车"行为，资金则严重短缺。

1. 资金投入总量严重不足

全世界和全人类的福祉与国际公共产品这一问题紧密联系在一起，它

---

① 潘家华、陈孜：《2030 年可持续发展的转型议程》，社会科学文献出版社，2016，第 8 页。
② 外交部：《中国落实 2030 年可持续发展议程：国别方案》，2016 年 9 月，第 19 页。
③ 《2020 年全国孕产妇死亡率将降至 18/10 万》，新华网，2017 年 1 月 20 日，http://www.xin huanet.com/ploitics/2017－01/20/c_1120355053.htm。
④ 《未来 5 年中国将提供 6 个 100 项目支持发展中国家》，《新京报》2015 年 9 月 28 日。

的重要程度不是任何单独国家的利益可以比拟的。但从各个国家对国内和国际公共产品投入资金的差距可以看出，由于对自身利益的追求和国际政府缺位等，每个国家对国际问题的关注都不及其对自身利益的关注。据估计，国内公共产品的资金投入是国际公共产品的 200～400 倍。① 国际公共产品是多个国家在多个领域的共同合作，由于其具有巨大规模和重要意义，因此需要大量的资金。在国际公共产品资金严重不足的情况下，国际公共产品对解决国际问题的有效性不足，难以实现公共利益。

2. 获益差异导致的资金投入差异

国际公共产品能够使成员国共同受益，同时不伤害他人利益。但是每个成员国的受益程度存在差异，因此，其进行资金投入的动力也存在差异，即获得更多收益的国家更愿意投入更多，获得较少收益的国家则相反，存在"搭便车"行为。对国际公共产品的资金投入量是各成员国依据自身受益程度自愿提供的，而不是通过国际政府从公利角度出发按照各国能力进行分配的。例如，在防止全球气候变暖的国际公利中，发展中国家、发达国家和海岛小国的获利程度均有所差异。由于全球变暖将导致海平面上升，海岛小国所承受的后果最为严重，因此海岛小国是防止全球变暖的最大受益者，它们对此坚决拥护和倡导。但由于实力有限，它们只能寄希望于其他国家，即技术发达和资金雄厚的发达国家与处于经济高速发展阶段造成大量碳排放的发展中国家。但是，发展中国家认为如今全球变暖是发达国家工业化导致的历史遗留问题，应由发达国家承担责任，不能以此借口来限制发展中国家的发展权利。而发达国家则认为应对全球变暖这一问题是国际公利，应由全体社会成员共同解决分担，而不应由发达国家单独承担，尤其是碳排放量巨大的发展中国家，在碳减排方面应承担更多的责任。维护自身利益和无政府状态造成的这种囚徒困境和"搭便车"行为，必然导致各国对国际公共产品的投入减少，最终使得资金总投入严重短缺。因此，国际公共产品供给的根本问题之一就是如何在各国的利益

---

① Kaul, I., Conceicao, P., Goulven, K. L., and Mendoza, R. U., *Managing Globalization* (New York: Oxford University Press, 2003), p. 340.

冲突下，保证资金足额投入。

3. "搭便车"现象的存在

"搭便车"现象对国际公共产品的供给产生了极大的负面影响。

舒赫拉发对国际公共产品进行了分类[①]，其中，最容易产生"搭便车"行为的国际公共产品是总和型。它的价值是参与提供国际公共产品的国家贡献的价值总和，即所有的积极行为都会提高其总价值，所有的消极行为都会减少其总价值。例如，世界上全部国家碳排放量的总和是全球碳排放量，因此，任意国家减少碳排放量都会降低全球的碳排放总量，所有国家都可以从中受益。但是，减少碳排放量需要付出相应经济成本进行绿色技术开发，转变经济生产方式。而"搭便车"行为的出现就是由于碳减排具有公共产品属性，不减少碳排放量的国家在避免自己付出经济成本的同时能够从其他国家减少碳排放进而改善大气环境中受益。因此，每个国家都有以下两种选择：一是参与供给国际公共产品，减少碳排放量，使国际公共产品的价值得到增加，使本国与其他参与国共同受益，并存在被他国"搭便车"的风险；另一个是不减少碳排放量，不参与提供国际公共产品，最终导致的结果是从其他国家提供的国际公共产品中获取收益，同时不付出成本，"搭便车"成功，或是多数国家都选择"搭便车"而使得该国际公共产品无法被生产，导致无"车"可搭。这是在供给国际公共产品时囚徒困境的具体反映。因此，国际公共产品资金提供中的重要问题之一是怎样解决"搭便车"和囚徒困境问题。

（二）面临"公正性"的困境

"公正"这一概念常在政治学中被大家讨论，由于国际公共产品的供给基础是国际合作，因此更加需要公正，只有遵守公正原则才可以使各利益集团进行合作并遵守各项规则。

1. 公正原则的内涵

公正原则在国际公共产品供给中可以被分解为互反原则、平等原则、

---

① Hieshleifer, J., "From Weakest-link to Best-shot: The Voluntary Provision of Public Goods," *Public Choice* 41, 1983, pp. 371 – 386.

比例原则等更加具体的原则。

（1）互反原则

平等原则在国与国之间的来往中表现为互反原则，即"以牙还牙，以眼还眼"。美国政府相关人员表明，每个国家，无论大小，在世贸组织中都应被赋予平等公正的权利，即所有国家都应有对其他国家或组织实施同等报复行为的互反能力。① 虽然这一原则在理论上可以使各个国家拥有平等的权益，但其实施报复行为的互反能力随着国家占有资源总量的不同而不同。如贸易壁垒问题，实施多边和单边贸易政策的国家实施报复行为的互反能力和效果存在差异。若多边贸易国家对单边贸易国家实施贸易壁垒，在单边贸易国家对此进行互反性报复时，多边贸易国家可以通过将被报复的产品转销其他贸易方的方式减少损失。但是，单边贸易国家如果遭遇上述情况则没有其他外贸补救手段，从而造成严重的损失。再如某个国家的邮轮造成海水污染问题，当某个国家海域受到其他国家邮轮的污染时，按照互反原则，其可以对实施污染国家的海域进行互反性报复，然而因为海水存在国际公利性和流动性，此报复行为在损害对方利益的同时也损害了自身利益。因此，互反原则的实施所面对的困难仍然很多。

（2）平等原则

平等的意思是每个参与国在其承担的责任义务、获取回报的权利、地位等方面是平等的。但是，在提供国际公共产品的过程中，如何具体地界定平等原则常常成为争辩的焦点。例如，平等的含义指的是考虑各国的能力、需求、历史等因素后有差别的平等，还是绝对的平等？是按照各方在提供公共产品的过程中的贡献程度进行分配，还是进行绝对的平均分配？同样以国际碳减排为例，若进行绝对的平均分配，则所有国家的碳减排配额都相同；若按照需求进行分配，则正在进行工业化的发展中国家将获得更多的碳排放份额；若以历史责任为依据进行分配，则发达国家的碳排份额最少，还未进行工业化国家的碳排放份额最大；若按照贡献进行分配，

---

① Kaul, I., Conceicao, P., Goulven, K. L., and Mendoza, R. U., *Managing Globalization* (New York: Oxford University Press, 2003), p. 272.

由于发达国家拥有先进的生产技术，因此其碳排放份额相较于发展中国家来说更多。即使是在绝对的平均分配方式下，仍存在着是以公民为单位还是以国家为单位进行平均分配的问题。在实践中，对平等原则一般是综合各种要素进行考虑而不是仅仅依据某单一标准。然而，平衡这种理念和利益非常困难，经常因为很难得到各方的认可而使公共产品无法顺利供给。

（3）比例原则

比例原则意味着各方在国际公共产品中所享有的收益应与其投入的成本成正比，承担的责任也应与其造成的后果成正比。国际碳减排中秉承的"共同但有区别的责任"原则就是这种原则的具体表现。同样，实施比例原则也存在许多问题。还是以碳减排为例，碳减排责任是应按照目前各方碳排放比例，还是按照历史遗留的责任来划分？若按比例进行补贴，是综合考虑各国历史上的总体碳排放量还是考虑目前各国的碳排放量？按比例分配指的是按照各国的需求比例还是所做贡献比例分配？在比例原则实施过程中这些问题都需考虑。

总而言之，在国际公共产品供给实践中，坚持公正原则不是坚持某一单一原则，而是对不同原则进行有机组合，如何权衡各个原则的权重，以实现全体供给成员都能接受的"公正"是关键。

2. 公正原则的结构和程序

（1）内容性要素

国际公共产品供给包含许多具体要素，国际公共产品公正性的基础正是这些要素本身的公正性，其中，重要的两个环节是议题和规则设定。

国际公共产品公正性的基础是在议题设置方面的公正性。虽然国际公共产品产生的前提是国际公利或公害的存在，但是各国从某一国际公共产品中获取的利益因各国国情的不同而不同，所以关注的具体问题也有所差异。因为议题在优先性和数量方面均有限，在国际合作时，实现本国利益最大化首先是要使与本国利益有关的议题获得优先设定权，所以议题的设定这一项稀缺政治资源引发各方重点关注并争夺。由此，各方产生了很多摩擦与矛盾。例如，在世贸组织于 1999 年在西雅图召开的多边贸易会谈中，根据不同国家自身利益要求的不同，发达国家和发展中国家在议题的设置上存在分歧，发达国家希望对电子商务、环境标准、投资政策等问题进行优先讨论，发展中国家关注的则是纺织产品、农产品的出口壁垒问题。此次会谈因这种分歧而最终失败。因此，国际公共产品供给的重要环节是怎样在秉承公正原则的同时协调各方利益，以使各方认可议题的选择和设定。国际公共产品公正原则的核心是规则的公正。在国际公共产品中，规则是组织相关资源，分配所获收益的法律依据，可以保证各方得以合作，国际公利得以实现。然而，在基于国家利益的实际国际政治中，规则的制定是各方依据自身实力进行博弈的结果，而不是单纯的存在于概念上的产物，在公正性方面有所欠缺。例如，特别提款权从最开始成立到现在一直由美国等西方国家操控，而不是遵守公平的原则，按照国家的黄金储备量、国民收入等因素进行分配。2010 年特别提款权改革之前，仅美国一个国家所占的份额就已经达到 17.6%，西方国家所占份额在 60% 以上。因此，仅美国一个国家就可以轻易否决由 85% 绝对多数票通过的 18 项决议，五个所占份额最大的国家（美国、日本、德国、法国、英国）可以否决由 70% 绝对多数票通过的 21 项决议。可以看出，国际货币基金组织的公正性和公利性由于西方大国的主导规则而受到了严重的损害。特别提款权改革后，美国所占的份额为 17.4%，仍可实现对重大提案的一票否决。虽然国际货币基金组织的改革使部分发展中国家的话语权得到了提升，但以美国等西方国家为主导的体系没有从根本上得到改变。

（2）程序性要素

国际公共产品的生产基于相关国家间的合作和共识，由于需要一定的程序来达成这样的合作和共识，因此，决议的公正性受到程序公正性的直接影响。每个内容性要素的公正性基础均是程序的公正性。例如，美国在西雅图会议上提出的"绿屋会议"由于违反程序的公正性而遭到发展中国家的抵制并最终失效。国际公共产品供给的难点之一是保证程序的公正性。

（三）面临主体权力不平等的困境

各主体在国际公共产品供给中具有相同的实力是国际公共产品公利性和效率的保障。但是在实践中，各国发展水平、综合实力等相差较大，尤其是发达国家和发展中国家之间。在这种条件下，实现公利性和效率有很大的困难。

1. 综合国力的差距

综合国力的差距是发达国家和发展中国家最根本的差异。全球绝大多数资源被少数发达国家所占据，而在世界国家总数中占大多数的发展中国家仅占有其中一小部分资源。1999 年，根据联合国开发计划署的统计，全球 3/4 以上的 GDP 是由占世界国家总数 1/5 的最富有的国家贡献的，而占世界总数 1/5 的最穷的国家仅贡献了 1% 的 GDP。发展中国家很难从国际公共产品中获取收益的最根本原因是发展中国家与发达国家在综合国力方面的差距。综合国力的差距最终体现在国际公共产品中权利和收益的不平等分配。要改变这种不平等的分配状态只能提高发展中国家的综合国力，否则难以实现真正的公平与效率。

2. 国内政策基础的差距

国内公共产品在国际社会上的延伸即为国际公共产品，也可以被看作国内政策在国际社会的制度化和合法化的结果。一个国家把国内公共产品扩散到国际社会受到国内政策的价值以及该国的影响力两个方面的影响。在现代化进程中，发展中国家由于国情等原因，相较于发达国家来说，国内政策和运行机制相对缺乏和低效，无法在国际社会上依据国内政策提出有价值的提案，许多发展中国家在国际会议中提出的议案常常毫无实质内容和价值，没有办法借由国际公共产品的塑造来实现本国的利益。而发达国家的情况则相反，在国际公共产品供给方面，发达国家通常会利用本国相对成熟的运营模式和理念施加影响，进而增强自身在国际社会上的影响力，在国际社会上获得更多合法性以及声誉等方面的资源。

3. 代表团能力的差距

国际公共产品是处理许多国家重大利益的工具，它的产生需要经过各方国家代表团的复杂的多轮谈判。在谈判中，作为国家利益的唯一合法代表的代表团，其能力和表现将会对谈判结果和本国利益造成最直接的影响。

由于就国际公共产品进行的谈判非常复杂，其规模庞大，涉及的领域十分广泛，因此，对代表团各方面（如专业结构、人员数量等）的要求较高。如涉及某些重大问题的谈判通常会分为不同议题组，并在同一时间开会讨论，必须有足够数量的人员同时参加各类会议，代表团中的发言代表要包含不同领域的人才以应对谈判中所涉及的复杂多样的问题。为应对这种复杂情况，发达国家通常会派出来自专业技术、学术、政府等不同领域的几十甚至上百人的代表团，而发展中国家由于人才缺乏等原因，派出的代表团人数较少，甚至存在只有一个代表的情况。如在 2000 年举办的政府间森林论坛第四次会议上，共有 44 个参会国，其中发展中国家只有 5 个，平均每个代表团有 6 名代表，代表人数最多的为英国（53 人），而所有发展中国家的代表团都只有 1 人。[①] 这种仅有 1 人的代表团无法在数量和能力方面有效地对国家利益进行代表。

由于资金和人员方面的限制，一些发展中国家代表团的代表仅在最后达成协议的时刻才出席会议，而在前期选择议题、设定规则和分配责任、利益等关键环节均缺席会议，只能被动地接受前期会议已达成的决议。如今，关于一些问题，国际社会早已在西方国家的主导下形成了特定的讨论框架和理念，发展中国家必须尽快适应并利用这套现行的话语体系来对本国的利益进行捍卫，并说服对方接受自己的观点，如果对话语体系不熟悉，即便是很有价值的议案，也无法得到国际社会的广泛认可。

二　中国参与供给国际公共产品的挑战

每个不同的公共产品供给者都拥有自己的不足与比较优势，对此中国需要在学习探索中，有所为、有所不为。[②] 中国参与供给国际公共产品面临的问题和挑战，主要集中在以下几方面。

第一，中国经济社会发展不均衡，掣肘了国际公共产品供给的能力。中国是世界最大的石油消费国、最大的温室气体排放国，在消除贫困、节

---

① Kaul, I., Conceicao, P., Goulven, K. L., and Mendoza, R. U., *Managing Globalization* (New York: Oxford University Press, 2003), p. 250.

② 张春：《国际公共产品的供应竞争及其出路：亚太地区二元格局与中美新型大国关系建构》，《当代亚太》2014 年第 6 期。

约资源、保护环境、实现生态可持续发展等方面，与发达国家还存在较大差距。中国创造了全球 12.3% 的 GDP，但能源消费占全球的 21.5%。[①] 若考虑到地区差距、城乡差距、环境透支等问题，中国与发达国家的国内发展差距更加明显。贝塔斯曼基金会公布的可持续发展目标指数显示，中国以 59.1 分处于中间水平，与发达国家差距较大（瑞典 84.5 分，丹麦 83.5 分，日本 75.0 分，美国 72.7 分）。[②]

第二，面临来自传统霸权国地缘政治竞争的挤压。中国供给有自身特色的国际公共产品必须充分评估风险和压力，因为国际公共产品供给领域长期被传统霸权国霸占，供给竞争常常与地缘政治竞争相重叠。例如，美国提出的"新丝绸之路计划"、俄罗斯主导的"欧亚经济联盟"、日本提出的"高质量基础设施合作伙伴关系"、印度主导的"东向政策"与"季节计划"、哈萨克斯坦等国的跨欧亚运输计划、土耳其发起的"现代丝绸之路"计划等，都与"一带一路"倡议存在一定的重叠和竞争。[③]

第三，国际公共产品的供给主体不断多元化。当前国际公共产品的供给主体随着全球化的深入不断多元化，国际非政府组织、跨国社会运动、全球公民网络、跨国公司等都凸显力量，成为参与供给的新主体。中国的非政府组织的国际化视野不够，参与全球治理的步伐落后于欧美日等发达国家和地区，甚至也远远落后于韩国、印度等新兴国家。联合国经济社会理事会的统计显示，2014 年 9 月具有联合国咨商地位的社会组织美国有 703 家、印度 380 家、日本 150 家，而中国（包括港澳台地区）则只有 105 家。同年，中国共有国际及涉外类社会组织 529 个，仅占 60.6 万个社会组织总数的 0.09%。[④] 所以，中国国际及涉外类社会组织的发展滞后也影响

---

① 《李毅中：我国创造 12.3% 全球 GDP 能耗是国外 2 倍》，新浪财经，2014 年 11 月 14 日，http://finance.sina.com.cn/hy/20141114/094520818640.shtml。

② 可持续发展目标指数高于 66.7 分代表国家的可持续发展目标已实现 2/3，是领先国家；66.7～50.0 分代表目标实现程度不到 2/3，属于居中国家；低于 50.0 分为落后国家，即可持续发展目标实现程度不到一半。

③ 祁怀高：《"一带一路"对中国周边外交与亚洲发展的影响》，《中国周边外交学刊》2015 年第 2 期。

④ 民政部：《2014 年社会服务发展统计公报》。

了国际公共产品的供给力度和范围。

第四，制定国际公共产品供给的配套制度还需进行顶层设计。以发展援助为例，我国现有援助法规层级较低，缺少统一的上位法，仅靠部门规章和规范性文件进行管理，远远不能满足援外工作的需要。2003 年国务院进行机构改革，援外事务归口商务部管理，另下设三个对外援助执行机构：国际经济合作事务局、中国国际经济技术交流中心、国际商务官员研修学院。组织架构过于分散，不利于在整体上进行统一规划与资源整合。[①]鉴于此，制定对外援助的配套制度还需进行顶层设计，可以借鉴国际经验，建立援助效果评估指标体系，动态监督、完善与优化国际公共产品供给方案。

---

① 周太东、孙同全：《对外援助规制体系比较研究》，社会科学文献出版社，2015，第 51 页。

第四章

中国参与国际公共产品供给的博弈策略与身份变迁

第一节 中国参与国际公共产品供给的博弈策略
——以全球气候治理为例

气候变化是 21 世纪人类面临的最复杂挑战，这不仅仅是环境问题，同时也是政治、经济和社会问题。国际组织、各国政府、社会公众都成为应对气候变化行动中的活跃因素。从《京都议定书》到《巴厘岛路线图》，到哥本哈根气候变化大会，到南非气候变化大会，再到巴黎气候变化大会，尽管各个国家的利益诉求不同，在气候谈判上存在很大分歧，但最终目标是一致的，那就是减少全球二氧化碳排放，拯救人类共同的家园。这一最终目标的达成与"人类命运共同体"的理念不谋而合，因此，从"人类命运共同体"角度出发来认识全球气候这一国际公共产品问题，具有重要的理论价值与实践价值。

一 全球气候变化的国际公共产品属性

全球气候变化问题的基础理论是公共产品理论，全球气候谈判的过程就是公共产品博弈合作供给的过程。博弈合作供给的基础逻辑是自愿供给公共产品的个体会形成一个联盟，通过合作来解决公共产品的供给问题。

公共产品由于固有的非竞争性和非排他性等特点，经常会出现自愿供给不足的情况。奥尔森最早提出的"搭便车"行为很好地解释了为什么公共产品供给的意愿偏低。[①] 但后来的实践发现公共产品的供给不断地出现，产生与理论不符的矛盾。随着行为经济学和实验经济学的不断发展，理论界得出个体的社会偏好也能在一定程度上实现利益最大化。Fehr 和 Fischbacher 指出，社会偏好是指个体在效用函数中考虑其他个体的选择，具体表现为互利共惠、不平等厌恶和纯粹利他等。[②] 显然，以上提到的社会偏好为个体之间的合作提供了解释路径。同样，全球气候作为公共产品，同样具有公共产品的基本属性，也存在"搭便车"的现象。在全球温室气体减排治理过程中，如果一国积极减排，其他国家无论是否减排，都将分享该国减排所带来的好处，但是在减排过程中，减排国家需要付出一定的经济成本，这就驱使很多国家尤其是经济实力有限的国家降低减排量而分享他国的减排成果。所以聚焦国际气候谈判合作的形成动因及稳定性，对于理解并采取有效措施建立合作联盟，扭转全球气候进一步恶化，具有重要的理论价值和实践意义。针对全球气候博弈问题，笔者建立了两个不同的博弈模型进行深入分析：第一，基于夏普利值模型分析了国际气候谈判的内在动因与国际合作的稳定性，旨在研究是否存在一个动力机制去推动各国参与国际气候谈判以达成合作，以及该国际合作是否具有稳定性；第二，基于 Barrett 的全球气候谈判模型分析了参与国的效用偏好对合作的影响，旨在研究参与国的利己效用偏好、公平效用偏好和效率效用偏好对各国减排的影响，以及惩罚机制在全球合作治理中的作用。[③]

二 国际气候谈判的内在动因与合作稳定性

从现实中的国际谈判出发，本部分将从两个方面深入研究国际气候谈

---

① 〔美〕曼瑟尔·奥尔森（Mancur Olson）:《集体行动的逻辑》，陈郁、郭宇峰、李崇新译，上海人民出版社，1995。

② Fehr, E., Fischbacher, U., "Why Social Preferences Matter—The Impact of Non-selfish Motives on Competition, Cooperation and Incentives," *Economic Journal* 112 (478), 2002, pp. 1 – 33.

③ Barrett, S., "Self-enforcing International Environmental Agreements," *Oxford Economic Papers* 46 (46), 1994, pp. 878 – 894.

判问题：第一，国际气候谈判达成合作的内在动因分析，即在谈判前是否存在一个动力机制推动各国去参与谈判以达成合作；第二，国际气候谈判达成合作的稳定性分析，即当各国签署合作治理协议时是否能够达成一种稳定的合作状态。

（一）国际气候谈判达成合作的内在动因

1. 模型假设

本部分旨在探讨推动国际气候谈判的动力机制，即各国在气候谈判前所发生的博弈，故暂不分析谈判成功后各国的分配问题。夏普利值是分析联盟博弈的一种公理化方法，本部分用该值判定各国出于自身利益最大化而做出的最优决策，以此分析是否存在推动国际气候谈判的动力机制。基于此，本部分做出如下假设。

假设1：存在两个整体水平与国际地位相当的国家，且每个国家在生产过程中所排放的温室气体相同。为了保护大气环境以实现可持续发展，双方国家的谈判目的是达成合作治理、共同减排的国际协议，且双方国家将公平分配合作治理后的总收益。

假设2：参与气候治理的主体众多，如个人、企业和各级政府等，为了简便分析，统称为行动者集合。只有行动者集合与参与谈判的国家一起努力，才能实现温室气体减排，否则气候谈判达成的协议将难以有效施行。

假设3：双方国家是否选择合作仅基于共同治理前后各国自身预期收益的比较。各国的温室气体排放水平在谈判中途是不变的，且任何一个国家拒绝合作都将导致谈判失败。

2. 模型构建与分析

在国际合作治理气候协议达成之前，设定意向谈判的国家集合为 $I = \{A_1, A_2, B\}$，其中 A_1 与 A_2 代指参与气候谈判的国家，B 代指参与大气治理的其他行动者集合。同时，当实际参与气候谈判的群体集合为 J 时，参与者所能得到的总收益为函数 $\Omega(J)$，其中 $J \subset I$。此外，由于 A_1 与 A_2 两国存在诸如地理位置、技术水平等方面的差异，因此温室气体对两国产生的不利影响也存在差异。不失一般性，设定参与国 A_1 在地理位置等方面都优于 A_2，通过与其他行动者共同努力，A_1 与 A_2 在减排中实现的价值分别为 λ_1 与 λ_2，$\lambda_1 > \lambda_2$。

基于上述假设，$\Omega(\{A_1\})$ 为参与国 A_1 在无其他行动者参与减排的情况下所能实现的价值，$\Omega(\{A_2\})$ 为参与国 A_2 在无其他行动者参与减排的情况下所能实现的价值。由于只有在其他行动者与参与谈判的国家一起努力的情况下，其他行动者与参与国才能获得减排收益，故 $\Omega(\phi) = 0$，$\Omega(\{A_1\}) = \Omega(\{A_2\}) = \Omega(\{B\}) = \Omega(\{A_1, A_2\}) = 0$，$\Omega(\{A_1, B\}) = \lambda_1$，$\Omega(\{A_2, B\}) = \lambda_2$，$\Omega(\{A_1, A_2, B\}) = \lambda_1 + \lambda_2$。夏普利谈判解为：

$$
\begin{aligned}
\varepsilon_{A_1}^* &= \sum_{A_1 \subset J, J \subset I} [\Omega(J) - \Omega(J \setminus A_1)] \frac{(i-j)!(j-1)!}{i!} \\
&= (\lambda_1 + \lambda_2 - \lambda_2) \frac{(3-3)!(3-1)!}{3!} + (0) \frac{(3-2)!(2-1)!}{3!} + \\
&\quad (\lambda_1 - 0) \frac{(3-2)!(2-1)!}{3!} \\
&= \frac{\lambda_1}{2}
\end{aligned}
\tag{4-1}
$$

其中，i 与 j 分别为集合 I 和 J 中元素的个数，$i = 3$。

同理可得，$\varepsilon_{A_2}^* = \dfrac{\lambda_2}{2}$，$\varepsilon_B^* = \dfrac{(\lambda_1 + \lambda_2)}{2}$。

由此可得，在国际合作治理气候协议达成之前，各国从减排中获得的收益仅和该国自身的减排努力相关。同时，如果谈判双方国家实力相当，则温室气体减排所得效益仅为其所能实现的减排价值的一半。

接下来分析在国际合作治理气候协议达成之后，参与国是否可以为不同类型的国家提供额外收益，从而获得更大的总收益。设定参与谈判的国家集合为 $I = \{H, B\}$，其中集合 $H = \{A_1, A_2\}$ 表示参与国 A_1 与 A_2 达成合作后形成的合作联盟，且任何一个国家拒绝合作都将导致谈判失败，从而回到国际合作治理气候协议达成之前的情形。同时，设定合作联盟为两国带来的净收益为 τ。根据前文设定，$\Omega(\phi) = 0$，$\Omega(\{B\}) = 0$，τ 仅在合作国与其他行动者共同努力的情况下才能实现，故 $\Omega(H) = 0$，$\Omega(H,$

$\{B\}) = \lambda_1 + \lambda_2 + \tau$。可求得夏普利谈判解为：

$$\hat{\varepsilon}_H = \sum_{H \subset J, J \subset I} \left[\Omega(J) - \Omega(J \backslash H) \right] \frac{(i-j)!(j-1)!}{i!}$$

$$= (\lambda_1 + \lambda_2 + \tau - 0) \frac{(2-2)!(2-1)!}{2!}$$

$$= \frac{\lambda_1 + \lambda_2 + \tau}{2} \qquad\qquad (4-2)$$

同理可得，$\hat{\varepsilon}_B = \dfrac{\lambda_1 + \lambda_2 + \tau}{2}$。

基于合作联盟中的双方国家实力相当，协议内部参与国将平分收益，即 $\hat{\varepsilon}_{A_1} = \hat{\varepsilon}_{A_2} = \dfrac{\lambda_1 + \lambda_2 + \tau}{4}$。

易得 $\hat{\varepsilon}_H = \dfrac{\lambda_1 + \lambda_2 + \tau}{2} > \dfrac{\lambda_1 + \lambda_2}{2} = \varepsilon_{A_1}^* + \varepsilon_{A_2}^*$，即合作协议达成后将增加两国总收益，提升社会总福利。此外，根据 $\Delta\varepsilon_{A_1} = \hat{\varepsilon}_{A_1} - \varepsilon_{A_1}^* = \dfrac{\lambda_2 - \lambda_1 + \tau}{4}$，可得当 $\tau > \lambda_1 - \lambda_2$ 时，$\Delta\varepsilon_{A_1} > 0$，即当两国建立合作联盟所能获得的额外净收益大于两国温室气体减排所能实现的价值差额时，参与国 A_1 将存在推动国际气候谈判的内在动力。同理，$\Delta\varepsilon_{A_2} = \hat{\varepsilon}_{A_2} - \varepsilon_{A_2}^* = \dfrac{\lambda_1 - \lambda_2 + \tau}{4}$，根据设定 $\lambda_1 > \lambda_2$，表明 $\Delta\varepsilon_{A_2} > 0$ 恒成立，即参与国 A_2 必定存在推动国际气候谈判的内在动力。基于此，得到命题 1。

命题 1：各国合作治理气候可以增加温室气体减排所产生的总收益，从而有效提高整体社会福利。只有当两国合作联盟所能获得的额外净收益大于两国温室气体减排所能实现的价值差额时，相对优势的参与国才存在推动国际气候谈判以达成合作的内在动力，而相对劣势的参与国则一定存在这方面的动力。

此外，由 $\Delta\varepsilon_{A_1} - \Delta\varepsilon_{A_2} = -\dfrac{\lambda_1 - \lambda_2}{2} < 0$ 可得，在合作前后，相对劣势的参与国 A_2 的收益增量大于相对优势的参与国 A_1。表明合作治理气候能为相对劣势的国家带来更高的收益，即相对劣势国家比相对优势国家具有更

大的动力去推动气候谈判以达成合作协议。基于此，得到命题2。

命题 **2**：地理环境、技术水平等方面不同的国家在合作治理气候中所能获取的收益是不同的，相对劣势的国家将从中获得更大的收益，因此更有动力推动气候谈判以达成合作协议。

上述两个命题显然符合实际，各国之间是否有谈判合作意向都是基于本国在合作前后预期收益的变化。相对优势国家的技术水平、资金水平等显然高于他国，在合作时不仅需要承担较高的减排成本，还需尽可能地去扶助相对劣势国家，这必将降低相对优势国家在合作治理气候中所能获取的利益。而对相对优势国家而言，当合作利益大幅降低，甚至降低到合作前的水平时，显然它们将会拒绝合作，导致谈判破裂。故以美国为代表的相对优势国家不愿承担大国责任，否认历史排放问题，而更强调气候具有全球性特点以迫使发展中国家加入创新减排行列。而对于以发展中国家为代表的相对劣势国家而言，它们不仅能获得减排所带来的基本收益，还能获得相对优势国家的援助，合作前后的收益变化明显，因此更具动力去推动气候谈判以达成合作协议。

（二）国际气候谈判达成合作的稳定性

从前文分析可得，基于合作治理下的公平分配机制，各国都存在推动气候谈判以达成合作协议的内在动力，但由于各国在技术水平、地理环境等方面存在差异，各国的动力不尽相同。这意味着当谈判参与国达成合作协议时，仍存在合作是否稳定的问题。首先，由于相对优势国家获得的合作收益比相对劣势国家更少，因此合作动力小于相对劣势国家，在一定程度上削弱了其推动国际合作的积极性；其次，若一直施行公平分配机制，相对优势国家将缺乏足够的激励效应以维持合作，国际合作将面临不稳定甚至瓦解的困境。因此，国际合作治理气候如何保持稳定的问题本质上就是一个制定合作净收益的稳定分配政策的问题，在该分配政策下，任何有违合作的行为都无法为达成合作协议的每个参与国带来更大的收益，这意味着每个参与国都没有脱离合作的动机。基于此，若想使国际合作治理气候处于稳定状态，国际谈判时必然存在一个如何制定分配政策的博弈过程。

根据上述分析，我们接着研究参与国在分配政策上的谈判博弈过程。我们用通过多次谈判得到的分配政策代替原先的公平分配机制，建立模型以研究该谈判过程。同时，增加谈判参与国数量，每个国家是否加入或退出合作联盟仅与该国对合作前后收益分配大小的比较有关，且每个参与国都不能通过退出协议的方式威胁他国。此外在谈判过程中，若一方承担公开冲突的意愿强于另一方，则意愿较弱的一方将会做出让步。基于此，本书接下来深入研究国际合作治理气候的稳定性问题。

为方便研究，后文模型仍延续前文的相关设定。除此之外，引入参与国的风险态度，也就是参与国在谈判破裂时所持的一种风险态度。本书用 VNM 效用函数 U_{A_1}（・）与 U_{A_2}（・）来分别表示参与国 A_1 与 A_2 的风险态度。其中，谈判参与国 A_1 在达成合作后的预期收益 ε_{A_1} 的取值构成了函数 U_{A_1}（・）的定义域。分配政策的不确定性导致谈判双方在达成合作协议前预期收益的不确定性，VNM 效用函数很好地刻画了谈判参与国 A_1 在无法和谈判参与国 A_2 达成合作时的不确定预期收益下的风险态度。同理可得，谈判参与国 A_2 在达成合作后的预期收益 ε_{A_2} 的取值范围构成了函数 U_{A_2}（・）的定义域，U_{A_2}（・）很好地刻画了谈判参与国 A_2 在无法和谈判参与国 A_1 达成合作时的不确定预期收益下的风险态度。

合作内部收益分配政策的修改可能出现多次，但若实现谈判均衡，则合作形式将趋于稳态。设定当收益分配政策的谈判进行到某个时点 σ 时，参与国 A_1 的收益分配变为 $\varepsilon_{A_1}^{\sigma}$。若联盟可以对谈判参与国关于收益分配的争执进行有效调解并做出公正裁决，则参与国 A_2 此时的获益将为 $\varepsilon_{A_2}^{\sigma} = \varepsilon_H - \varepsilon_{A_1}^{\sigma}$，采用收益函数 Π（$\varepsilon_{A_1}^{\sigma}$）表示，则 $\varepsilon_{A_2}^{\sigma} = \varepsilon_H - \varepsilon_{A_1}^{\sigma} = \Pi$（$\varepsilon_{A_1}^{\sigma}$）。由于当各国达成合作治理气候协议时相对劣势参与国 A_2 所得到的收益增量比相对优势参与国 A_1 更多，故若 A_1 拒绝合作，则合作联盟的破裂会使相对劣势参与国 A_2 面临更大的损失，这意味着相对优势参与国 A_1 可以选择拒绝合作去威胁 A_2 以获得更高的收益分配。同样，相对劣势参与国 A_2 若在合作协议中没有获得预期的收益分配比例也可以选择拒绝与 A_1 合作。在一般情形下，每个参与国都能基于可能发生的不同程度的非合作威胁情形去选择最佳策略。为简化研究，本书设定每个谈判参与国仅有唯一的威胁，也就是说当谈判参与国对于既定的收益分配政策存在争议时将会导致合作联盟破裂，而气候治理问题也会随之变为原先未合作时的情形。从前文分析可得，参与国 A_1 在非合作时所能获得的收益为 $\varepsilon_{A_1}^* = \frac{\lambda_1}{2}$，因为 $\varepsilon_{A_1}^*$ 是基于无国际合作而产生的，故 $\varepsilon_{A_1}^*$ 的大小取决于合作模型之外的因素，将谈判参与国 A_1 的效用 $U_{A_1}\left(\varepsilon_{A_1}^*\right) = U_{A_1}\left(\frac{\lambda_1}{2}\right)$ 记作 $\tilde{U}_{A_1}$。

假设当收益分配政策的谈判进行到某个时点 σ 时，谈判参与国 A_1 将考虑除了既有的收益分配 $\varepsilon_{A_1}^\sigma$ 外是否去寻求额外的收益分配 ξ。相对优势参与国 A_1 向联盟提出该要求的依据为，额外的利益分配 ξ 可以使该国的预期收益 $(1-\alpha)\left[U_{A_1}\left(\varepsilon_{A_1}^\sigma + \xi\right) - U_{A_1}\left(\varepsilon_{A_1}^\sigma\right)\right]$ 比合作破裂时该国的预期成本增量 $\alpha\left[U_{A_1}\left(\varepsilon_{A_1}^\sigma\right) - \tilde{U}_{A_1}\right]$ 更高。其中 α 为参与国 A_1 的主观概率，表示相对优势参与国 A_1 基于存在寻求额外利益分配 ξ 的意图而对相对劣势参与国 A_2 反对合作的一种可能性评价。接下来，令参与国 A_1 的预期收益和预期成本增量相同以求得在 $\varepsilon_{A_1}^\sigma$ 处 α 的最大值。

由 $(1-\alpha)\left[U_{A_1}\left(\varepsilon_{A_1}^\sigma + \xi\right) - U_{A_1}\left(\varepsilon_{A_1}^\sigma\right)\right] = \alpha\left[U_{A_1}\left(\varepsilon_{A_1}^\sigma\right) - \tilde{U}_{A_1}\right]$，可得：

$$\alpha = \frac{U_{A_1}\left(\varepsilon_{A_1}^\sigma + \xi\right) - U_{A_1}\left(\varepsilon_{A_1}^\sigma\right)}{U_{A_1}\left(\varepsilon_{A_1}^\sigma + \xi\right) - \tilde{U}_{A_1}} \tag{4-3}$$

等式两边同除以 ξ，得：$\dfrac{\alpha}{\xi} = \dfrac{U_{A_1}\left(\varepsilon_{A_1}^\sigma + \xi\right) - U_{A_1}\left(\varepsilon_{A_1}^\sigma\right)}{\xi\left[U_{A_1}\left(\varepsilon_{A_1}^\sigma + \xi\right) - \tilde{U}_{A_1}\right]}$。

当 ξ 趋于 0 时，根据洛必达法则可以求得 $\dfrac{\alpha}{\xi} = \dfrac{U'_{A_1}\left(\varepsilon_{A_1}^\sigma\right)}{U_{A_1}\left(\varepsilon_{A_1}^\sigma\right) - \tilde{U}_{A_1}}$，表示的是在 $\varepsilon_{A_1}^\sigma$ 处相对优势参与国 A_1 力求其收入存在一个极小增量的决心。

令 $Y_{A_1}\left(\varepsilon_{A_1}^\sigma\right) = \dfrac{U'_{A_1}\left(\varepsilon_{A_1}^\sigma\right)}{U_{A_1}\left(\varepsilon_{A_1}^\sigma\right) - \tilde{U}_{A_1}}$，表明基于低风险补偿，相对优势参与国 A_1 寻求额外利益分配的欲望将随着 $Y_{A_1}\left(\varepsilon_{A_1}^\sigma\right)$ 的增大而加强。

同理可得，对于相对劣势参与国 A_2 来说，当参与国 A_1 拒绝合作时，

A_2 在无合作时的温室气体减排获益为 $\varepsilon_{A_2}^* = \dfrac{\lambda_2}{2}$，$\varepsilon_{A_2}^*$ 也为模型的外生变量，

将谈判参与国 A_2 的效用函数 $U_{A_2}\left(\varepsilon_{A_2}^*\right) = U_{A_2}\left(\dfrac{\lambda_2}{2}\right)$ 记为 $\tilde{U}_{A_2}$。设定 β 为相对

劣势参与国 A_2 对相对优势参与国 A_1 退出合作的可能性评价，若 A_2 在谈判

时点 σ 时反对 A_1 增加额外收益分配 ξ，但此举并未导致合作联盟破裂，则

A_2 的效用函数为 $(1-\beta)\left\{U_{A_2}\left[\Pi\left(\varepsilon_{A_1}^\sigma\right)\right] - U_{A_2}\left[\Pi\left(\varepsilon_{A_1}^\sigma + \xi\right)\right]\right\}$。若此举

导致 A_1 拒绝合作，则 A_2 的收益损失额为 $\beta\left\{U_{A_2}\left[\Pi\left(\varepsilon_{A_1}^\sigma\right) + \xi\right] - \tilde{U}_{A_2}\right\}$。

与前文分析相对优势参与国 A_1 一样，相对劣势参与国 A_2 能忍受 A_1 增加 ξ

而可能引起谈判争执的最大风险是：

$$\frac{\beta}{\xi} = \frac{U_{A_2}\left[\Pi\left(\varepsilon_{A_1}^\sigma\right)\right] - U_{A_2}\left[\Pi\left(\varepsilon_{A_1}^\sigma + \xi\right)\right]}{\xi\left\{U_{A_2}\left[\Pi\left(\varepsilon_{A_1}^\sigma + \xi\right)\right] - \tilde{U}_{A_2}\right\}} \tag{4-4}$$

当 ξ 趋于 0 时，根据洛必达法则可以求得 $\dfrac{\beta}{\xi} = \dfrac{U_{A_2}'\left[\Pi\left(\varepsilon_{A_1}^\sigma\right)\right] \Pi'\left(\varepsilon_{A_1}^\sigma\right)}{U_{A_2}\left[\Pi\left(\varepsilon_{A_1}^\sigma\right)\right] - \tilde{U}_{A_2}}$，

表示的是当 A_1 的收益为 $\varepsilon_{A_1}^\sigma$ 时，相对劣势参与国 A_2 反对 A_1 的收入在原基

础上存在一个极小增量的决心。

令 $Y_{A_2}\left[\Pi\left(\varepsilon_{A_1}^\sigma\right)\right] = -\dfrac{U_{A_2}'\left[\Pi\left(E_{A_1}^\sigma\right)\right] \Pi'\left(\varepsilon_{A_1}^\sigma\right)}{U_{A_2}\left[\Pi\left(\varepsilon_{A_1}^\sigma\right)\right] - \tilde{U}_{A_2}}$，表明基于低风险补

偿，相对劣势参与国 A_2 寻求高于 $\Pi\left(\varepsilon_{A_1}^\sigma\right)$ 的收益分配的力度将随着 Y_{A_2}

$\left(\varepsilon_{A_1}^\sigma\right)$ 的增大而加大。

当 $Y_{A_1}\left(\varepsilon_{A_1}^\sigma\right) \geqslant -Y_{A_2}\left[\Pi\left(\varepsilon_{A_1}^\sigma\right)\right] \cdot \Pi'\left(\varepsilon_{A_1}^\sigma\right)$ 时，$\xi \geqslant 0$；当 $Y_{A_1}\left(\varepsilon_{A_1}^\sigma\right) <$

$-Y_{A_2}\left[\Pi\left(\varepsilon_{A_1}^\sigma\right)\right] \cdot \Pi'\left(\varepsilon_{A_1}^\sigma\right)$ 时，$\xi < 0$。或者可以进一步表示为 $\dfrac{\mathrm{d}\varepsilon_{A_1}^\sigma}{\mathrm{d}\sigma} = Y_{A_1}$

$\left(\varepsilon_{A_1}^\sigma\right) + Y_{A_2}\left[\Pi\left(\varepsilon_{A_1}^\sigma\right)\right] \cdot \Pi'\left(\varepsilon_{A_1}^\sigma\right)$。

上式本质上可以认为是，谈判参与国基于既定协议规定的分配政策寻

求更高收益分配的一阶条件。当上式为 0 时，表示谈判过程已达稳态，也

就意味着各国将就签署的合作协议开展稳定合作，共同治理全球气候。在

稳态下，合作联盟中的每个国家都不会做出为寻求更高的合作净收益分配

而破坏合作的行为。基于此，得到命题 3 与命题 4。

命题 3： 若在气候合作治理联盟中，某一方参与国愿意承担因寻求更高的合作净收益分配而致使合作破裂，从而对本国所造成的损失，且态度足够坚定，则其他参与国将被迫选择妥协，即联盟内部将形成新的分配政策。

命题 4： 若在气候合作治理联盟中，所有参与国都无法在合作联盟破裂时获得更高的收益，则任何参与国都不会选择以退出合作为威胁以寻求更高的净收益分配，意味着合作联盟趋于稳态。

可以看出，上述两个命题与现实国际气候谈判情形相符。合作协议中的收益公平分配机制并没有考虑到每个参与国在技术水平、地理位置等方面的差异，这将致使部分参与国存在动机采取诸如退出合作等手段向联盟施压以修改现有的收益分配政策。当那些寻求更高收益分配的参与国有足够意愿去承担合作破裂所导致的损失时，其他参与国将被迫选择妥协以维持合作，但这必将减少那些妥协国家的收益，这些国家将进一步衡量妥协让步的收益减少量与合作破裂所带来的损失，在妥协与拒绝妥协中做出最符合本国利益的选择。联盟中所有参与国不断的利益衡量与相互博弈使得国际合作趋于稳态。170 多个国家于 2016 年签署的《巴黎协定》，便是各国在不断谈判的基础上最终寻得的符合全球利益的稳态合作协议。《巴黎协定》强调国际合作治理气候是各国共同的任务，但各国的责任存在差异，鼓励每个合作国根据本国实际做出最大的温室气体减排贡献。基于此，那些相对优势国家便能更好地履行自身责任，加大温室气体减排力度，而那些相对劣势国家则在合作减排治理中享受到了应有的照顾性政策。可以看出，在全球气候治理上，世界各国都在努力寻求符合全球利益的合作关系，以使合作趋于稳定、公正。

三 国际气候谈判合作稳定后国家偏好的影响及惩罚机制的引入

下文将分析参与国的效用偏好对合作的影响，旨在研究参与国的利己效用偏好、公平效用偏好和效率效用偏好对各国减排的影响，以及惩罚机制在全球气候合作治理中的作用。

(一) 基准模型

基于 Barrett 提出的全球气候谈判模型[1]，本书引入国家社会偏好以便更好地研究全球气候谈判问题。同时，借鉴 Andreoni、Charness 等提出的理论[2][3]，从利己与利他两个层面诠释国家效用函数，其中利他部分主要涵盖两个因素：公平与效率。

设定 A 国（$A = 1, 2, 3 \cdots, n$，n 是全球气候谈判参与国的数量）减排前的温室气体排放量是 λ_A，而其选择的减排量为 ω_A，$0 \leq \omega_A \leq \lambda_A$，则该国实际温室气体排放量为 ε_A，$\varepsilon_A = \lambda_A - \omega_A$。国家效用函数 $U_A(\varepsilon_A, \Omega)$ 表示如下：

$$U_A(\varepsilon_A, \Omega) = \xi_A \Phi_A(\varepsilon_A, \Omega) + (1 - \xi_A) \Psi_A(\Phi) \qquad (4-5)$$

其中，Φ_A 为利己效用函数，表示的是 A 国在忽略他国利益得失的条件下，本国温室气体的排放量与全球总减排量为该国所带来的一种效用变化；$\Psi_A(\Phi)$ 为利他效用函数，表示的是本国自身效用受到他国利己效用的影响，此处的设定是基于现实中某个国家一般仅注重他国的利己效用却忽略他国的利他效用。此外，式中的 ξ_A 表示的是一个国家的自私程度，$0 < \xi_A < 1$。

本书从两个方面考虑 A 国的利己效用函数 $\Phi_A(\varepsilon_A, \Omega)$：一方面，温室气体的实际排放量 ε_A 为 A 国获得的效用，如一国加大排放量意味着该国降低了生产成本或者提高了产品总量，显然这都能为该国带来一定的效用增量；另一方面，全球总减排量 $\Omega = \sum \omega_A$ 也为 A 国获得的效用，气候是一种全球公共资源，全球总减排量上升所带来的环境改善显然也能使本国获益。基于此，利己效用函数可以表示为：

$$\Phi_A = \varepsilon_A + e\Omega = \lambda_A - \omega_A + e\Omega \qquad (4-6)$$

① Barrett, S., "Self-enforcing International Environmental Agreements," *Oxford Economic Papers* 46 (46) 1994, pp. 878–894.

② Andreoni, J., "Impure Altruism and Donations to Public Goods: A Theory of Warm-glow Giving," *Economic Journal* 100 (401), 1990, pp. 464–477.

③ Charness, G., Rabin M., "Understanding Social Preferences with Simple Tests," *Quarterly Journal of Economics* 117 (3), 2002, pp. 817–869.

式（4-6）中的 e 表示全球每单位温室气体减排量为 A 国带来的收益，$\frac{1}{n} < e < 1$。其中，e 的值大于 $1/n$ 是基于全球各国总收益大于全球各国总成本的角度而设定的，而 e 的值无法取到 1 是为了确保减排能为多个国家同时带来收益。为方便模型分析，设定所有国家都有相同大小的 e。此外，本处采用简单的线性函数来刻画国家的利己效用函数是基于现有大多数文献的做法，同时也是为了便于后文求得相对应的纳什均衡解。

Fehr 等提出不公平的收益分配机制所导致的利他效用将减少参与国所获得的效用[1]，本书基于该理论分析 A 国的利他效用函数 Ψ_A（Φ）。某国的收益相对他国而言无论是偏大还是偏小都会使该国觉得不公平，但该国收益偏小时所带来的不公平感会更为明显。由此，A 国的利他效用应由本国与他国的相对收益决定，即利他效用函数 Ψ_A（Φ）为：

$$\Psi_A(\Phi) = \frac{\theta_A \sum_{B \neq A}^{n} (\Phi_B - \Phi_A, 0) + \rho_A \sum_{B \neq A}^{n} (\Phi_A - \Phi_B, 0)}{n-1} \tag{4-7}$$

式（4-7）中的 θ_A 和 ρ_A 分别表示 A 国收益相对于他国偏低和偏高所引起的本国效用降低的程度，$\theta_A > \rho_A$。此外，式（4-7）中的 $(n-1)$ 是出于将公式标准化的考虑。

结合上文关于国家效用函数 U_A、利己效用函数 Φ_A 和利他效用函数 Ψ_A（Φ）的分析，国家效用函数也可表示为：

$$U_A(\varepsilon_A, \Omega) = \xi_A(\lambda_A - \omega_A + e\Omega) - (1-\xi_A)\frac{\theta_A \sum_{B \neq A}^{n} (\Phi_B - \Phi_A, 0) + \rho_A \sum_{B \neq A}^{n} (\Phi_A - \Phi_B, 0)}{n-1} \tag{4-8}$$

基于 Charness 等关于效率因素会影响国家效用函数的利他部分的观点[2]，本书进一步在模型中引入效率。此时，国家效用函数变为 $U = \Phi +$

[1] Fehr, E., Fischbacher, U., "Why Social Preferences Matter—The Impact of Non-selfish Motives on Competition, Cooperation and Incentives," *Economic Journal* 112 (478) 2002, pp. 1-33.

[2] Charness, G., Rabin, M., "Understanding Social Preferences with Simple Tests," *Quarterly Journal of Economics* 117 (3) 2002, pp. 817-869.

$F + E$，其中 Φ 为利己效用，F 为公平效用，E 为效率效用。因此，国家效用函数可表示为：

$$U_A(\omega_A) = \xi_A(\lambda_A - \omega_A + e\Omega) - \eta_A \frac{\theta_A \sum_{B \neq A}^{n}(\Phi_B - \Phi_A, 0) + \rho_A \sum_{B \neq A}^{n}(\Phi_A - \Phi_B, 0)}{n - 1}$$

$$+ \sigma_A \sum_{A}^{n}(\lambda_A - \omega_A + e\Omega) \qquad (4-9)$$

其中，ξ_A 为 A 国的利己效用偏好，$\xi_A \geq 0$；η_A 为 A 国的公平效用偏好，$\eta_A \geq 0$；σ_A 为 A 国的效率效用偏好，$\sigma_A \geq 0$。而且，$\xi_A + \eta_A + \sigma_A = 1$。由于现实中的国家一般更关注自身的利己效用，故设定 $\xi_A > \eta_A$，$\xi_A > \sigma_A$。此外，$\Omega = \sum_{A}^{n} \omega_A$。至此，模型中已经涵盖国家社会偏好。

现在的问题变为，A 国应确定多大的减排量 ω_A 使本国总效用 $U_A(\omega_A)$ 最大化。为方便计算分析，设定 $(\Phi_B - \Phi_A)$ 的符号不因减排量 ω_A 的变化而变化，且在所有国家里有 k 个 Φ_B 比 Φ_A 大，$(n-1-k)$ 个 Φ_B 比 Φ_A 小。基于此，借助导数思维可得：

$$\frac{\Delta U_A(\omega_A)}{\Delta \omega_A} = -\xi_A(1 - e) - \eta_A \frac{k\theta_A - \rho_A(n-1-k)}{n-1} + \sigma_A(en - 1) \qquad (4-10)$$

结合 $0 \leq \omega_A \leq \lambda_A$ 易得：若 $\frac{\Delta U_A(\omega_A)}{\Delta \omega_A} > 0$，则当 $\omega_A = \lambda_A$ 时，$\Delta U_A(\omega_A) > 0$，$U_A(\omega_A)$ 最大；若 $\frac{\Delta U_A(\omega_A)}{\Delta \omega_A} < 0$，则当 $\omega_A = 0$ 时，$\Delta U_A(\omega_A) < 0$，$U_A(\omega_A)$ 最大；若 $\frac{\Delta U_A(\omega_A)}{\Delta \omega_A} = 0$，则 $U_A(\omega_A)$ 是一个常数。

当 $\frac{\Delta U_A(\omega_A)}{\Delta \omega_A} = 0$ 时，可得：

$$e = \frac{(\xi_A + \sigma_A)(n-1) + \eta_A[k\theta_A - \rho_A(n-1-k)]}{(\xi_A + n\sigma_A)(n-1)} = \bar{e}_A \qquad (4-11)$$

基于上述分析，可进一步得出以下结论：

（1）当 $e < \bar{e}_A$ 时，$\omega_A = 0$；

（2）当 $e > \bar{e}_A$ 时，$\omega_A = \lambda_A$；

（3）当 $e = \bar{e}_A$ 时，无论 ω_A 取何值都可达纳什均衡。

当 $e < \bar{e}_A$ 时，A 国选择的减排量为 0；当 $e > \bar{e}_A$ 时，A 国选择的减排量为 λ_A；当 $e = \bar{e}_A$ 时，A 国的减排量可以为任意值。由此可得，在一定的 e 条件下，A 国的减排力度将由 $\bar{e}_A$ 决定。也就是说，$\bar{e}_A$ 越小，则 e 就越有可能大于 $\bar{e}_A$，此时 A 国就越有可能选择减排。我们接着研究 $\bar{e}_A$ 的大小如何受到相关参数的影响。这里需要注意的是，由于前文我们是用线性函数刻画利己效用，这将导致最终的推断结果变为仅有 A 国减排量为 0 和 A 国减排量为 λ_A 这两种纳什均衡，这显然与现实中的国家通常将减排量定为二者之间（0，λ_A）的一般情形有所不同，但由于本书主要是为了研究各国减排意愿的强烈程度，故并不会影响最终的结论，基于此，当纳什均衡解是国家减排量为 0 时，代表着这个国家具有较低的减排意愿；当纳什均衡解是国家减排量为 λ_A 时，代表着这个国家具有较高的减排意愿。

结论 1： $\bar{e}_A$ 随着 k 的增大而增大，这意味着利己效用高于 A 国的他国数量的增加将会导致 A 国的减排意愿逐渐降低。这是因为，当看到越来越多国家的利己效用高于本国时，A 国的不公平感受将越发明显，这减少了所得效用，导致其逐渐倾向于不减排。

结论 2： 当 $\xi_A = 1$，$\eta_A = \sigma_A = 0$ 时，$\bar{e}_A = 1 > e$，这意味着 A 国过高的利己效用偏好将对减排产生消极影响。在此情形下，A 国仅关注利己效用而不顾公平与效率，意图不作为却共享他国减排后的环境增益，这种"搭便车"行为对国际合作治理是不利的。

结论 3： 当 $\eta_A = 0$ 时，$\bar{e}_A = \dfrac{\xi_A + \sigma_A}{\xi_A + n\sigma_A} < 1$，可以看出 σ_A 的增大将导致 $\bar{e}_A$ 的降低，这意味着 A 国效率效用偏好的提高对本国的减排有积极影响。在此情形下，相对于他国的收益，A 国更关注温室气体排放量对气候的影响，本国也更愿意发挥表率作用去减排。此外，n 的增大也会导致 $\bar{e}_A$ 降低，这意味着气候合作治理的参与国数量的增多也可以对 A 国的减排起到积极作用。

结论 4： 当 $\sigma_A = 0$ 时，相对于各国的排放量，A 国更关注公平性问题，气候合作治理的参与国数量的增多并不会对 A 国的减排起到任何作用。此外，ξ_A 和 η_A 对 $\bar{e}_A$ 的影响也是不确定的。

（二）模型拓展：引入惩罚机制

在国际气候谈判中，即使各国都签署了相关协议，但缔约国之间仍存在对他国减排治理可能存在偷懒行为（即实际减排量并未达到协议规定）的顾虑，这些顾虑将对本国节能减排的积极性产生不利影响，从而降低一些国家的减排效率。基于此，本书引入惩罚机制以提高各国的减排效率。下面我们主要研究惩罚机制对各国偷懒行为的影响。

用 α_A 代表 A 国的偷懒程度，$0 \leq \alpha_A \leq 1$，则 A 国愿意付出的努力为 $(1 - \alpha_A)$，A 国的实际减排量变成 $(1 - \alpha_A) \omega_A$，实际排放量变成 $(\varepsilon_A + \alpha_A \omega_A)$。基于此，$A$ 国的利己效用函数可以写成：

$$\Phi_A = \varepsilon_A + \alpha_A \omega_A + e(\Omega - \alpha_A \omega_A) = \lambda_A - \omega_A + e\Omega + (1 - e)\alpha_A \omega_A \quad (4-12)$$

他国会对 A 国的偷懒行为进行惩罚，比较偷懒前后的利己效用函数，我们再设定他国对 A 国偷懒行为的惩罚额度就是 A 国从偷懒中所获得的额外收益，即 $(1 - e)\alpha_A \omega_A$。此外，A 国也有权惩罚他国的偷懒行为，假设 A 国惩罚他国的成本为 χ_A。此时，A 国的利己效用函数可以进一步表示成：$\Phi_A = \varepsilon_A + e\Omega - \chi_A$。

继续分析 A 国的利他效用函数。我们同样将惩罚机制引入利他效用的效率部分中，效率 E 可以表示成：$E_A = \sum_{B=1}^{n} (g_A + h_A s_B) \Phi_B$。

在上式中，h_A 与 g_A 分别为 A 国有条件和无条件的利他水平，如果 A 国认同 B 国行为，则 A 国就会更在意 B 国的效用，即 h_A 越小意味着 A 国对 B 国偷懒行为的容忍程度越高。其中，$s_B = 1 - 2\alpha_B$。可以看出，s_B 随着 α_B 的增大而减小，这意味着 A 国对 B 国效用的在意程度会随着 B 国偷懒程度的下降而上升。当 $\alpha_B = 0$ 时，$s_B = 1$，这代表 B 国不存在偷懒行为。基于此，A 国的总效用函数可以表示成：

$$U_A(\omega_A) = \xi_A \Phi_A - \eta_A \frac{\theta_A \sum_{B \neq A}^{n} (\Phi_B - \Phi_A, 0) + \rho_A \sum_{B \neq A}^{n} (\Phi_A - \Phi_B, 0)}{n - 1} + \sum_{B=1}^{n} (g_A + h_A s_B) \Phi_B$$

$$(4-13)$$

其中，$\xi_A + \eta_A + g_A + h_A = \xi_A + \eta_A + \sigma_A = 1$，$s_A = 1$，因为通常 A 国对自己的偷懒行为不做出处罚，故设定 $s_A = 1$。

假设 $(\Phi_B - \Phi_A)$ 的符号不因减排量 ω_A 的变化而变化，将所有国家的利己效用进行排序，$\Phi_{m1} > \Phi_{m2} > \cdots \Phi_{mk} > \Phi_A > \Phi_{mk+2} \cdots > \Phi_{mn-1} > \Phi_{mn}$。在所有国家里有 k 个 Φ_B 比 Φ_A 大，$(n-1-k)$ 个 Φ_B 比 Φ_A 小，且 $\Omega_{-A} = \sum_{B \neq A}^{n} \omega_B$。基于此，借助导数思维可得：

$$U_A(\omega_A) = \xi_A \Phi_A - \eta_A \frac{\theta_A \sum_{B \neq A}^{n}(\Phi_B - \Phi_A, 0) + \rho_A \sum_{B \neq A}^{n}(\Phi_A - \Phi_B, 0)}{n-1} + \sum_{B=1}^{n}(g_A + h_A s_B)\Phi_B$$

$$= \xi_A(\lambda_A - \omega_A + e\Omega - \chi_A)$$

$$- \eta_A \frac{\theta_A\left[\sum_{B=1}^{n}(\lambda_{mB} - \omega_{mB} - \chi_{mB}) - k(\lambda_A - \omega_A - \chi_A)\right] + \rho_A\left[(n-1-k)(\lambda_A - \omega A - \chi_A) - \sum_{B=k+2}^{n}(\lambda_{mB} - \omega_{mB} - \chi_{mB})\right]}{n-1}$$

$$+ \sum_{B=1}^{n}(g_A + h_A s_B)(\lambda_B - \omega_B + e\Omega - \chi_B)$$

$$= \xi_A[\lambda_A - (1-e)\omega_A + e\Omega_{-A} - \chi_A]$$

$$- \eta_A \frac{\theta_A\left[\sum_{B=1}^{k}(\lambda_{mB} - \omega_{mB} - \chi_{mB}) - k(\lambda_A - \omega_A - \chi_A)\right] + \rho_A\left[(n-1-k)(\lambda_A - \omega_A - \chi_A) - \sum_{B=k+2}^{n}(\lambda_{mB} - \omega_{mB} - \chi_{mB})\right]}{n-1}$$

$$+ \sum_{B=1}^{n}(g_A + h_A s_B)(\lambda_B - \chi_B) + g_A(en-1)(\Omega_{-A} + \omega_A) + h_A e \sum_{B=1}^{n} s_B(\Omega_{-A} + \omega_A) - h_A\left(\sum_{B \neq A}^{n} s_B \omega_B + s_A \omega_A\right)$$

因此，

$$\Delta U_A(\omega_A) = U_A(\omega_A) - U_A(0)$$

$$= \omega_A\left[-(1-e)\xi_A - \eta_A \frac{\theta_A k - \rho_A(n-1-k)}{n-1} + g_A(en-1) + h_A\left(e\sum_{B=1}^{n} s_B - 1\right)\right]$$

故，

$$\frac{\Delta U_A(\omega_A)}{\Delta \omega_A} = -(1-e)\xi_A - \eta_A \frac{\theta_A k - \rho_A(n-1-k)}{n-1} + g_A(en-1) + h_A\left(e\sum_{B=1}^{n} s_B - 1\right)$$

$$(4-14)$$

若 $\dfrac{\Delta U_A(\omega_A)}{\Delta \omega_A} > 0$，当 $\omega_A = \lambda_A$ 时，$\Delta U_A(\omega_A)$ 取得最大值；若

$\dfrac{\Delta U_A\ (\omega_A)}{\Delta \omega_A}<0$，当 $\omega_A = 0$ 时，$\Delta U_A\ (\omega_A)$ 取得最大值；当 $\dfrac{\Delta U_A\ (\omega_A)}{\Delta \omega_A}=0$ 时，可求得：

$$e = \frac{(\xi_A + \sigma_A)(n-1) + \eta_A[k\theta_A - \rho_A(n-1-k)]}{(\xi_A + ng_A + h_A \sum\limits_{B=1}^{n} s_B)(n-1)} = \hat{e}_A \qquad (4-15)$$

结合 $s_B = 1 - 2\alpha_B$，进一步可得：

$$e = \frac{(\xi_A + \sigma_A)(n-1) + \eta_A[k\theta_A - \rho_A(n-1-k)]}{(\xi_A + n\sigma_A - h_A \sum\limits_{B=1}^{n} \alpha_B)(n-1)} = \hat{e}_A \qquad (4-16)$$

至此，我们可以得到如下结论：

（1）当 $e < \hat{e}_A$ 时，$\omega_A = 0$；

（2）当 $e > \hat{e}_A$ 时，$\omega_A = \lambda_A$；

（3）当 $e = \hat{e}_A$ 时，无论 ω_A 取何值都可达纳什均衡。

比较基准模型中的 $\bar{e}_A$ 与拓展模型中的 $\hat{e}_A$ 可知，惩罚机制的引入导致 $\hat{e}_A$ 比 $\bar{e}_A$ 多了一项 $\left(-h_A \sum\limits_{B=1}^{n} \alpha_B\right)$。大部分的参数已在前文的基准模型中做过分析，故现在主要分析参数 h_A 与 α_B。从 $\hat{e}_A$ 的表达方程可以看出，$\hat{e}_A$ 的值随着 $\sum\limits_{B}^{n} \alpha_B$ 的降低而降低，A 国的减排意愿随之增强，这意味着各国整体偷懒程度的下降对 A 国的减排有积极作用。同时，$\hat{e}_A$ 的值也会随着 h_A（由于参数 g_A 与参数 h_A 的自由度是 1，故仅分析 h_A）的降低而降低，这意味着 A 国的减排意愿会随着本国对其他缔约国偷懒行为的容忍程度的提高而增强。

基于此，我们可以在前文基础上得到如下结论。

结论 5：$\hat{e}_A$ 会随着 $\sum\limits_{B}^{n} \alpha_B$ 的降低而降低，A 国的减排意愿随之增强，这意味着合作各国整体偷懒程度的下降对各参与国的减排有积极作用。同时，惩罚机制会迫使参与国加大监管力度以减少来自他国的惩罚成本，从而推动减排。

结论 6：$\hat{e}_A$ 的值随着 h_A 的降低而降低，这意味着参与国的减排意愿会随着本国对其他缔约国偷懒行为的容忍程度的提高而增强。

全球气候合作治理向来是国际热点话题，各国针对气候问题签订了众多协议。其中，《联合国气候变化框架公约》、《京都议定书》以及《巴黎协定》是三个最具划时代和里程碑意义的文件，对全球气候合作治理有着不可忽视的作用。1992 年联合国通过的《联合国气候变化框架公约》提出了"共同但有区别的责任"原则；1997 年在日本京都会议上通过的《京都议定书》，首次在文件中规定了工业发达国家的减排目标；2015 年在巴黎气候大会上签署的《巴黎协定》标志着减排模式从"自上而下"到"自下而上"的巨大转变。

一直以来，国际谈判阵营也随着国际气候会议的召开和国际形势的变化而不断改变。以《联合国气候变化框架公约》为划分依据，本书划分出发达国家和发展中国家这两大国际阵营。从减排问题来看，发展中国家希望按照历史排放量进行减排，较大的减排量不利于发展中国家的经济发展，因此，减排量是发展中国家非常关注的问题；与之相反，发达国家由于经济发达，并且掌握了先进的技术，对减排的处理能力较强，因此，相对来说较少受到减排量的制约，经济发展受到的影响也更小。两相比较可以看出，相比发达国家，发展中国家的大量减排对经济的阻碍更大，故发展中国家的 ξ 值比较大，即自私程度较高，或者说更看重自身利益。极端情况在前文结论 2 中有阐述，即当 $\xi=1$ 时，这不利于全球减排。

《京都议定书》从通过到落地实施经历了相当复杂的过程，发达国家和发展中国家这两大国际阵营在此期间也经历了较大的改变。基于《巴黎协定》中的德班平台，国际阵营分成了分别以欧盟、发展中国家、美国为代表的三组力量。由于在国际减排问题上所获得的收益具有不确定性，其中以美国为代表的第三组力量认为应根据各国自身实际情况确定各国的减排目标，并且为确保减排目标的实现，需要成立相关机构对国内具体减排情况进行审查。相对来说，第三组力量中的国家对减排项目表现得不够积极，因此它们的 η 值相对来说更大，第三组力量中的国家更加倾向于各国应基于自身条件提出减排目标，建立相关机构对目标实施情况开展评审，督促实现减排目标，可以看出这些国家是非常看重公平性的（即 η 值很高），没有承担相应的大国责任，减排态度不够积极，这与结论 4 阐述的极端情况相似，即优势国家不注重效率，但极注重公平，这将造成这些国家在全球减排中的收益具有不确定性，致使各国立场可能存在分歧，最终导致各国不能达成共识。

全球气候问题随着《巴黎协定》的制定和实施进入了新阶段，通过不断的会议谈判，国际谈判阵营发生了新变化，发展中国家与发达国家一起组成了"雄心壮志联盟"，该联盟希望通过一定的措施使全球平均气温在 2030~2052 年比工业化之前升高不超过 1.5℃。由此观之，通过长期的全球气候谈判，越来越多的国家加入减排行列，对减排的效率也更加关注，这可以从结论 3 中看出。并且各国认为，不仅要关注减排的效率，更应该建立相关的奖惩机制，对各国的减排项目和目标进行监管，这样有利于联盟成员相互信任，实现合作共赢的目标，这可以从结论 5 得到证明。

根据结论 6 可以看出，一国对他国偷懒行为的容忍程度越高，越有利于该国减排，因为该国不在乎他国是否存在"搭便车"行为。但与此同时，一国过高的容忍程度并不利于全球共同减排，因为"搭便车"行为是阻碍全球合作治理的重要因素之一。

四　博弈结论与中国参与全球气候谈判博弈的政策建议

（一）博弈结论

针对全球气候博弈问题，本书建立了两个不同的博弈模型：夏普利值模型和 Barrett 的全球气候谈判模型。研究表明以下四点。

第一，各国合作治理气候可以增加温室气体减排所产生的总收益，有效提高整体社会福利，具有内在动力。但地理环境、技术水平等方面的差异使得各国在合作治理气候中所能获得的收益是不同的，相对劣势国家能从中获得更大的收益，因此更具动力推动气候谈判以达成合作协议。第二，在合作治理时，若所有参与国都无法从合作联盟破裂中获得更高的收益，则任何参与国都不会选择以退出合作为威胁以寻求更高的净收益分配，此时合作联盟趋于稳定。第三，利己效用高于本国的他国数量的增加将会导致本国的减排意愿降低。同时，参与国效率效用偏好的提高对本国的减排有积极影响，但过高的利己效用偏好对减排有消极影响。第四，各国整体偷懒程度的下降对各参与国的减排有积极作用，惩罚机制会迫使参与国加大监管力度以减少来自他国的惩罚，从而推动减排。此外，参与国的减排意愿会随着本国对其他缔约国偷懒行为容忍程度的提高而增强。

（二）中国参与全球气候谈判博弈的政策建议

中国作为世界第二大经济体，在国际事务中发挥着举足轻重的作用，我们担负着习近平总书记提出的"共建人类命运共同体"的使命，应履行节能减排的承诺，做好碳达峰、碳中和各项工作。从我国自身角度看，作为世界上最大的发展中国家，我国经济仍处在稳定增长阶段，经济总量不断增加，但由此引发的环境问题日益严重；从对外角度看，虽然我国与发达国家的各项人均经济指标差距很大，但国际社会对我国在碳减排方面的工作期待巨大。由此，我国应勇于承担大国责任，大力发展减排事业，在全球气候治理上充分发挥自身作用。

基于"共同但有区别的责任"原则，做好减排规划，积极自主地减排，为实现可持续发展、建设美丽清洁的中国而不断努力。可以看到，发达国家的工业化进程明显快于发展中国家，这意味着发达国家比他国排放了更多温室气体，故让发达国家承担更大的减排责任是合理的。与此同时，发达国家的工业化进程已达上百年，相比于发展中国家，他们有更雄厚的资金和更高的技术水平，有责任和义务为发展中国家的节能减排工作提供资金和技术支持。作为世界上第二大经济体，中国的国际地位和影响力日益提升，每年的能源消耗和碳排放量巨大，有责任和义务在应对全球气候变化中有所作为。在发达国家努力完成自身减排要求的同时，我国应主动承担减排责任，在"共同但有区别的责任"与"各自能力"原则下，大力推动各种温室气体的减排工作，努力实现碳中和、碳达峰目标，与国际社会共同努力来应对全球气候变化问题。在坚持发达国家带头减排的同时，结合我国国情，尽快建立全国统一碳市场，大力发展"以我为主、为我所用"的中国特色减排制度。

提高合作意识，大力推动国际合作，实现全球共同治理。联盟合作是气候治理最为有效的方法，缔约国应努力贯彻人类命运共同体理念，以更好地实现团结合作、共同治理。让全球人民都能意识到人类命运共同体是至关重要的，虽然传播这一理念并使各国人民达成共识的过程漫长且不易，但依然是引领国际合作治理的重要基础。现今，国际气候谈判博弈越发复杂，随着博弈方越来越多，责任承担和利益分配等问题也逐渐深化，面对这种形势，我国选择举措时应尤为谨慎：一方面，要充分利用国际合作气候治理所带来的资源，不断向先进国家寻求资金与技术上的扶持，借鉴他国优秀经验；另一方面，时刻保持警惕，勇于反对国际社会上那些不正当要求以及部分国家以气候治理为由而设置的贸易壁垒。主动加强与国际气候合作治理参与国的交流，尤其是要大力发展南南合作。此外，落实《巴黎协定》的相关细则，时刻关注国际气候相关资金的去向和使用进程，大力推动全球盘点机制。

完善相关机制，加大减排激励力度与过度排放惩处力度，努力提高国际话语权。在过去的二十多年里，虽然各国之间通过国际气候谈判签订了很多协议，但这些协议大多数是简单地规划了对各国的减排预期，而对各国的实际减排缺乏足够的约束力。现今的协议对缔约国违约行为的惩罚力度不足，没有一个公认的监督机构去监测各缔约国是否完成协议中的减排目标，违约行为的出现将削弱其他参与国的减排积极性。应结合机制设计理论，贯彻"构建人类命运共同体"理念，完善现有合作制度，引入奖惩机制，以推动各国减排的积极性。大力发展"一带一路"建设，推动发展中国家之间的交流合作，不断提高在国际气候谈判中的话语权。结合《巴黎协定》的相关细则，不断呼吁构建碳减排透明度框架，并大力推动节能减排技术的进步与革新。

第二节　中国供给国际公共产品的身份变迁

一　积极供给意愿的加强

首先，冷战后新兴国家出现群体性崛起，国际权力正在出现有利于新兴国家的结构性转移，为中国的身份变迁打开了机会窗口。国际权力指的是一个国家对于其他国家的行为能力以及政治决策产生的影响程度，国家的综合实力是影响国际权力分配份额的重要因素。在当今国际环境下，国家权力的重要一环就是国际公共产品供给能力，如果国家实力弱小，就没有资格提供国际公共产品，即失去了国际公共产品供给能力。具体来说，国家实力越强，国际相关权力越大；国家实力越弱，国际相关权力越小。改革开放以来，中国加大与世界各国的合作，努力发展经济，提高自身的综合国力，如今已经成为世界第二大经济体，中国的发展水平和速度举世瞩目。"经济实力快速发展的国家由于获得了更强大的实力，就会希望能在本地区以及世界范围内获得更大的发言权和影响力，希望能够获得与之相匹配的利益和权力。"① 在中国快速发展的过程中，中国的国际权力需求也在持续扩大。国际权力的结构转移为需求的实现打开了机会窗口，中国正在利用自身积累的财富和权力向国际社会提供经济发展产品、国际环境产品、信息网络产品及打击海盗等非传统安全产品，在新的权力分配格局中，中国正面临身份变迁的新机遇。

其次，国际公共产品供给不足，全球性问题频繁困扰国际社会，由某些西方国家主导设计的全球治理制度束手无策，全球治理出现失灵，对国际社会构成挑战，成为中国身份转换的现实动因。在当今国际环境下，各国对国际公共产品的需求量要远远多于供给量，供需矛盾十分明显。这是因为：首先，国际公共产品的供给总量不足；其次，由于供给方式存在差异，某些国际公共产品供给带来的利益与国家希望获得的收益不一致；最后，过量使用全球公共领域的相关资源，导致国际公共产品供给链条受到人为破坏，加剧了供求失衡。

全球治理失灵的一大原因是如今国际公共产品的短缺。冷战结束后，全球产生了以下两种趋势：其一，全球化促进了不同国家间资源的分配和合理利用，加快了全球合作的速度；其二，由于缺乏有效的全球治理措施，全球化带来了许多全球性挑战，导致治理效率较低。温室效应、恐怖主义、国际金融危机以及全球环境问题等的出现，给如今的全球治理带来

---

① 马荣久：《中美权力转移与亚洲地区体系》，《当代亚太》2014 年第 1 期。

了严峻的考验。因为观念和意识形态的不同，文化、领土以及思想等冲突在东亚就时有发生，这些冲突反映了东亚地区的治理体系存在不足之处。由于如今国际公共产品供给不足，许多发展中国家要求中国对国际公共产品的供给承担更多的责任。可以看到，在现在乃至未来中国在国际公共产品供给中将责无旁贷。

最后，随着中国综合国力的快速提升，国际社会对中国身份角色的预期也在不断变大。国际社会希望中国能够利用积累的财富和获得的权力为世界做出更大的贡献。在这种情况下，中国需要改变过去的一些模糊立场和做法，重构自己的国际身份，在国际公共产品供给上更加积极、更加负责，以对国际社会要求中国发挥更大作用做出回应。但是也要看到，目前中国的国际身份存在双重定位的特殊性：一方面，中国是一个新兴大国，国家实力与美国的差距日渐缩小；另一方面，中国目前仍然是一个发展中国家，人均 GDP 相对较低，生产力水平发展不平衡、不协调。双重身份虽然符合中国的实际国情，但是国际社会更多关注的是中国不断增长的财富和权力，因而中国面临着不断上升的"中国责任论"压力。这种压力不仅是发达国家要求中国在国际事务中承担更多的责任，而且有些发展中国家也同样希望中国能够承担更多的国际经济责任和国际安全责任。① 未来，中国将会积极与世界各国展开合作，努力让世界各国享受中国发展所带来的利益，并且会在能力范围内，积极维护国际社会安全和稳定，履行全球新兴大国的责任。尽管中国目前还不是国际公共产品的主要供应者，但是中国在国际体系中的影响力不断提升，为中国供给国际公共产品奠定了坚实的基础。对此，崛起的中国应该利用当前的机遇，积极倡导国际公共产品供给，努力塑造新的国家身份，为国际社会的发展和安全贡献中国声音、中国提议和中国方案。

二 良好供给能力的支撑

一个倡导型供给者，必须具有相应的供给能力，只有供给意愿与供给

---

① 阎学通：《权力中心转移与国际体系转变》，《当代亚太》2012 年第 6 期。

能力相契合，才能完成从参与者到倡导者的身份转换。中国需要努力加强国家供给能力建设，补齐能力短板，注重提高自身的利益协调与整合能力，以此证明中国在国际社会上是一个有能力、负责任和为世界提供发展和安全福利的新兴大国。

（一）利益协调与整合能力

利益指的是"满足人类物质或精神所需的事物"[①]，它是人类社会一切活动以及行为需求的基础。不同国家有着不同的生存环境和发展水平，这就导致它们有不同的利益需求，从而产生相应的利益冲突。供给国际公共产品必须协调不同国家之间的利益，提高国家合作的整体利益，减少合作中的分歧。这就需要在保证自我利益不受损害的前提下，提高整个国际社会的共同利益。在国际关系中，国家之间合作的主要目标是消除各方的冲突，提升共同利益。在国际公共产品的生产和供给中，利益问题不可避免。所以，应通过利益协调与整合来消除合作摩擦，以此促进国际公共产品供给。

当国家间的利益产生冲突时，倡导型供给者需要对利益相关者进行协调与整合。中国作为一个倡导者，应该在国际问题上全面平衡各国之间的利益冲突，努力提高利益协调与整合能力，加大国际公共产品供给。在温室气体排放问题上，要与其他发展中国家展开合作，共同争取应有的权益。与此同时，还应该在联合国、国际货币基金组织、世界银行等国际组织中同发达国家积极开展对话，促进世界可持续发展，保证国际金融稳定安全，推动各国共同发展。当国际合作产生矛盾时，中国应当坚持"以和为贵"的基本理念以及"和平解决国际争端"的外交理念，从客观事实出发，坚持公正合理的立场，积极斡旋，努力平衡各方利益，减少利益分歧。同时，中国要积极推进区域合作，加快亚太地区的经济一体化合作进程，加快建设互利合作平台。

（二）国家实力的增强

中国供给国际公共产品的因素之一是扩大海外收益。中国的快速发展

---

① 郭道辉：《法理学精义》，湖南人民出版社，2005，第206页。

带来了两种结果：一方面，国家综合实力增强；另一方面，国家利益外溢。中国的经济实力提升给国家在国际合作中带来了信心，并且为国际公共产品供给奠定了经济基础。但是，中国的发展也导致国家利益出现海外化和全球化的趋势。从政治方面来看，国家实力增长和利益全球化的扩大需要与之相对应的权力，以保证国家利益。只有获得更多的国际权力，才能够供给更多的国际公共产品。从安全方面来看，中国正面临着恐怖主义、分裂主义等威胁，资源运输也依赖国际海上运输安全。从经济方面来看，改革开放以来，中国与世界各国的经济联系日益密切，形成了"你中有我，我中有你"的相互依赖状态，在这种状态下各方利益高度联动。所以，从某种意义上讲，国际社会的利益就是中国的国家利益。中国供给国际公共产品，也是在保护中国的利益。

一个国家在国际社会中所起的作用在一定程度上反映了它的国际地位。国家对国际社会的贡献及在国际社会上地位的不同，决定了大国和小国、强国和弱国的区别。中国提倡供给国际公共产品，这是一个负责任大国的表现。随着经济实力的提升，中国有更大的信心与他国展开外交，也有能力承担更多国际责任，从而给世界各国展示一个良好的大国形象。无论是官方还是民间，都对中国倡导型供给者的身份存在新的共识，对国家角色的政治共识为中国的身份变迁提供了非常强大的动力来源。

第三节　中国积极引领参与全球气候治理的实践

中国参与国际气候治理的内容主要包括三大方面：一是国际气候谈判参与，二是国际气候公约履行，三是国际气候治理方案提供。从20世纪90年代至今，国际气候治理机制建设历经《联合国气候变化框架公约》及《京都议定书》和《巴黎协定》。中国作为重要的参与国，经历了从被动审慎参与、主动开放参与到积极引领参与的变迁，折射出随着整体实力地位的提升，中国供给国际公共产品的意愿和能力发生了巨大变化（见表4－1）。

表 4 - 1　中国参与全球气候治理历程

阶段	参与理念	参与角色	参与行动
第一阶段（1990～2000 年）	坚持"共区"原则和基础公平正义的理念	审慎且重要的参与者	推动《联合国气候变化框架公约》制定，确定"共区"原则，反对强制，提出自愿减排承诺
第二阶段（2001～2010 年）	坚持"共区"原则和基础公平正义的理念	开放且重要的协调者、参与者	强调发达国家的历史责任，推动气候变化南南合作，共同确立国际减排新模式
第三阶段（2011 年至今）	坚持"共区"原则和"合作共赢、公平合理"及"人与自然生命共同体"的理念	关键参与者、重要贡献者和引领者	提出并不断提高 INDCs 目标，提出中国气候治理方案，支持并实施南南气候合作计划

注：（1）"共区"原则指"共同但有区别的责任"原则，1992 年联合国气候大会由中国联合七十七国集团推动，使该原则在《联合国气候变化框架公约》中得到确立，成为发达国家和发展中国家承担有区别的气候责任的法律依据，以及其他原则制定的基础。（2）INDCs 目标即国家自主贡献（The Intended Nationally Determined Contributions）目标。

一　提出"合作共赢、公平合理"和"人与自然生命共同体"的气候治理理念

巴黎大会通过的气候变化国际公约《巴黎协定》是开创国际气候治理新局面的具有里程碑意义的公约，而中国在《巴黎协定》的达成和生效过程中发挥了核心作用。[①] 习近平主席在此次会议上提出了"合作共赢、公平合理"的气候治理理念，内涵包括以下两方面。第一，主张在探索公平、合理、有效的全球应对气候变化方案的时候，摒弃零和博弈的狭隘思维，加强与发达国家的合作，实现互惠共赢。[②] 中国认为发达国家需要在气候变化规则制定、行动执行、资金提供方面承担更多的责任，同时深化伙伴关系，提升合作水平，促进合作的可持续性，实现互利共赢。第二，主张坚持多边主义。中国强调多边主义是气候治理的基础性原则，主张协商一致，以包容态度将发达国家、小岛国集团、最不发达国家以及新兴发

---

① 薄燕、高翔：《中国与国际气候治理机制的变迁》，上海人民出版社，2017，第 283 页。
② 习近平：《携手构建合作共赢、公平合理的气候变化治理机制》，《人民日报》2015 年 12 月 1 日，第 1 版。

展中国家的利益关切反映在规则制定中。

中国在参与全球气候治理的过程中，将构筑尊崇自然、绿色发展的生态体系列为"人类命运共同体"建设的绿色路径。习近平总书记在党的十九大报告中正式提出了"人与自然生命共同体"的理念，并在 2021 年 4 月的领导人气候峰会上首次进行了全面阐释，指出：人类应该以自然为根，尊重自然、顺应自然、保护自然；要坚持人与自然和谐共生、坚持绿色发展、坚持系统治理、坚持以人为本、坚持多边主义和坚持"共区"六个原则；要像保护眼睛一样保护自然和生态环境，推动形成人与自然和谐共生新格局。[①] "人与自然生命共同体"理念的提出是中国为探索"治标又治本"的气候治理方案贡献的中国智慧。

二 努力推动建立自下而上的全球温室气体减排新模式

中国除了继续重视联合"基础四国"、立场相近发展中国家集团、七十七国集团等力量，还加大了与发达国家在气候治理机制谈判方面的协调力度，努力促成巴黎气候大会达成适用于所有缔约方的、具备法律效力的议定成果。巴黎气候大会的成果《巴黎协定》是继《京都议定书》后第二个具有法律约束力的气候协定。中国认为应基于各国国情，做出务实的减排承诺，正是因为中国的灵活斡旋，《巴黎协定》最终重申了"共区"原则[②]，保护了发展中国家"发展优先"的权利，维护了发展中国家的共同利益。自此，中国努力推动建立了以 INDCs 为核心、自下而上、相对宽松灵活的温室气体减排模式。

三 提出并不断提高 INDCs 目标，提升国际公约履行能力

中国在积极主动引领国际气候治理的过程中，一方面，在国内加快绿色发展和生态文明建设步伐；另一方面，在国际上提出并不断提高 INDCs 目标，提升国际公约履行能力。2015 年 6 月，中国向联合国气候变化框架

---

① 习近平：《共同构建人与自然生命共同体》，《人民日报》2021 年 4 月 23 日，第 1 版。
② 唐颖侠：《气候变化〈巴黎协定〉签署的意义及中国贡献》，《人民日报》2016 年 4 月 28 日，第 11 版。

公约秘书处提交《强化应对气候变化行动——中国国家自主贡献》，提出了 2030 年的 INDCs 目标，即在 2030 年前后二氧化碳排放达到峰值并争取尽早实现，单位 GDP 二氧化碳排放比 2005 年下降 60% ~65%，非化石能源占一次能源消费比重达到 20% 左右，森林蓄积量比 2005 年增加 45 亿 m^3 左右。[①] 截至 2019 年底，中国的碳排放强度相比 2015 年已经下降 18.2%，提前完成"十三五"约束目标任务和向国际社会承诺的 2020 年目标，为全球生态文明建设做出示范引领和重要贡献。[②] 2020 年 4 月，习近平主席在领导人气候峰会上宣布中国将提高 INDCs 目标，力争 2030 年前实现碳达峰、2060 年前实现碳中和。同年 12 月的气候雄心峰会上，习近平主席进一步宣布："到 2030 年，中国单位国内生产总值二氧化碳排放将比 2005 年下降 65% 以上，非化石能源占一次能源消费比重将达到 25% 左右，森林蓄积量将比 2005 年增加 60 亿立方米，风电、太阳能发电总装机容量将达到 12 亿千瓦以上。"[③]

中国设定碳达峰和碳中和目标是对《巴黎协定》的具体落实，是对 2015 年提出的 INDCs 目标的更新和强化，体现的是中国持续强化应对气候变化的雄心和主动承担与国情相符的责任的担当。[④] 2021 年 3 月，国家主席习近平宣布要把碳达峰、碳中和纳入生态文明建设整体布局，并为"十四五"期间推动实现碳达峰、碳中和指出七条具体路径：构建清洁低碳安全高效的能源体系；实施重点行业领域减污降碳行动；推动绿色低碳技术实现重大突破；完善绿色低碳政策和市场体系，加快推进碳排放权交易；倡导绿色低碳生活；提升生态碳汇能力；加强应对气候变化国际合作，推进国际规则标准制定，建设绿色丝绸之路。[⑤]

---

① 《强化应对气候变化行动——中国国家自主贡献》，中国政府网，2015 年 6 月 30 日，http://www.gov.cn/xinwen/2015 – 06/30/content_2887330.html。

② 《把碳达峰碳中和纳入生态文明建设整体布局》，国务院国有资产监督管理委员会，2021 年 3 月 18 日，http://www.sasac.gov.cn/n2588025/n2588134/c17633005/content.html。

③ 习近平：《继往开来，开启全球应对气候变化新征程》，《人民日报》2020 年 12 月 13 日，第 1 版。

④ 解振华：《落实碳达峰和碳中和目标　加速绿色低碳转型创新》，国际能源网，2021 年 9 月 23 日，www.in-en.com/article/html/energy – 2307236.shtml。

⑤ 《习近平主持召开中央财经委员会第九次会议》，《人民日报》2021 年 3 月 15 日，第 1 版。

四 借助"一带一路"契机夯实气候变化南南合作计划

气候变化南南合作是推进落实《巴黎协定》、纵深开展全球应对气候变化合作的一个重要领域,建设"绿色发展之路"成为"一带一路"倡议的重要内容。2010～2016 年,中国安排了 2.7 亿元人民币用于气候变化南南合作,向很多发展中国家提供了资金、技术和设备支持,与 12 个国家签署了应对气候变化物资赠送的谅解备忘录。① 2015 年中国宣布出资 200 亿元人民币建立中国气候变化南南合作基金,2016 年宣布将把每年的资金支持翻一番。2019 年 4 月,中国启动共建"一带一路"生态环保大数据服务平台,实施"一带一路"应对气候变化南南合作计划②,并正式成立绿色发展国际联盟,为"一带一路"绿色发展合作打造了政策对话和沟通平台、环境知识和信息平台、绿色技术交流与转让平台③。中国还表示未来将大力支持发展中国家的绿色低碳发展,不再新建境外煤电项目。

---

① 解振华:《携手同行 共谋全球生态文明建设之路》,《中国环境报》2016 年 12 月 8 日,第 3 版。
② 习近平:《共同开创共建"一带一路"的美好未来》,《人民日报》2019 年 4 月 27 日,第 1 版。
③ 《"一带一路"绿色发展国际联盟在京成立 打造绿色发展合作沟通平台》,中国政府网,2019 年 4 月 25 日,http://www.gov.cn/xinwen/2019－04/25/content_5386323.html。

| 第五章 |

中国参与国际公共产品供给的创新模式

中国供给国际公共产品的模式涵盖供给主体、供给类型、供给方式等几方面。首先，中国参与国际公共产品供给的主体结构采取以政府为主导、多元主体并存的多利益攸关方互补型结构。其次，中国供给国际公共产品的责任应主要放在地区层面，同时履行适当的全球责任。最后，中国应运用简单加总供给（如参与供给气候治理、环境保护等国际公共产品，塑造负责任的大国形象）、最优环节供给（作为优秀文化的创造者传播"和谐世界"理念）、最弱环节供给（如供给国际航道安全等国际公共产品，借此改变"搭便车"形象，塑造通过自我发展造福人类的自信形象）、加总权重供给（如供给能源安全等国际公共产品，塑造国际影响力和领导力）等几种方式供给不同类型的国际公共产品。

第一节 政府在国际公共产品多元供给 主体体系中的功能定位

国际公共产品的多元供给机制，是一个多方参与、相互合作、相互制衡的机制。政府作为国际公共产品供给最重要的主体，需积极为市场、非政府组织的参与创造条件，同时对其行为进行规范、监督。政府的功能发挥，有赖于自身的恰当定位，并付诸实践。

一　国际公共产品多元供给主体体系构建的制度条件

任何组织的发展，都需要一个特定的社会环境，如果缺乏有利于该组织发展的社会"温床"，希望它能健康成长就只是一相情愿。非政府组织的发展，是人们对"由政府、市场供给公共服务不足"认识的不断深化过程，也是公民社会意识不断觉醒的过程。它意在弥补由政府、市场供给公共服务的不足，同时也反映了公民追求更丰富多彩的高品质生活、参与社会治理的强烈愿望。美国非政府组织十分发达的原因之一，就是个人主义文化的盛行。该文化具有反对集权文化的特质，无论是在政治还是经济方面，公民都希望参与其中，都希望决策者听到自己的声音。另外，非政府组织的发展离不开一个具有公益性特征的社会环境，慈善精神、公益精神是非政府组织发展的两大精神支柱。离开了它们，非政府组织犹如无源之水、无本之木。德国大量的志愿者队伍为非政府组织的发展提供了充裕的人力资源，并且近年来出现了年轻化趋势。公益性社会环境可从以下三个方面来培育。

（一）经济方面

一个国家非政府组织的发展速度和质量，与该国的经济发展水平息息相关。只有经济发展起来，大部分人解决了温饱问题，他们才有心思和能力去关心社会弱势群体，去追求多元化、个性化的社会公共服务。如果一个国家没有良好的经济条件，就不能产生一个和谐、文明的现代化社会。如果一个国家内部穷人越来越穷，富人越来越富裕，那么该国也不能形成公益性社会。历史证明，一个具有强大中产阶级的社会，是非政府组织发展的摇篮。20世纪中叶，西方主要工业化国家都经历了不同程度的经济发展黄金期。在此期间，一股强大的中产阶级力量形成，为非政府组织的健康发展奠定了重要的基础。

（二）文化方面

非政府组织的培育不仅仅受历史因素的影响，而且受现代化教育的影响。中国传统文化提倡"仁""义"等观点，有利于非政府组织的发展。

这是由于它们会对我们平常的生活习惯产生潜移默化的影响，形成积极的社会规范。但是，我们也必须认识到，光依靠这些传统文化是远远不够的，还需要中国努力提高国家内部的教育水平，完善国家的教育体系，这对于一个国家的长远发展有着十分重要的意义。与此同时，随着中国文化与西方文化的交汇融合，西方国家的实用主义、享乐主义等观念对中国传统文化产生了重大影响。因此，应建立符合中国国情的现代化文化价值理念，以对国际公共产品供给发挥积极的影响。

（三）制度环境方面

如果一个国家失去了自由、平等、公正的制度环境，那么这个国家就不能保持自身的良好发展。公民需要拥有言论自由。从本质上说，非政府组织不仅是公共服务的参与者，而且是一个国家的国际公共产品消费者的代言人。所以，非政府组织需要有一个自由、平等、公正的制度环境，以此向政府表达自身的需求，从而有效提升国家政策的执行效率。

另外，公益性社会环境的建立，除了为非政府组织的发展提供良好的外部环境外，还为其提供了良好的内部治理环境。在这种社会中，公民的社会意识、公民意识更强，拥有更高的认知能力和识别能力。因而，人们不会戴着有色眼镜去看非政府组织，更不会无故敌视、排斥非政府组织。这在客观上有利于拓宽、净化非政府组织的生存空间，提高社会合法性。在一个公益性社会中，公民更有意愿投身于公益性活动和服务。广大志愿者的积极参与和社会慈善家的积极投入，为非政府组织的发展提供了人力及财力。

二 政府的主导性地位

从"市场失灵"到"政府失灵"，再到"志愿失灵"，不难看出，无论是市场、政府、非政府组织中的哪个主体，都有自身的局限性。由某个单一主体占据国际公共产品供给的所有空间，其危害性是很大的，该主体供给国际公共产品的缺陷将被放大，对提升国际公共产品供给质量无益。因此，寻求三方合作是人们在实践中做出的选择。至于三方合作到何种程度，以何种方式合作，这是一个度和方式的问题。根据萨瓦斯的观点，多元供给体系的核心在于竞争机制（政府与市场竞争、政府与非政府组织竞争、市场与非政府组织竞争，以及各部门内部竞争）的建立，以改变政府在国际公共产品领域的垄断地位。这不仅有利于提高国际公共产品的供给质量，降低成本，也有利于激活政府活力，使其主动提升工作效率。三方竞争机制的构建，并未从根本上转移政府的工作重心。政府仍将占据公共服务的主导地位，只是其工作范围有伸有缩、有增有减。

（一）市场、非政府组织在中国的发展还有待成熟

在中国，市场、非政府组织的发展参差不齐，还无法承担国际公共产品供给的大部分责任。对于那些市场不愿供给的低利润或无利润的国际公共产品，政府仍具有义不容辞的供给责任。近年来，尽管非政府组织在中国发展速度很快，但整体来看还面临较大挑战，多而杂、小而乱的情形还很普遍。无论是从管理能力还是从资金实力来看，其都无法在国际公共产品供给方面成为主角。政府作为最大的大众化团体代表，始终承担着守护社会公平与正义的职责，是社会平衡的调节器。市场供给需要产权明晰，需要有价格机制，这很容易将社会上无支付能力或支付能力低的群体排除在服务消费范围外。同样，在非政府组织发展两极分化的情形下，社会弱势群体的代言组织力量薄弱，各种利益团体的力量处于非均衡状态，这很容易滋生利益集团，为实现本集团利益的最大化而牺牲其他团体的利益。因此，政府在事关社会公平方面的公共服务中仍然占有主导地位。

（二）在引入竞争机制后，政府加大对竞争主体的规制力度

在将市场、非政府组织引入国际公共产品供给体系后，为了避免其降低国际公共产品质量，政府面临一项重要的工作，即对其进行选择、监管和考核，政府巨大的人力、物力、财力将花费在这个过程中。也就是说，在多方供给体系下，政府工作并未明显减少，只是工作重点和方式发生了较大转变。事实上，林德布洛姆认为，政府制度是建立在权威关系上的。[①]其最显著的特征就是，它对一切人的要求具有权威性和强制性。在国际公

---

① 〔美〕查尔斯·林德布洛姆（Charles Lindblom）：《政治与市场：世界的政治—经济制度》，王逸舟译，上海三联书店、上海人民出版社，1994。

共产品供给方面，政府利用本身的权威性和强制性为国家公共产品的持续、充足供给制定了一种规则和制度。

第二节 中国参与国际公共产品供给的多元主体结构框架

一 政府、市场和非政府组织多元化主体供给框架的构建

从中国目前国际公共产品领域各主体的参与情况来看，多主体的供给局势已基本形成，但要达到多中心治理的较成熟阶段，还需较长的发展历程。作为多主体供给机制的引导者和设计者，政府需要对多主体间的合作与相互制约关系有清晰的认识和清楚的界定。只有摆正各方位置，明确各自责任，才能按规则行事。

第一，在市场、非政府组织无力、不愿进入的公共服务领域，政府要积极投入，提供相应的国际公共产品。政府作为制度的供给者，为市场、非政府组织的发展提供相应的制度支持，为两者建立一个有利于公平竞争和成长壮大的制度环境；激励有能力、有实力的市场、非政府组织积极参与到国际公共产品供给中，通过形式多样的激励机制，吸引优质资源进入该领域；政府对政府部门自身、市场、非政府组织各主体的行为，负有指导、监督的责任，防止各主体为自身利益而损害公共利益。

第二，市场、非政府组织作为国际公共产品供给主体的两方，有权参与涉及三方共同利益的各种决策，表达自身利益诉求，影响政府决策。

第三，市场能为非政府组织的发展提供必要的人力、物力及技术支持。而非政府组织的发展则能够为市场提供一个人际关系更和谐、公民意识更强、诚信度更高的良好软环境。市场组织参与到非政府组织的发展中，也能提高其社会参与度，并获得更多的社会认可。

中国的多主体供给机制尚处于初级阶段，多主体供给的制度框架要顺利运行，前提是政府、市场、非政府组织的身份明了、权责清晰。遗憾的是，中国的各供给主体间还存在较大的模糊区域，具体表现如下。

第一，非政府组织与政府之间存在模糊地带。在中国，尽管事业单位被归入非政府组织，但它们仍然带有浓厚的官方色彩，仍实行垂直型管理模式。单位最高管理部门仍是政府内部的某个部门，它们之间的关系千丝万缕，依然十分紧密。要彻底还原事业单位的非政府组织身份，必须从人事管理方面进行更为彻底的改革，使其摆脱政府部门的高度干预。

第二，非政府组织与市场之间存在模糊地带。首先，中国政府采用"双重管理体制"对非政府组织进行管理，致使部分找不到相应业务主管部门的非营利组织以"营利组织"身份在工商管理部门登记注册。这些组织不仅无法享受中国对非营利组织的各项优惠政策，而且还得依法纳税，发展压力很大。其次，由于中国对营利组织与非营利组织之间的划分采取"一刀切"方式，因此出现了如刘培峰所说部分营利组织"被归纳"的情形。进一步明确政府、市场、非政府组织各自的身份，划清各自的权责边界，是十分重要的。这不仅有利于为各主体正名，而且还能确保政府的监管、扶持政策能够得到恰到好处的运用。

二 政府、市场和非政府组织多元化主体供给框架的优化

在国际公共产品多主体供给机制的优化中，重点需要对市场、非政府组织，以及政府的权责进行明晰，并针对各自目前存在的一系列问题提出改进措施，具体如下。

（一）积极引入市场竞争机制，提升国际公共产品供给的竞争程度

政府要更加注重为企业发展提供良好的制度环境——一个充满活力、更具竞争性的公平制度环境，这是政府管理方向的转变，由原来的微观式管理，转变为更为宏观的制度管理。从中国国际公共产品供给的市场主体来看，竞争性仍然不够，尤其是在一些基础领域。政府有责任在制度改革中强化市场竞争，建立更具透明度、公平性的市场参与制度，培育市场竞争力量。在国际公共产品供给领域，政府、市场和非政府组织之间都可能构成竞争关系。提高各方的竞争实力，有助于增强市场的竞争性，加大各主体的内、外部压力。在市场内部，民营资本是一股很有竞争潜力的力量。但从目前来看，在国际公共产品领域，尽管很多项目已向民营资本敞

开大门，但真正具有竞争实力、能够与国有企业一争高低的企业，还是为数不多。大部分私营企业还是实力较弱的中小型企业，它们不仅面临着管理能力瓶颈，也面临着资金方面的困境。因此，政府除创造有利于竞争的制度环境外，还需积极创造条件，培育市场内部的竞争力量。通过财政补贴、税收优惠及金融信贷等政策，加大对中小型企业的扶持力度，引导企业主动进行产业升级。

（二）培养有利于非政府组织发展的文化氛围

改革中国的教育体制，使其更有利于公民素质的全面提升。树立公民的公益意识，激发公民的奉献精神，并不仅仅是高等教育机构的责任。这种意识的培养，要从孩子开始。需进行自上而下的教育体制改革，改变单一考核机制，建立更有利于基础教育健康发展的复合型考核制度。

改革财税制度，构建有利于激发公民公益意识的税收制度框架。在税收方面，目前对中国居民、企业进行社会捐款的鼓励措施主要集中于所得税（个人所得税和企业所得税）中。这种优惠方式是一种特惠制而非普惠制，只集中在少数捐赠对象上，对捐赠人的捐赠对象、税前可扣除额度，都做了较为严格的规定，不利于激发广大社会公众的捐赠意识和意愿。因此，可加大税收优惠幅度，允许纳税人的所有公益性捐款，不分捐赠对象（是直接捐给受赠者，还是捐给规定的非营利组织；是对灾区捐款，还是针对贫困对象捐款等），都能税前扣除，从而放宽享受优惠的慈善捐款条件。同时，本着实质重于形式的原则，对俱乐部产品的捐款，其实质是一种会费支持，或者说是购买该服务的成本支出，它的公益性很弱，可以将其排除在税收优惠范围之外。

（三）加强对非政府组织的管理，同时非政府组织主动提升自身的管理水平

在目前的管理体制下，大量的管理盲区使得中国的非政府组织呈现鱼龙混杂的局面。许多组织借机谋取私利，或者打着"为人民服务"的旗号，却进行着违法违规活动。因此，政府必须加强监管，以法律形式禁止非政府组织从事违法违规活动。

政府在制度供给中，要注重非政府组织权、责之间的平衡性。在确保它作为一个独立民事主体享有各项权利的同时，从细节方面明确其应尽的义务，敦促其构建更加透明的工作方式。

如果说政府的监管可促使非政府组织的能力被动提升，那么，以下就是非政府组织主动提升自身管理水平的方式。

第一，注重对组织员工的培训。经常对组织员工（专职及兼职）进行培训，不仅可以提升他们的专业服务能力，还可以强化组织文化，通过员工的服务过程，将组织鲜明的文化特质向外传播出去，增加社会的认可。

第二，注重对人才的培养，积极从外界吸引更多高素质人才。和政府机构不同的是，非政府组织是一种较为松散的组织结构。相对于科层制的政府部门来说，其更有利于能力强的人施展身手。因此，要注重为能力突出的人创造发展空间，在留住内部员工的同时，积极吸引外部的高端人才。非政府组织无法从服务中获取高额利润，资金实力自然也就无法和同等条件下的企业相比。因此，"高薪留人"的模式在非政府组织中不一定适用，但非政府组织可以采取其他方式，如增加员工的社会、精神福利，来吸引和留住人才。

第三，积极从组织内部提拔领导人物。组织内部人员基本具有一线工作经验，对组织内部及服务对象的情况也更为了解，从内部选拔领导层，更能保障决策的科学性，这也是降低政府部门对组织控制程度的有效措施。

（四）深化经济政治体制改革，进一步凸显政府的主导地位

无论是在国际公共产品供给领域还是在整个经济社会领域，如何防止政府的"越位"与"缺位"一直是社会各界争论不休的话题。显然，在国际公共产品供给体系中合理定位政府职能是构建高效的多元化国际公共产品供给体系的关键。当前，中国正处在新的战略发展机遇期，如何进一步深化改革，着力解决深层次问题，对促进中国经济社会发展具有十分重要的意义。

在国际公共产品多元化供给体系中，政府除了承担对国际公共产品的供给职能以外，还有一项重要职能，那就是基础管理服务职能。首先，要

对国际公共产品供给的目标要求、范围对象等做出政策规定，制定相应的制度框架，确保国际公共产品供给的规范合理；其次，要做好政策解答、矛盾调解、制度完善等基础服务工作；最后，要做好国际公共产品供给中的基础管理工作，为企业和非政府组织参与国际公共产品供给创造良好的基础条件。

一项政策的成功制定，需要理论与实践的较好结合。因此，从政策制定者团队来看，拥有深厚理论功底的专业技术人才，以及活跃于实践第一线的工作人员，能够大大提高团队决策的科学性。由不懂专业领域知识，或者远离实践、不懂实践的管理人员制定政策，难免出现与现实脱节的情况。这在中国对公务员的选择，对管理部门领导干部的选拔，对决策者的选择等方面，都具有启发意义。因此，要不断加强政府的监管能力，就需要不断优化政府决策队伍，增强团队的多元化、专业化，鼓励一线工作人员、外部的专家学者等参与决策，从而增强政府的政策制定及监管能力，树立政府部门的威信。

第三节　中国供给国际公共产品的多利益攸关方创新主体结构

——以参与全球气候治理为例

传统的全球气候治理的行为体主要是主权国家，而如今以主权国家为中心的气候治理模式已发生重大变化，以社会组织、跨国公司等为代表的多利益攸关方（Multi-stakeholder）开始涌现，与主权国家一起成为气候治理的重要影响方。2019 年联合国气候行动峰会和 2020 年气候雄心峰会都强调多利益攸关方的合作对实现《巴黎协定》中 2℃升温目标及碳中和的重要性，并首次在议程中将主权国家领导人和非国家行为体代表的发言位置并列。[①]

---

① UNFCCC，"COP 26 Private Finance Agenda Launched，" https://unfccc.int/news/cop26-private-finance-agenda-lanched，February 27, 2020.

一 多利益攸关方参与气候谈判和全球治理的进程

联合国政府间气候变化专门委员会（IPCC）积极推动多元、多层级且普遍参与的全球气候治理，其中公私伙伴关系是全球气候治理的有效工具，既可以作为权力下放的实施保障，又可以为政治对峙提供缓冲。[①] 多利益攸关方在联合国气候变化谈判中的地位、参与路径和议程设置能力等都得到了不断的发展。

第一，多利益攸关方参与全球气候谈判和治理的地位上升。在全球气候谈判和治理过程中，多利益攸关方的话语权经历了不断提升的演进过程。在 20 世纪 90 年代的联合国气候变化治理进程中，随着环境权成为人类公权范畴，社会组织、跨国公司、地方和社区、个人等多利益攸关方开始介入国际气候谈判。但当时《联合国气候变化框架公约》主要强调社会组织的参与性，对其他主体的参与性很少承认。《京都议定书》履约后，全球气候谈判进入新阶段，国际社会组织也在气候谈判中涌现出来，并实现了身份的转变。2011 年召开的德班气候大会通过了"变革动力"倡议，使非缔约方也成为重要主体。2012 年召开的多哈气候大会进一步引入了民间社会和私营部门，强调了这些利益攸关方对于发展中国家的作用。2015 年《巴黎协定》正式公约规定："欢迎所有非缔约利益攸关方，包括民间社会、私营部门、金融机构、城市和其他次国家级主管部门努力处理和应对气候变化。"[②] 自此多利益攸关方在全球气候治理领域的话语权提升到一个新阶段。2016 年，马拉喀什气候大会宣布要建立"马拉喀什全球气候行动伙伴关系"，强调缔约方和非缔约利益攸关方合作的基本原则。马拉喀什全球气候行动伙伴关系的主体包括社区、公民和消费者、社会组织、工会和劳工组织、以信仰为基础的组织，以及本土居民等多利益攸关方。2017 年，波恩气候大会将"促进性对话机制"引入气候谈判，形成了基于

---

① Betsill, M. M., Bulkeley, H., "Cities and the Multilevel Governance of Global Climate Change," *Global Governance* 12 (2), 2006, pp. 141 – 159.

② United Nation Climate Change, "The Paris Agreement," https://unfccc.int/process-and-meetings/the-paris-agreement/the-paris-agreement.

多利益攸关方参与的政治协商和对话机制。2018 年，卡托维兹气候变化大会继续推进"促进性对话机制"。2019 年，马德里气候大会号召多元化、多层级和多维度的主体参与，14 个地区、398 个城市、786 家企业和 16 个投资方在气候大会上宣布，到 2050 年实现二氧化碳净零排放，并已有超过2300 个多利益攸关方正式注册参与气候大会。2020 年，气候雄心峰会倡议"零排放竞赛"（Race to Zero），这场竞赛聚集了大量的多利益攸关方，已有 454 个城市、23 个地区、1397 家企业、74 个最大的投资者和 569 所大学参与净零倡议联盟（Net Zero Initiatives Coalition）。[1]

第二，多利益攸关方通过更为灵活的机制影响气候谈判与治理进程。首先，多利益攸关方灵活斡旋于各主权国家之间，弥合治理鸿沟，使各方摆脱合作困境。例如，国际地球之友、世界自然保护联盟、世界自然基金会、绿色和平组织等社会组织就在全球气候协议的达成中发挥了重要的桥梁作用。其次，多利益攸关方善于运用新闻传播手段构建传播领域的绿色领导力，影响全球气候治理体系。再次，多利益攸关方以自己的专业化知识增强了气候治理的科学权威性。最后，多利益攸关方还发挥着重要的社会监督作用。联合国为了构建多主体参与的气候雄心网络，在《联合国气候变化框架公约》下建立了多利益攸关方气候行动追踪平台（NAZCA）。在 2020 年的气候雄心峰会上，多利益攸关方由来自政府、企业和民间社会的代表组成，承诺为共同实现《巴黎协定》的目标而贡献力量。多利益攸关方监督的"双重红利"明显：一方面，认可气候合作；另一方面，提高了相互协作水平。

第三，多利益攸关方推进了气候治理优先议题的设置与气候谈判议题的调整和变革。在议题的选择上，多利益攸关方要设法选择与本身利益相关又具有公共产品属性的议题，从而引起国际社会的广泛关注。[2]《联合国气候变化框架公约》秘书处提出在气候谈判中确立优先议题应遵循缔约方

---

① Grundy, A., "UNFCCC Race to Zero Campaign Pushes for Net Zero Coalition of Global Actors," Current-News, June 5, 2020, https://www.current-news.co.uk/news/unfccc-race-to-zero-campaign-pushes-for-net-zero-coalition-of-global-actors.

② 王彬：《国际议程设置：全球化背景下的法律对话》，《理论视野》2015 年第 3 期。

与非缔约方的共同利益。

二 中国多利益攸关方参与全球气候治理的现状与挑战

多利益攸关方是突破全球气候集体行动困境的一把利器，它的参与能够实现与主权国家的共商、共建、共享，提升国际气候治理制度的有效性。中国的多利益攸关方代表由城市、跨国公司和社会组织构成，在气候地方外交、公共外交等领域发挥着日趋重要的作用。当然，中国多利益攸关方作为公共外交政策工具发挥有效性还处于起步阶段，需要全方位地提升相关能力，加强制度建设。

（一）中国多利益攸关方参与全球气候治理的现状

第一，民间气候治理网络快速发展。自签署《巴黎协定》以来，无论是城市行为体、企业还是社会组织，参与气候行动的积极性都在不断提高，国内智库和社会团体都积极在对外分享中国生态文明建设先进理念与实践。2019 年 4 月，"一带一路"绿色发展国际联盟在北京成立，旨在促进"一带一路"沿线国家开展生态环境保护并应对气候变化，实现绿色可持续发展。中国民间气候变化行动网络（CCAN）参加联合国气候变化大会，举办"中国角"社会组织专场边会，并向《联合国气候变化框架公约》秘书处递交立场书，将中国环保社会组织应对气候变化的实践经验传播到国际社会。成立于 2008 年的中国青年应对气候变化行动网络（CY-CAN）是近年来涌现出的网络体之一，它也在不断参加国际会议和网络合作来参与全球气候治理。然而，目前中国具有联合国咨商地位的组织机构数量不到总数的 1%，影响力和话语权存在明显短板。

第二，城市率先行动与示范。城市的发展面临气候变化的挑战，因此城市日益成为碳中和与气候合作的重要非国家行为体。中国从 2016 年开始实施《城市适应气候变化行动方案》，并选择 30 个典型城市开展气候适应型城市建设试点。① 中国还开始探索建立碳排放权交易市场，并在北京、

---

① 《城市适应气候变化行动方案发布》，中华人民共和国中央人民政府网站，2021 年 2 月 4 日，http://www.gov.cn/xinwen/2016 - 02/29/content_5047302. html。

天津、上海和重庆等城市开展试点工作。中国积极推动国际城市的气候合作，如北京、上海、广州和香港等都是 C40 城市联盟的成员。① 中国还举办了 2020 年第十九届世界低碳城市联盟大会暨低碳城市发展论坛，旨在积极探索并努力建设绿色低碳的生态湾区。另外，由于"一带一路"倡议涵盖了绿色的要义，因此"一带一路"可持续城市联盟圆桌会议经常讨论城市间绿色发展的议题。

（二）中国多利益攸关方参与全球气候治理的建议

首先，不断完善中国气候援助实施方式。在官方气候援助领域，中国政府于 2011～2015 年累计支出 2.7 亿元人民币用于开展气候变化南南合作；2013～2018 年，举办 200 余期气候变化和生态环保主题的研修项目，为有关国家培训 5000 余名人员。② 除了政府，社会组织也应该是重要的气候援助实施方。援助国与受援国之间存在国情差异，需要社会组织发挥桥梁作用，搭建民心相通的渠道，发起民间合作项目，构建合作伙伴关系。很多发达国家在提供官方发展援助时，注重通过建立专门的对外援助机构来协调政府援助投入与社会组织实施之间的互动。中国应当借鉴先进经验，完善气候援助实施方式，加大社会组织参与气候援助的力度。

其次，增加私营部门的投入。2016 年，中国在二十国集团杭州峰会上推动"绿色金融"首次进入了核心议题，中国人民银行与英格兰银行共同主持主导编制了绿色金融综合报告，里面重点提及了私营部门的投入，以提升中国在气候治理中的引领力。除此之外，中国也通过丝路基金、新开发银行、亚洲基础设施投资银行、气候变化南南合作基金等，推动绿色金融发挥更大的作用。"赤道原则"是国际银行界首次制定和认可的全球项目融资的环境与社会标准，全球环境研究所等 8 家中国的社会组织曾与《经济观察报》等媒体携手合作，推出国内首个"绿色银行创新奖"。未来

---

① "C40 城市联盟"是以推进世界城市气候行动为目标的重要城市间国际组织。
② 《〈新时代的中国国际发展合作〉白皮书》，中华人民共和国国务院新闻办公室网站，2021年 1 月 10 日，http://www.scio.gov.cn/zfbps/ndhf/44691/Document/1696699.html。

中国需进一步提高多利益攸关方在气候治理中的参与度，逐步推动全球环境领域人类命运共同体的建设。

再次，重视社会组织等主体的作用。在"后巴黎时代"自下而上的气候治理模式中，中国在开展气候外交时要充分考虑社会组织的力量，通过气候公共外交发挥"四两拨千斤"的作用。中国要鼓励社会组织通过多种途径参与气候变化领域的活动，推动它们针对环境、气候变化和清洁能源等议题开展国际合作，鼓励它们在重大国际场合以民间的形式讲述中国的气候政策与行动，传播中国的国际气候合作和全球气候治理理念。中国要加强同多利益攸关方的合作，撬动一切可以合作的力量。同时，结合"一带一路"倡议，从人类命运共同体建设角度推进一些创新性全球伙伴关系网络的构建。

最后，积极运用多利益攸关方的途径参与全球气候谈判与治理，从国内法律机制、交流模式和责任承担等角度为多利益攸关方提供"中国方案"与"中国支持"。

总之，中国作为负责任的大国，在全球气候治理中，应提高本国多利益攸关方的参与度，帮助多利益攸关方解决参与气候治理的困难，促进全球治理体系变革，提升中国在全球治理和全球治理体系变革中的领导力和话语权，推动构建人类命运共同体。

第四节　中国应以区域公共产品供给为主，适当承担国际责任

一　中国参与国际公共产品供给的战略定位

中国主动提供国际公共产品是人类命运共同体建设自然逻辑的延伸，也是时代赋予中国的重要使命。但是也必须清醒地认识到，中国在国际公共产品供给中面临着双重身份：中国既是一个崛起的新兴大国，同时也是一个发展中大国。

（一）作为崛起大国的中国

生存、发展和崛起是民族国家的重要战略目标。但是，三者的层次不同：生存是最基本的战略目标，同时也是最容易实现的战略目标，世界上 90% 以上的国家基本上争取到了安全的生存环境；发展是高于生存的战略目标，只有生存目标实现后，才有可能实现发展目标，以发达国家和新兴工业化国家为标准，全世界只有 25% 左右的国家实现了发展目标；崛起是更高的战略目标，只有生存和发展两个战略目标都实现后，才有可能实现崛起。也就是说，多数国家能生存，但能成为工业化国家乃至发达国家的只有少数，而在工业化国家和发达国家中能实现崛起的只能是极少数。

中国离崛起的目标越近，受国际环境的影响就越大，反过来对国际环境的影响也越大。由此可以得到三个极其重要的对外政策含义。

第一，中国应以周边国家为外交重点，以此作为抵御外部压力的重要国际基础，继续推进与周边国家的区域经济合作可以有效改善中国的国际环境。因此，有效提供区域公共产品仍然是中国经济外交的重点之一。

第二，中国应当承担更多的国际责任，而非仅以融入国际社会为目标，要扩大中国在地区事务中的发言权，增强中国参与国际规则制定的权力。因此，中国应率先供给区域公共产品，主动承担区域公共产品的供给成本。

第三，中国的外交特别是经济外交应当服务于国家综合利益，而不仅是经济利益，以此维持政治、安全、经济、文化等方面国家利益的平衡。因此，中国不能局限于提供传统的经济类区域公共产品，而应扩大产品的范围，全面参与区域公共产品供给。

（二）作为发展中大国的中国

不可否认的是，尽管中国是一个新兴的崛起大国，但中国的基本国情是仍然处于社会主义初级阶段，是一个发展中国家，国内矛盾复杂，问题丛生。中国经济总量已经跃居世界第二位，但是在其他方面与其他强国相比仍有较大的差距，如人均收入水平、产业结构、科技水平、生态保护等。因此，在区域公共产品供给中，中国应当坚持从国情出发，坚持发展中国家的定位，把维护自身利益同维护广大发展中国家的共同利益结合起来，坚持权利和义务相平衡，不仅要看到世界对中国发展的期待，也要看到中国"虽强犹弱"的基本特征。

第一，长期高速增长与可持续发展之间的矛盾。中国实现了数十年的经济高速增长，但这种增长方式是粗放式的，导致了资源利用的低效率、能源消耗的高增长和环境的大面积破坏，中国面临着转变经济发展方式、提高经济发展质量和效益的客观要求。

第二，政治大国地位与在地区事务中作用的严重不匹配。中国是联合国安理会常任理事国之一，是国际政治格局中的重要力量，是名副其实的政治大国。从理论上讲，拥有世界性政治大国身份的中国不仅应该在亚洲地区拥有确保自身安全的区域环境，也应该在地区事务中起到主导作用。但事实上，中国不仅没有实现上述目标，而且周边环境有恶化之势。近年来，亚洲区域安全纷争时有发生并不断升级，我们不能保证某些敌对势力不会利用地区不稳定因素扰乱中国崛起的步伐。因此，中国面临着将政治大国地位转换为政治影响力、将经济影响力转换为综合影响力的艰难挑战，这是实现中国崛起无法忽视的问题。

综合以上分析可以看出，未来中国在区域公共产品乃至国际公共产品供给中的身份必然是双重的，不应该也不可能片面强调任何一方面，我们既不能因崛起大国的身份而忽视发展中大国的现实，更不能用发展中大国的身份逃避在区域公共产品供给中的责任。

二　人类命运共同体建设中的区域公共产品供给

在中国新的外交战略布局中，周边国家有着特别重要的地位和特殊的意义，因此中国将继续致力于发展与周边国家的区域经济合作。美国推出由其主导的泛太平洋合作框架，以此增加对东亚经济合作走向的影响力。面对东亚深度经济一体化的困境和域外大国的全面介入，东亚主要经济体纷纷调整合作战略，中国也开始思考如何在全新的地区和全球形势下深入发展与周边国家的合作关系，这种思考的结果是中国开始主动进行地区关系和地区秩序的构建，并对自身的区域经济合作战略进行了突破性调整，而在这种战略调整中，亚洲特别是东亚地区成为中国新型区域经济合作战略的"试验田"和"突破点"。

指导中国新时期区域经济合作战略的是人类命运共同体思想，特别是中国与周边国家的命运共同体。中国已经充分意识到，无论是从地理方位、自然环境还是相互关系来看，周边国家对中国都具有极为重要的战略意义。因此，需要以立体、多元、跨越时空的视角开展周边经济外交，无论是加快实施基础设施互联互通、实行新的自由贸易区战略，还是积极筹建亚洲基础设施投资银行，都是为了让人类命运共同体意识在周边国家"落地生根"。

在人类命运共同体思想和新的区域经济合作战略的指导下，中国将更加主动地承担区域公共产品供给的责任，同时积极适应与周边国家和域外大国关系的重大转变。中国已经决定将"大周边"地区作为走向大国、强国之路的战略依托带，中国的区域公共产品供给战略也出现了与之相应的调整。

首先，中国对高质量区域公共产品的需求越来越大，同时将更加突出自身在区域公共产品供给中的比较优势。一方面，中国的经济实力日益增强，已经成长为地区第一经济大国，对高质量区域公共产品的需求越来越大；另一方面，中国已经具备了主动承担大国责任的比较优势，在未来构建区域消费市场、建立亚洲货币基金和加强投资领域合作的过程当中，中国无疑具备了更强的实力，在未来东亚区域公共产品供给中的优势将更加凸显。

其次，中国将更加主动、更加积极地承担区域公共产品的供给成本，切实履行大国责任。在未来亚洲地区的高质量区域公共产品供给中，中国有能力、有意愿承担更大的成本，无论是推动基础设施互联互通还是筹建亚洲基础设施投资银行，中国都已经并将继续承担更多的合作成本。作为大国，中国将承担对地区和平与发展的更大责任，这不是对地区和国际事务的更大垄断，而是在坚持相互尊重、平等相待的基础上，树立双赢、共赢的新理念，在追求自身利益时兼顾他方利益，在寻求自身发展时促进共同发展。

最后，作为新的区域公共产品供给平台，"海上丝绸之路"将给世界其他地区带来更大的正外部性，而面对域外大国的压力，中国也将由被动应对变成主动应对。"海上丝绸之路"不仅影响东亚地区，而且还将对全球其他地区产生极大的正外部性，如互联互通和周边大市场建设将带来更大的规模经济效应，为世界经济提供新的增长点，具有很大的包容性。中国将在推进亚洲经济一体化的同时，坚持开放的区域主义，协调推进包括亚太经合组织在内的跨区域合作。

由此可见，中国在区域公共产品供给中应该对崛起大国和发展中国家两种身份进行综合权衡，充分认识中国崛起对有效提供区域公共产品的助推力，清醒看到国内外环境对中国区域公共产品供给战略施加的客观压力，以人类命运共同体思维主导未来的区域公共产品供给，坚持合作共赢、共同发展，与各国平等协商地区事务。中国将更加主动地承担大国责任，在议题设置、资金筹措、具体建设过程中提供更大力度的支持。

三 中国如何更有效地提供区域公共产品

在供给路径选择上，中国应注意将国内经济转型与区域公共产品供给结合起来，夯实我国参与和引领区域公共产品供给的国内基础；在对外开放中，应将深化对外开放与引领区域公共产品供给统一起来，以新的战略统筹双边、多边、区域、次区域合作，要实现"引进来"与"走出去"相结合，为中国多层次、全方位地参与区域公共产品供给提供新的动力和空间；在产品选择上，中国在东亚地区的地位与作用主要体现在区域消费市场、区域基础设施及其合作机制的建设中，在满足这些需求的同时，还要在各国之间建立起一种长期互惠互利的合作关系，增强政治互信，实现由联合供给经济类区域公共产品到联合供给政治安全类区域公共产品的跨越；在影响范围上，中国应将区域公共产品供给作为参与全球公共产品供给的起点，逐步向全球公共产品供给过渡。

第五节　中国以不同方式供给不同类型的
国际公共产品

一　简单加总供给——以大湄公河次区域环境公共产品为例

如前所述，简单加总供给存在"搭便车"的可能。以全球温室气体排放为例，只要全球中的任何国家对温室气体进行了减排，就会发挥积极的作用，这与哪个国家进行减排无关，从而导致囚徒困境。

为简化起见，当中国与他国就温室气体减排进行决策时，假设国家减排单位数量温室气体所获得的收益为 b_i，所需付出的减排成本为 c_i，且 $c_i > b_i$。若两国共同合作分别减排 1 个单位，则国际公共产品总量为 2 个单位，每个国家可从中获益 $2b_i$，付出的成本均为 c_i；若只有中国减排，对于中国而言，付出的成本为 c_i，获取的收益为 b_i，而未减排国无须付出任何成本便可获取 b_i 的收益；当两个国家都不减排时，双方都没有收益。据此，可以得出如表 5 - 1 所示的博弈矩阵。

表 5 - 1　简单加总供给方式下的国际公共产品博弈：囚徒困境

中国	他国		
		0	1
	0	0, 0	b_i, $b_i - c_i$
	1	$b_i - c_i$, b_i	$2b_i - c_i$, $2b_i - c_i$

从上述结果可以看出，该博弈矩阵的最优策略是双方都不减排，即双方都没有收益。因为在此情况下无论对方做出何种决定，本国都应该选择不减排。所以，此时的纳什均衡为 (0, 0)，即任何国家都不减排。这样便出现了个体理性与集体理性的偏离，对于社会而言最优的结果（$2b_i - c_i$, $2b_i - c_i$）无法实现。显然，此时就出现了囚徒困境。

因此，为了保证这种国际公共产品的有效供给，中国可以对这种"搭便车"的行为进行监督。当然，在一些特殊的情形下，这种国际公共产品也能够得到供给。例如，随着国力的不断增强，以及在国际社会中的地位不断提高，中国可以在温室气体减排方面做到单边供给，此时虽然其他国家依旧会选择不减排，但是与之前相比情况已经有了一定的改善。

接下来我们以大湄公河次区域为例介绍中国是如何促进环境类区域国际公共产品供给的。1992 年，亚洲开发银行发起建立大湄公河次区域（The Greater Mekong Sub-region，GMS）经济合作机制，成员国包括中国、柬埔寨、老挝、缅甸、泰国、越南 6 国。GMS 经济合作的宗旨是通过加强各成员间的经济联系消除贫困，促进次区域的经济和社会发展。亚洲开发银行是 GMS 经济合作的发起者、协调者和主要筹资方。

多年来，GMS 经济合作不断深入发展，成员间的合作领域进一步拓宽，涵盖交通、能源、信息通信、环境、农业、人力资源、旅游、经济走廊等，取得了丰硕的成果。2013 年 12 月，在 GMS 第 19 次部长级会议上通过 GMS 投资框架。2014 年 12 月 19～20 日，GMS 第五次领导人会议在泰国曼谷举行，主题是"致力于实现大湄公河次区域包容、可持续发展"。会议发表领导人宣言，通过 2014～2018 年区域投资框架执行计划，为次区域进一步加强互联互通描绘蓝图。2018 年 3 月 30～31 日，GMS 第六次领导人会议在越南河内举行，主题是"立足 25 周年合作，建设可持续、融合、繁荣的大湄公河次区域"。会议总结了 GMS 经济合作机制建立 25 年来的成就和经验，探讨下一步的合作方向，展望长期愿景。

中国积极参与 GMS 各层次、各领域项目的规划与实施，为提升 GMS 各成员国的福祉做出了自身贡献。中国的发展进入新时代，中国将继续为全球经济增长提供稳定动力源，也将为次区域经济发展开辟新空间。大湄公河次区域在历史上就是"丝绸之路经济带"和"21 世纪海上丝绸之路"的交汇之地，今天大湄公河次区域国家完全可以成为共建"一带一路"的重要合作伙伴。大湄公河次区域五国都同中国签署了"一带一路"合作协议，都参加了首届"一带一路"国际合作高峰论坛，中老、中泰铁路以及中缅陆水联运等重大项目正在积极推进。因此，大湄公河次区域国家不仅是"一带一路"的最早参与者，也是最早的受惠国。

中国将继续坚定不移地促进大湄公河次区域国家共同发展。作为大湄公河次区域的重要成员，中国同其他各国的发展息息相关、命运与共。中国的发展依托的是周边，首先惠及的也是周边。中国开放的红利，周边会率先分享。中国将按照亲诚惠容的理念和与邻为善、以邻为伴的方针深化同大湄公河次区域国家的关系，发扬伙伴精神，深化政治互信和务实合作，共同促进本地区发展和提升民众福祉。

（一）加强互信建设

中国与大湄公河次区域其他国家的互信问题是合作无法深入、冲突产生的根源，也是被部分别有用心的域外国家与媒体利用的重要因素。因此，解决相关冲突、加强互信建设是中国外交要处理的首要问题。

第一，树立人类命运共同体的意识，增强互信。中国要在与大湄公河次区域其他国家建立跨界资源环境合作关系的基础上，推动人类命运共同体意识的树立。人类命运共同体包含利益共同体与责任共同体，强调各合作国共同、合理、科学、可持续地开发湄公河的水资源，分享权利，共担责任与义务。因此，树立人类命运共同体的集体意识需要中国与大湄公河次区域其他国家的共同努力。首先，中国要将自身的开发利益与大湄公河次区域其他国家的利益相结合，这是有效探讨和解决互信合作问题的基础。其次，中国与大湄公河次区域其他国家在探讨树立人类命运共同体意识的过程中，要注重合作的全面性，将可持续发展问题与具体的经济项目开发和其他层面的活动相结合，从而激起对方强烈的合作意愿，巩固双方的共同利益。最后，在探讨和树立人类命运共同体意识的过程中，要注重相互间的协商、交易、妥协与兑现，使双方的收益最大化，提高合作的融合度。

第二，拓展大湄公河次区域其他国家了解中国跨界资源环境合作意愿的渠道。大湄公河次区域其他国家在信任中国的过程中，会通过直接和间接渠道了解中国的有关信息。因此，中国要积极地拓展它们了解自身的渠道，加深其对中国的信任。首先，中国与大湄公河次区域其他国家在日常双边政治交往中要积极消除误解。中国要在有关双边政治互信建设中，把资源环境问题作为其中一个重要内容来看待，并就如何构建双边政府的互信机制、定期交流机制进行探讨，通过相互协商巩固合作关系。其次，中国与大湄公河次区域其他国家在日常经济交往中要解决合作水平难以提升的问题。中国在与大湄公河次区域其他国家开展双边经济合作项目的过程中，要利用好自身的资金、技术、人才等比较优势，本着互惠互利的原则，就具体的资源进行合作，增进相互间的信任，并对以前出现的问题采取及时的行动，充分表达出自己的诚意，增强其他国家对中国的信任与合作意愿。

第三，积极加强同湄公河水资源开发中第三方机构的互信与沟通。大湄公河次区域其他国家获取中国信息的一个渠道是第三方机构，并将其作为是否信任中国和是否加深信任的重要参考。在中国与大湄公河次区域其他国家的跨界资源环境合作中，非政府组织扮演着重要的角色。从以往实践来看，部分国际与区域非政府组织对于中国在湄公河推行建设相关项目时的一些说法并不信任。因此，中国一是要正面出击，加强与非政府组织的沟通，改变一味回避甚至排斥国际与区域非政府组织的观念和"少说多做"的理念，借助中国的非政府组织、研究团体积极加强同湄公河地区非政府组织的交流，共同商议产生问题的真正缘由及对策，体现中国友善的态度。二是要侧面出击，借助第三方力量来增信释疑。中国可借助国际上知名的水利、环境等相关第三方机构，对中国在湄公河上游的设施、下游的合作和以往出现的相关问题进行评估，同时将这些数据和结果发给非政府组织供其参考，在一定程度上化解不必要的信任危机，巩固相互间的信任。

（二）协调与域内其他合作机制的关系

由于大湄公河次区域内的资源环境问题错综复杂，各国都无法独自解决。因此，首先，要避免排斥区域内类似机制的错误观念，防止大湄公河次区域其他国家对中国在澜湄合作机制下推行资源环境合作平台建设的初衷产生怀疑，从而影响资源的开发与环境治理效果。其次，要强调澜湄合作机制下资源合作平台与湄公河委员会的共融性，寻求共同的利益点，为相互间的合作奠定基础。最后，要突出澜湄合作机制下资源合作平台与湄公河委员会的差异性与各自的优势，突出自身的特点，加强合作的互补性。

（三）处理与域外行为体的竞合关系

美国、日本、澳大利亚、韩国等域外行为体近年来加大了对湄公河地区资源管理事务的干预力度，主要基于三个原因：一是通过水问题切入，制约中国在东南亚地区的发展，并确保自身在该地区的影响力；二是追求自身的对外经济发展利益；三是关注湄公河地区的生态环境。可以看出，域外行为体有善意的，也有恶意的，中国在处理过程中要有所区分。

对于域外行为体在湄公河跨界资源开发上的善意竞争，首先，中国可以加强同它们的资源项目合作，利用各自的优势进行互补，减少地区内资源开发过程中相应的公共产品成本并避免相同公共产品的重复生产；其次，中国也可以与它们进行经验交流，建立良好的合作互动关系。域外行为体在技术支持、人才培训、生态环境保护方面的投入比中国更多，经验也极为丰富。因此，中国可以与其进行交流，围绕湄公河资源利用与保护的相关议题开展讲座、学习等，形成良好、健康的地区内水竞争格局。

与此同时，美国、日本、澳大利亚、韩国等域外国家在介入湄公河国家水项目合作的过程中正是打出了生态牌、环境牌、社会牌，以较少的投入获得了民众、社区、非政府组织等的好感，最终借助项目在湄公河地区发挥影响力。同时，它们也用这些牌来遏制中国在该地区的项目发展。因此，中国在今后与湄公河国家合作开发的过程中，要始终强调项目经济利益、环境保护、河畔社区发展的"三位一体"，并把具体合作方案与保护内容写入合作项目合同中，以有效应对外来的恶意竞争与介入。

（四）强化"走出去"企业的社会责任

企业是湄公河流域投资与贸易的重要主体，也是一国水资源开发与管理理念的最直观体现。企业社会责任是企业对外投资中的重要组成部分，以往中国"走出去"的企业将大部分精力放在争取政策、获取资金支持等方面，对企业社会责任是否落实到位关注不够，效果也并不理想。这导致其他国家产生中国不重视可持续发展等错误印象，加剧了中国与其他国家的资源冲突，甚至给"走出去"的企业本身带来损失。因此，中国要对"走出去"的企业进行相关培训。

第一，帮助企业树立和凸显社会责任意识。许多在湄公河进行跨界资源投资与贸易的中国企业对社会责任的概念和内容认识不清。因此，中国必须对相关企业进行培训，通过自主开办讲座以及到国外做得较好的相关公司进行考察学习等方式，让企业明晰社会责任的内容、范围，帮助它们树立起履行社会责任的自主意识，并与企业自身特点与所从事行业的特征相结合。

第二，引导企业制定社会责任政策。中国可以在顶层设计层面制定总体准则和政策要求，要求"走出去"的企业根据自身特点和需求执行持续性、长久性且具体的政策。

第三，要求企业定期公布社会责任报告。企业的社会责任报告是体现企业社会贡献的标准，也是政府、市场、客户判断该企业发展前景的重要依据。在实际操作过程中，应要求从事湄公河跨界资源开发的企业确保社会责任报告的内容翔实与真实，并定期向中央政府递交。同时要求企业以对象投资国或者对象贸易国的文字公布同样内容的社会责任报告，公布渠道可以是网络、纸媒等。

二 最优环节供给——以文化传播为例

下面就以文化传播为例来进行分析，表 5 - 2 表明当有国家选择供给时就能够获得收益，此时 $b_i > c_i$。如果中国选择供给 1 单位，而他国选择不供给，那么中国的净收益为 $(b_i - c_i)$，而他国的收益为 b_i。显然，当他国选择供给 1 单位，而中国选择不供给时，他国的净收益为 $(b_i - c_i)$，而中国的收益为 b_i。当双方都选择供给时，两者的净收益均为 $(b_i - c_i)$。

表 5 - 2　最优环节供给方式下的国际公共产品供给博弈

中国	他国		
		0	1
	0	0, 0	b_i, $b_i - c_i$
	1	$b_i - c_i$, b_i	$b_i - c_i$, $b_i - c_i$

因此，中国可以通过与其他国家进行协商的方式来有效地传播中国的

文化，实现相关国际公共产品的供给。也就是说，对于中国来说，虽然单方面向世界传播中国的优秀文化需要付出一定的成本，但是随着国际社会对中国认识的不断加深，人类命运共同体的理念就会受到越来越多的认可。在此情况下，国际社会与中国的合作就会不断加深，国家间的贸易会不断增加，最终的结果是中国向世界传播文化所需付出的成本与收益相比几乎可以忽略不计。

三 最弱环节供给——以国际航道安全保护为例

假设中国与他国就国际航道安全保护进行决策，两个国家都有两种选择，即供给 0 单位或者 1 单位。供给 1 个单位时得到的收益为 b_i，而所需付出的成本为 c_i。此时依照最弱环节供给方式，可以写出如表 5-3 所示的博弈矩阵。

表 5-3　最弱环节供给方式下的国际公共产品供给博弈

中国		他国	
		0	1
	0	0, 0	0, $-c_i$
	1	$-c_i$, 0	$b_i - c_i$, $b_i - c_i$

从表 5-3 中可以看出，此博弈的均衡解为一方进行供给，另一方不进行供给，但是其均衡结果则是由国家的偏好和收入决定的。

当各国偏好和收入相同时，只要每个国家的贡献与集体的最优选择相匹配，就能实现该国际公共产品的最优供给。此时，国家间的集体行动问题就不复存在了。假设国家偏好是相同的而收入不同，例如，当中国与较贫穷的国家进行合作时，由于中国的经济水平高，收入更多，则中国可以供给更多。假设在这种情况下中国供给了 2 个单位，而较贫穷国家只能够供给 1 个单位，此时只有当中国对那些合作的贫穷国家进行相应的补助，才能够提升它们的供给水平。当所有国家都有了提供国际航道安全保护的可能时，中国就可以与它们展开合作。

在最弱环节供给方式下，要保证国际公共产品的有效供给，就需要世界各国相互交流，中国可以在其中发挥积极的建设性作用，以确保所有参与国都能够满意。

四 加总权重供给——以维护世界和平为例

维护世界和平被认为是以加总权重方式供给的国际公共产品。在当今国际形势中，美国认为自己作为"世界警察"，对于世界安全稳定起着十分重要的作用。但是，美国的权重并不等于1，许多国家同样也为世界的和平做出了自己的贡献。中国可以通过提高自身在国际安全领域的权重，比如增加国际安全预算、扩大维和部队等方式，来提高自身的国际影响力。

五 结论

分析表明，不同类别的国际公共产品作为集体行动的目标在性质上是不同的，这就决定了中国在不同国际公共产品供给中可能面临着差异化的激励结构，进而意味着并不是所有的国际公共产品都存在相同的集体行动预期。某些国际公共产品自身所具有的属性特征中蕴含着较多的促进跨国集体行动自发进行的激励因素，因此中国可以从不同的角度对这些国际公共产品进行供给。

值得一提的是，国家之间的交流合作是国际公共产品供给的重要因素，因为这是需求方以及供给方相互博弈的结果。

| 第六章 |

中国供给国际公共产品的路径选择与政策建议

近年来中印等新兴国家飞速发展，美国供给国际公共产品的意愿和能力呈现不断下降的趋势，国际公共产品的供给不足已成为无法回避的问题。中国作为新兴国家和东亚的地区性大国，应该主动承担相应的国际义务，推行东亚战略，在包容性发展理念的指导下，通过在亚洲提供区域公共产品的形式，夯实参与全球治理的基础，建立与东亚国家广泛的经济互利和政治互信关系，并以此为基础推动和谐世界建设。

第一节 中国供给国际公共产品的身份定位

自 1978 年改革开放以来，中国的经济社会发生了翻天覆地的变化，经济持续快速发展，综合国力不断提高，居民生活水平也有了极大的提高，中国已经成为国际政治格局中很重要的一极。作为新兴国家的中国在推动国际治理结构改革、维护全球金融稳定、促进经济发展中发挥了重要的作用，国际社会也期望中国在地区和全球事务中担负起更多的国际义务和责任。

一 中国综合国力的增长

自 1978 年改革开放以来，我国的现代化建设各项事业得到了飞速发展，取得了举世瞩目的伟大成就，主要体现在以下几个方面：全面推进经济体制改革，建立和发展社会主义市场经济制度，为中国经济繁荣发展、社会和谐稳定提供了制度保障；在各个领域实施大范围的对外开放；坚持以经济建设为中心，促进经济实现腾飞；着力保障和改善民生，使人民生活总体上达到小康水平；社会主义民主政治得到大力发展，人民当家做主的权利得到更好的保障；社会主义先进文化得到大力推进，人民日益增长的精神文化需求不断得到满足；社会事业稳步推进，社会和谐稳定得到巩固和发展；国防和军队建设取得重大成就；成功实施"一国两制"基本方针，祖国和平统一大业迈出重大步伐。①

综合国力的增长确保了中国的和平发展环境，一个面向现代化、面向世界、面向未来的社会主义中国在改革开放的动力中崛起于亚洲。国内外研究人员对综合国力的概念有着非常不一样的认知，国外学者注重"影响力"与"强制力"在综合国力中的体现，而国内学者则更加重视"生存力"、"发展力"和"国际影响力"等因素在综合国力中的体现。因此，综合国力是一国存在、发展以及在国际事务中影响或强制他国顺从本国意愿的综合实力。② 为量化各国的综合国力以便比较，学者们采用了多种评价指标。

汉斯·摩根索认为，对一国综合国力的考量应包括地理位置、资源丰富度、第二产业能力、军事实力、人口多寡、民族意志力、对外开放程度和政府廉洁程度等指标。③ 日本经济企划厅综合计划局研究报告显示，在对综合国力进行考量时，经济发展、科学技术、金融实力、财政实力、对外活动的积极性以及在国际社会中的活动能力、地理、人口、资源、防卫实力、国民意志、友好同盟关系、军事实力、战略物资和技术、外交能力等是重中之重。④ 陈秀英、涂勤借助联合国、世界银行、国际货币基金组

---

① 陈述：《中国共产党领导改革开放和现代化建设的历史成就与经验》，"党史知识大讲堂"第十讲，党建网，2011 年 6 月 27 日，http://news. xinhuanet. com/video/2011 - 06/27/c_121589059. html。

② 王玲：《关于综合国力的测度》，《世界经济与政治》2006 年第 6 期。

③ 〔美〕汉斯·摩根索（Hans J. Morgenthau）：《国家间的政治》，杨岐鸣等译，商务印书馆，1993，第 151 ~ 197 页。

④ 王诵芬主编《世界主要国家综合国力比较研究》，湖南出版社，1998，第 28 页。

织及 OECD 等权威国际组织公布的统计数据，选择了 100 项统计指标，构建了一套涵盖能源供给能力、经济实力、对外关系、科教文实力及社会发展程度五大维度的综合国力指标体系。[①] 可见，经济实力、军事实力和对外关系作为体现国家综合国力的关键指标得到了各界学者的共同认可。

在经济实力方面，中国坚持以经济建设为中心，不断巩固改革开放成果。[②]

第一，改革开放使我国一跃成为世界第二大经济体。中国国内生产总值由 1978 年的 3645 亿元增长到 2018 年的 82.7 万亿元，占全球经济的比重从 2013 年的 11.4% 提高到 2018 年的 15%，同时对全球经济增长的贡献率达到 30%。[③]

第二，我国参与的国际双边和多边贸易飞速发展。根据国家统计局的数据，从 1978 年到 2020 年，中国货物贸易进出口总额从 206 亿美元提高到 50876 亿美元，2020 年外汇储备更是达到 32165 亿美元。

第三，利用外资和对外投资都有明显增加。根据国家统计局公布的数据，2018 年我国外商直接投资达到 1350 亿美元，2001~2018 年年均增长 6.69%。2017 年，我国对外直接投资净额达到 1582.88 亿美元，2007~2017 年年均增长 23.05%，其中，2017 年对外直接投资净额是 2007 年的 5.97 倍。

第四，能源开采、生产能力提升迅速。改革开放以来，在关系经济稳定和国家安全的领域，国家重视增加能源供给，加大投入，能源生产能力大大增强，成为世界上除美国之外的第二大能源生产国，能源总自给率达到 90%。同时，中国幅员辽阔，矿产资源十分丰富，拥有世界上储量最多、品种最全的稀土资源。美国《稀土元素——全球供应链》统计报告显示，2017 年中国稀土储量达 4400 万吨，排在世界首位，储量占世界总储

---

① 陈秀英、涂勤：《综合国力评价指标的量化与合成方法——兼论中国综合国力在国际比较中的地位》，《世界经济》1996 年第 5 期。

② 王科：《中国的综合国力与国际政治定位——兼论邓小平"有所作为"思想》，《中共四川省委党校学报》2011 年第 2 期。

③ 见李克强总理 2018 年政府工作报告，2018 年 3 月 5 日在第十三届全国人民代表大会第一次会议上所作。

量的 36.35%，产量达 10.5 万吨，占全球总产量的 80.77%。[①] 与西方 G7 国家相比，中国水能源储量丰富；已探明的煤炭储量 1150 亿吨；已探明的石油储量 173 亿桶，仅低于美国；已探明的天然气储量仅低于美国和加拿大。[②]

第五，人民生活水平显著提高。2013~2018 年，全国城镇居民人均可支配收入由 26467 元增加到 39251 元，全国农村居民人均纯收入由 9430 元增加到 14617 元。[③] 根据国家统计局的数据，城镇居民家庭的恩格尔系数从 1978 年的 57.5% 下降到 2012 年的 36.2%，农村居民家庭的恩格尔系数从 1978 年的 67.7% 下降到 2012 年的 39.3%，居民整体消费趋于良性，生活质量得到提高。

在军事实力方面，中国以科技创新为后盾，增强军事力量，积极参与地区和国际维和行动。

第一，在电子通信、机器设备、航空航天等科技创新方面取得了显著成绩，成为军事工业发展的坚实基础。

第二，自主研发与引进技术相结合，实现军事装备更新换代。

第三，坚持国防建设与经济建设协调发展，保证充足的国防预算支出。

第四，积极参与国际维和行动，维护政治冲突地区和其他区域的安全，承担大国责任。

在对外关系方面，中国实现了外交理念和国际地位的转变，为维护国家利益，营造积极、和谐的外部环境。

第一，从以意识形态为标准到立足于国家利益。改革开放以前，中国把意识形态作为划分敌我阵营的尺度，将此作为对外交往和处理国际事务的指导方针。这种对意识形态差异的不客观的态度导致了外交关系的紧张。自 1978 年改革开放后，中国逐渐在国际舞台上发出自己的声音，对外

---

① 王亚光、任会斌、沈洋：《西方阻挠中国改变"稀土命运"短期仍依赖》，《国际先驱导报》2012 年 3 月 27 日，http://military.china.com/news/568/20120327/17116676.html。

② 翟立功等：《中国与西方七国综合国力最新比较》，《统计研究》2000 年第 5 期。

③ 见李克强总理 2018 年政府工作报告，2018 年 3 月 5 日在第十三届全国人民代表大会第一次会议上所作。

交往的立足点也从意识形态转变为国家利益，客观看待意识形态差异。

第二，从参与双边关系到拓展多边关系和协调区域关系。目前中国已与多个国家建立了战略合作伙伴关系，并在联合国、WTO、国际货币基金组织、上海合作组织等多边和区域机制中发挥着重要作用。

第三，将一国利益与人类整体利益相结合，积极参与全球治理。从仅仅关注国家走向关注世界和人类的整体需要与利益，是对国际关系现有逻辑的突破与超越，是站在历史的高度，审视人类发展趋势的理性与智慧的选择。[①] "和谐世界"理念的提出，体现了中国积极参与全球治理，为人类整体利益贡献力量的决心。

第四，中国已经跻身为世界格局中重要的一极。冷战结束后，世界格局处于从一超多强向多极化趋势发展的进程中，中国作为联合国安理会常任理事国、朝核六方会谈成员、G20 成员、金砖国家成员、新兴经济体和世界第二大经济体，在国际政治经济格局中的地位和影响力显著提升。

改革开放后，经过 40 多年的快速发展，中国的综合国力得到了快速发展，位于世界前列，得到了国际社会的广泛认同。美国智库兰德公司战略评估组研究表明，当前中国的综合国力仅次于美国，与欧盟实力相当。韩国半岛先进化财团对 20 国集团（G20）的综合国力进行评估，中国（54.73分）仅次于美国（69.15 分），居第二位。[②] 但根据世界权威组织——世界经济论坛发布的 2018 全球竞争力报告，美国是最接近前沿的经济体，其在指数的每一项指标上都获得了较高的分数，它的竞争力得分为 85.6 分，排名第一；中国的竞争力排第 28 位，得分为 72.6 分。这些评估结果在一定程度上反映了中国在硬实力领域（如基础国力、科学技术实力、国防实力、教育实力、经济实力、信息实力）和软实力领域（如外交实力、行政管理能力、文化实力、政治实力等）的表现。

当代中国进入了全面建设小康社会的关键时期和深化改革开放、加快

---

① 蔡拓：《全球化观念与中国对外战略的转型——改革开放 30 年的外交哲学审视》，《世界经济与政治》2008 年第 11 期。

② 王科：《中国的综合国力与国际政治定位——兼论邓小平"有所作为"思想》，《中共四川省委党校学报》2011 年第 2 期。

转变经济发展方式的攻坚时期，中国经济面临的转型压力、调控压力、人民币升值压力等仍然是摆在面前的严峻问题。医疗、养老等社会保障制度还不完善，文化等软实力还不够强大，社会发展进程中凸显的问题还很多，这些问题能否得到合理解决将会影响到中国未来发展态势和综合国力的变化。

二 中国参与国际治理体系变革

冷战结束后，美苏争霸的局面告终，美国一超地位确立，国际政治格局呈现出西方国家主导的一超多强的态势。布雷顿森林体系虽然瓦解，但是以世界银行、国际货币基金组织和世界贸易组织为支柱的后布雷顿森林体系在美国主导下继续发挥作用。同时，随着全球化的深入和多边合作的发展，部分发展中国家的经济得到了长足发展，以中国为代表的新兴经济体成为世界经济发展的"火车头"，并在世界政治、经济中发挥着越来越重要的作用。世界多极化的态势日趋明显。由西方主导的国际治理体系越来越不能适应时代的发展和新兴经济体的需求，改革迫在眉睫。

多极化是国际治理体系变化的外部因素。苏联解体，两极格局终结，但是美国的单极梦想并没有实现，世界朝着多极化的方向发展，正在形成多个力量中心。从主权国家来看，美国仍然具有一超地位，作为世界第一大经济体，加上军事、科技等方面的领先地位，美国的经济具有很强的适应能力和自我调整能力。美国劳工统计局公布的数据显示，2008 年次贷危机导致就业率断崖式下跌，2010 年至今就业率不断上升，截至 2019 年 3 月就业率达到 60.6%（见图 6 - 1）。同时，美国依靠北约、美日韩军事同盟、美澳联合、美菲联合等多边或双边形式，继续在全球和地区安全事务中起主导作用，它的综合国力仍然是其他国家所不能比拟的。

中国目前已超过日本成为世界第二大经济体，双边、多边贸易遍及全球，在国际事务中发挥了越来越重要的作用。此外，俄罗斯、印度、巴西作为新兴经济体，也取得了不错的发展成绩，为发展中大国整体实力的提升创造了条件。从地区组织来看，美国主导下的北美自由贸易区、法德轴心下的欧盟和东盟是当今世界最为重要的三个地区性组织，不但在地区而且在世界格局中都是重要的力量。多个力量中心的出现，推动世界朝着多

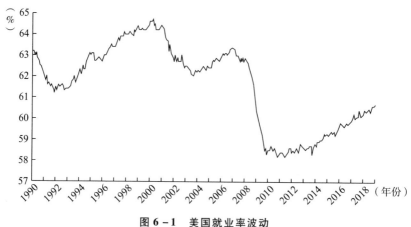

图 6 - 1　美国就业率波动

注：图中 2019 年数据截至当年 3 月。

资料来源：美国劳工统计局。

极化的方向发展，也给国际治理体系的变化创造了外部环境。

全球金融危机是国际治理体系变化的导火索。2008 年全球金融危机前，国际治理体系主要由以联合国为代表的国际政治治理体系和以国际货币基金组织、WTO、世界银行为代表的国际经济治理体系组成。无论是在国际政治治理体系还是在国际经济治理体系中，发展中国家的力量都很薄弱，南北矛盾此起彼伏。西方大国在国际治理中控制了制度、程序设计和议题选择，尤其是在国际经济治理方面，强化美国的否决权和控制力，利用国际游戏规则，推行强权政治，瓜分世界财富，加剧了国际政治经济秩序的失衡。21 世纪在美国次贷危机引发的全球金融危机中，美国利用美元霸权实行量化宽松货币政策，将危机转嫁给对美元依赖性强的国家和地区，对欧盟、日本等世界金融市场造成了极大的冲击。虚拟经济的崩溃又影响了实体经济的发展，多数国家的经济出现倒退。面对困境，大多数国家为刺激本国经济发展采用了大规模的扩张性财政政策，致使主权债务风险不断加大。美国在全球金融危机中的自利、损他行为，G7 及其执行机构国际货币基金组织在危机预警和干预中的乏力，暴露了西方大国主导下的现行国际治理体系的不公正和不合理。

新兴经济体的现实地位和作用是国际治理体系变化的内在推动力。近年来，中国、俄罗斯、印度、巴西等新兴经济体实现了本国经济的持续高速发展，在世界经济中的份额越来越大。自 1999 年到 2008 年，G20 中新兴国家的国际贸易占比不断扩大，占全球贸易的比重从 13% 增加至 21%。同时，国际储备占全球储备的比重也增长迅猛，从 1991 年的 14% 提高到 2008 年的 45%。新兴国家的经济腾飞使之在国际舞台上的话语权得到了空前的提升。学界普遍认为，G20 集团的成立迈出了开创性的一步，它第一次将新兴国家纳入了国际金融治理体系中。[①] 全球金融危机爆发后，中国、印度等新兴经济体依靠巨额的外汇储备和有效的政策调控措施抵抗住了危机的负面影响，并保持了经济的较快增长，显示出了发展活力。这与西方国家遭受的经济衰退以及传统国际金融治理机制的治理乏力形成鲜明的对比。为应对全球金融危机，加强金融监管合作，西方国家不得不接受中国等新兴经济体更广泛地参与国际治理，借助它们的发展活力带动全球经济复苏。同时，新兴经济体对在国际治理体系中提升话语权和影响力也有着强烈的愿望。

在上述因素的共同推动下，国际治理体系发生了一系列改变。在 2009 年的匹兹堡峰会上，G20 被正式制度化，国际金融治理机制完成了从"G7"向"G20"的巨大转变，G20 替代 G7 成为国际社会普遍接受和认可的、应对全球性金融危机最核心并有效的制度形式。国际货币基金组织于 2016 年 1 月宣布《董事会改革修正案》，这意味着中国正式成为国际货币基金组织第三大股东，中国所占份额从 2008 年的 3.996% 升至 2016 年的 6.394%，排名从第六位跃居第三位，仅次于美国和日本。[②] 中国的投票权也从 3.659% 上升至 6.07%，超越德国、法国、英国，位列美国和日本之后。[③]

---

① 崔志楠、邢悦：《从"G7 时代"到"G20 时代"——国际金融治理机制的变迁》，《世界经济与政治》2011 年第 1 期。

② 当一国加入国际货币基金组织时，它会被分配一个初始份额，该份额与经济规模和特征大致可比的现有成员国的份额相当。国际货币基金组织利用份额公式评估一个成员国的相对地位。在现行份额公式中，GDP 的权重为 50%、开放度的权重为 30%、经济波动性的权重为 15%、国际储备的权重为 5%。在这里的 GDP 中，基于市场汇率计算的 GDP 的权重为 60%，基于购买力平价计算的 GDP 的权重为 40%。公式还包括一个"压缩因子"，用来降低成员国计算份额的离散程度。

③ 每个成员国的投票权等于其基本投票权（所有成员国平均分配）加上其基于份额的投票权。因此，成员国的份额决定其投票权。

此次改革使新兴经济国家所占的份额总体上增加了6%，这是国际货币基金组织自成立以来对新兴经济体最大份额的转移方案，也是最重要的改革方案之一。同时，欧洲国家将向新兴经济体以股价出让两个国际货币基金组织执行董事席位，进一步提高了新兴经济体在执行董事会的地位。

作为新兴国家的中国在推动国际治理体系改革和维护全球金融稳定、促进经济发展中一直发挥着重要的作用。早在1997年亚洲金融危机爆发时，面对国际货币基金组织的救援迟缓、苛刻贷款条件和西方国家的隔岸观火，中国承诺了人民币不贬值，有效防止了危机的蔓延，恢复了东亚金融合作的信心。在中国的努力下，清迈协议签订，东亚国家开始了货币互换等区域金融合作，中国不仅帮助东亚国家摆脱了危机，而且倡导东盟"10+1""10+3"合作，通过自贸区的建设，加快区域经济发展。在全球金融危机后的G20第一次首脑峰会上，中国推出投入4万亿元人民币的政策，不仅帮助中国避免衰退，还继续引领新兴国家带动全球经济发展。此外，中国还展开了形式多样、积极主动的援助，包括实施债务减免与发放贷款，建设学校、道路、桥梁、医院、铁路、发电厂、通信设施以及其他重大基础设施，赢得了许多国家的赞誉。

中国经济的长期高速发展和综合国力的增长及其一贯以来的负责任大国形象使国际社会对中国的期望很高，不管发达国家还是发展中国家都期望中国在地区和全球事务中担负起更多的国际义务和责任。这也是中国创造和平环境所必须解决的问题。首先，中国应该坚持通过本国经济发展带动区域和全球经济发展，在加大出口的同时，也要加大进口，使双边、多边经贸关系更加融洽，实现共赢。在世界经济发展整体较为疲软的背景下，中国对全球经济发展将起到更为重要的作用。中国应努力加快经济转型的步伐，把拉动内需作为经济增长的动力，而不是依靠投资与出口，提高人民的生活水平，使全体人民都可以享受经济增长所带来的红利。

其次，中国应该坚持"大国是关键、周边是首要、发展中国家是基础、多边是舞台"的外交布局，妥善处理好与各方的关系。继续推进与西方大国的关系，构筑总体平稳、合作共赢的关系框架；不断深化睦邻友好关系，巩固和平稳定、共同发展的周边环境，在搁置争议、共同开发的基础上妥善处理领土纠纷问题；进一步改善与发展中国家的关系，夯实外交基础，争取更多的支持；积极参与多边合作，扎实推进经济外交。

最后，中国应该坚持维护区域和世界的和平与稳定，继续在反对单边主义、恐怖袭击、分裂行为、强权政治与霸权主义上发挥重大作用。继续通过联合国、上合组织、朝核六方会谈等多边平台，积极提倡合作、包容、和平、和解、共赢、共存的新理念，建设和谐世界，共同应对全球性的各种挑战，实现全球的稳定和共同繁荣。

三　中国仍属于发展中大国的属性

改革开放与和平发展提高了中国的综合国力，提升了中国在国际经济社会中的地位。中国不仅实现了自身的高速发展，也成功跻身为国际政治经济格局中的重要一员，支持和保护发展中国家的正当要求和利益，并且推动着国际治理体系的变革。但是中国仍然是个发展中大国，还不是强国，在很多领域仍然处于弱势地位，"虽强犹弱"的特征没有根本改变。

（一）国家整体富裕与人均贫困现象并存

2011 年，日本内阁发布的相关数据表明，2010 年日本名义 GDP 为 5.4742 万亿美元，比中国同期少 4000 亿美元左右，沦为全球第三大经济体。2018 年日本名义 GDP 为 4.972 万亿美元，中国同期名义 GDP 为 13.407 万亿美元。虽然中国毫无疑问地成为世界经济大国，但是中国拥有的人口数量世界第一，根据国际货币基金的统计，2017 年中国人均 GDP 只有日本的 1/4.5。按照国际标准，中等发达国家的人均 GDP 约为 5000 ~ 10000 美元。世界银行的统计显示，中国的中等收入群体规模为世界第一，2017 年，中国人均 GDP 为 8827 美元，略高于中等偏上收入地区的人均 GDP。[1] 这一数据显示中国可能在未来陷入中等收入陷阱[2]，如何跨越中等收入陷阱，进入

---

① 《中国人均 GDP 接近 1 万美元，这在全球处于怎样的水平？》，《华尔街见闻日报》2019 年 1 月 16 日，https://baijiahao.baidu.com/s? id = 1622791174663032924&wfr = spider&for = pcl。

② 中等收入陷阱是世界银行于 2007 年提出的概念。不少世界银行标准下的中等收入经济体长期停留在这一阶段，原有增长机制和发展模式矛盾显露，原有发展优势渐渐消失，迟迟不能进入高收入经济体行列。

高收入国家行列将是中国未来发展的重要议题。

（二）长期高速发展与可持续发展之间存在矛盾

改革开放以来，中国实现了 40 多年的经济高速增长，创造了"中国模式"的奇迹。

但这种经济增长方式是投资拉动的增长，是粗放式的增长，导致了资源利用的低效率、能源消耗的增长和对环境的破坏。中国的能源生产弹性系数①在 2000~2017 年经历了先上升后下降的过程，在 2000~2005 年的持续上升阶段，中国的经济增长模式是粗放式增长，在此阶段国民经济中耗能高的部门（如重工业）比重大，但科学技术水平还很低；2006~2017 年我国能源生产弹性系数整体趋于下降，这是因为随着科学技术的进步，能源利用效率提高。其中，在 2008 年前后能源生产弹性系数出现波动性上升，这是由于我国在 2008 年实行了应对金融危机的经济刺激计划，导致经济增长滞后于能源生产。

此外，中国的科技成果对国民经济增长的作用也较小。在中国企业的技术设备中，达到国际水平的仅占 3%。由于科学技术落后、建设上依赖外资、法制不健全、市场监管不完善等，经济的高速增长还滋生了许多经济、社会问题。叶自成指出，中国目前比较突出和需要解决的问题有 10个：失业和下岗问题；贪污腐败和法制问题；地区差距问题；贫富悬殊问题；人才教育与创新问题；经济发展速度问题；人口问题；能源问题；环境问题；社会风气问题。②

这些问题是影响中国未来可持续发展的绊脚石，中国要获得后续发展动力，势必要继续加强宏观调控，进行经济结构调整和经济转型，发展高科技产业，进行知识创新，通过创新能力提升和产业结构转型减弱对能源的刚性依赖，节能减排，防治通胀。

（三）政治大国身份与区域安全环境不相匹配

中国是联合国安理会五个常任理事国之一，也是核大国之一，是国际

---

① 能源生产弹性系数是研究能源生产增长速度与国民经济增长速度之间关系的指标。计算公式：能源生产弹性系数 = 能源生产总量年均增长速度/国民经济年均增长速度。

② 叶自成：《中国大战略》，中国社会科学出版社，2003，第 361 页。

政治格局中的重要力量，政治大国身份不容置疑。理论上说，拥有世界政治大国身份的中国不仅应该在亚洲地区确保自身的绝对安全，还能对区域安全事务起到主导性的作用。然而，目前中国尚未实现这个目标，而且中国的地缘政治环境复杂多变。

从地缘环境来看，中国在陆地上与 14 个国家[①]为邻，隔海相望的有 5 个国家[②]，除了这 19 个国家外，泰国、柬埔寨、孟加拉国、新加坡也可被列入中国周边国家。综观这些周边国家，从人口数量来看，有 6 个国家居世界前 10 位；从军事力量来看，有 8 个国家居世界前 25 位。除美国、欧盟外，全球主要的战略力量均位于中国周边。[③]

不同于美国在北美、俄罗斯在东欧、德国在西欧拥有十分稳定的安全环境，历史上中国与邻国之间的纷争和领土遗留问题至今仍然是影响中国在亚洲地区安全环境的不稳定因素。例如：祖国统一大业没有完成，台湾地区与美国的军事往来继续存在；中印边境自卫反击战后中印边界东段仍以"麦克马洪线"为实际控制线；越南、菲律宾、印度尼西亚、马来西亚和文莱都实际占领了南沙群岛的部分岛礁；在钓鱼岛问题上，日本从没放弃过争夺；等等。

（四）在国际治理体系中占有重要地位，但作用的发挥受到牵制

中国是重要的新兴国家，与其他金砖国家一起带动了地区经济的快速发展，也成为拉动全球经济的"火车头"。目前中国与世界各国进行了广泛的交往，参与了多个地区和全球的多边机制，并承担了反恐与维和的责任，积极推动国际治理体系的变革。

中国在国际治理体系中的地位备受瞩目，但是在国际治理中的作用发挥仍然受到欧美大国的牵制。美国尽管相对实力在下降，但仍然是世界头号强国。同时，G20 虽然做了一些重要调整，但它的运行规则和选成员标

---

① 朝鲜、蒙古国、俄罗斯、哈萨克斯坦、吉尔吉斯斯坦、塔吉克斯坦、阿富汗、巴基斯坦、印度、不丹、尼泊尔、缅甸、越南、老挝。
② 日本、菲律宾、文莱、马来西亚、印度尼西亚。
③ 卢兵彦：《和平崛起：中国迈向世界大国的地缘战略》，人民出版社，2011，第 131～132 页。

准仍然被 G7 主导。G7 无论是在国际货币与金融委员会、世界银行和国际货币基金组织的执行董事会，还是在国际清算银行和金融稳定论坛中，都占据着绝对的主导地位。欧美大国仍然可以利用这些优势在 G20 中选择有利于自己的议题并延续 G7 的制度环境，牵制中国等新兴国家发挥作用。

此外，G20 是一个在组织结构、成员规模和治理目标等方面都还处于发展阶段的国际机制，组织较灵活，没有常设的秘书机构，对不遵守协议的国家也没有制定惩罚措施，执行效率较低。因此，中国在推动国际治理体系根本性变革中还有相当长的路要走。

第二节　中国供给国际公共产品的路径选择

一　中国参与供给国际公共产品

如同所有历久弥坚的关系一样，中国与世界银行的合作关系与时俱进，不断发展。中国与世界银行的合作开始于 1980 年改革开放之初，中国初期是作为世界银行面向最贫困国家的国际开发协会（IDA）的受援国。中国在 1980 年正式成为国际开发协会的成员国，在其中的投票权占比为 2.22%。此后的 19 年间，IDA 总计为中国提供了约 102 亿美元的软贷款。随着中国经济的不断增长，在 2007 年，中国正式成为 IDA 的捐款国，向其捐款了 3000 万美元。在 2010 年世界银行增资完成后，中国成为世界银行第三大股东国，当时正值中国与世界银行合作 30 周年。此后，中国不断加大对 IDA 的捐款。2013 年 12 月，我国承诺向 IDA 第 17 次增资捐款 3 亿美元，其中 1.21 亿美元为直接捐款，1.79 亿美元用于优惠贷款贴息。2016 年 12 月，我国向 IDA 第 18 次增资捐款 6 亿美元。

在合作初期，世界银行为中国引进全球知识理念——如何评估和实施重点项目，如何鼓励创新和引进新技术，如何为搞好经济管理而建立制度和开发政策工具。之后，随着中国的不断发展，世界银行与中国之间的关系逐渐转变为相互帮助关系。

中国为世界减贫事业发挥了积极的建设性作用，也为联合国的千年发展目标做出了重大贡献。由于转向更加平衡和更可持续的增长方式，中国的经济增速自 2012 年以来逐渐放缓，但按照目前的全球标准衡量仍是比较高的。

这些成就不仅有益于中国，而且广泛惠及东亚地区乃至全世界。现在世界银行在各个领域借鉴中国的经验，用于帮助其他发展中国家加快发展和战胜贫困。中国目前是世界第二大经济体，如果按照购买力平价衡量则是最大的经济体。自 2008 年全球金融危机爆发以来，中国对于世界经济的增长起着十分重要的作用。图 6 - 2 是 2015 ~ 2019 年中国对世界银行的承诺捐赠额。一方面，世界银行持续地在绿色增长、经济结构调整、对外开放等方面对中国提供援助；另一方面，中国也将尽到自己作为大国的责任，树立人类命运共同体意识，向世界提供国际公共产品。

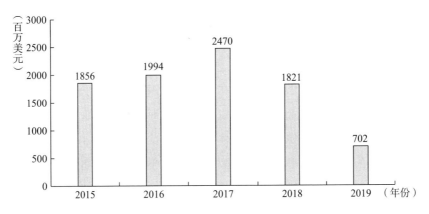

图 6 - 2　2015 ~ 2019 年中国对世界银行的承诺捐赠额

资料来源：世界银行官网。

二　中国主导供给区域性金融公共产品案例 1：新开发银行

全球性金融机构在减少贫困、创新货币、稳定汇率等国际公共事业中起到了重要的引领作用，但发达国家与发展中国家在世界银行、国际货币基金组织等大集团性质的金融机构中的力量是不均衡的。面对这种困境，中国参与建立新开发银行并成为其中的重要成员，促进国际公共产品的供给。

金融危机以来，美国利率变动使得全球金融体系受到了冲击，从而对一些新兴经济体产生了严重的影响，特别是对于印度、巴西等国家。为了减轻各国受到的金融影响，降低通货膨胀风险，新开发银行应运而生。成立该银行的提议是在 2012 年提出的，目的是织就一张共同的金融安全网，避免金砖国家在金融危机中受到货币不稳定的影响，成员国可以借助这个资金池兑换一部分外汇来应急。2015 年 7 月 21 日，新开发银行正式成立。

新开发银行应为金砖国家及其他新兴经济体和发展中国家的基础设施建设和可持续发展项目动员资源，作为现有区域金融机构的补充，促进全球发展。为履行其宗旨，新开发银行应通过贷款、担保、股权投资和其他金融工具为公共或私人项目提供支持。新开发银行还应与国际组织和其他金融实体开展合作，并为银行支持的项目提供技术援助。

集体行动困境是国际公共产品供给中普遍存在的现象。国际公共产品具有非竞争性和非排他性的特点，因此，行为个体都倾向于"搭便车"，导致公共产品经常面临供给困境。在集体行动困境的动机分析中，人们常常可以发现每个成员都希望自身的成本最小化而收益最大化，结果集体的收益却无法达到最优。如何克服集体行动困境？大集团与小集团在供给国际公共产品的行动上，哪一方更有效率？在小集团内部，各成员供给国际公共产品的意愿和行为是否存在差异？本部分基于集体行动视角，以新开发银行为例，借鉴奥尔森的倒数规则①与成本－收益分析法来讨论大、小集团的获益程度，并引入演化博弈工具，进一步分析小集团的有效性，运用脆弱性博弈探讨小集团内部成员供给国际公共产品的差异程度，以此来寻找中国供给国际公共产品的最佳切入路径。②

---

① 奥尔森认为倒数规则是集体收益与某成员所付出成本的比例大于成员所获收益与集体总收益的比例的倒数时，集团中的成员便同意为集体物品供给承担成本，即 $\frac{V_i}{C} > \frac{1}{F_i}$，其中 V_i 表示个人获益程度，C 表示个人付出的成本，F_i 表示个人占集体收益的份额。

② 此内容来自已发表的阶段性研究成果。杨伊、苏凯荣：《国际公共品供给的集体行动博弈路径——对金砖国家开发银行的思考》，《江西社会科学》2015 年第 10 期。

（一）无约束条件下大、小集团供给国际公共产品的演化博弈模型构建

1. 小集团的界定

小集团的成员数量较少；具备相容性，即成员之间具有强烈的身份认同感；小集团内部各成员在集体供给中的获益程度比大集团高。

新开发银行的成员数量不多，且同属于发展中国家，经济联系紧密，有着相似的利益诉求，身份认同感较强，且金砖国家在世界银行和国际货币基金组织等全球性金融机构中的获益程度低于其在自己主导的新开发银行中的获益程度，故把新开发银行界定为小集团区域性金融机构。

2. 基本假设

（1）每个参与国家都是有限理性的，每个国家都会通过不断学习、记忆、模仿来调整自己的策略，这是一个动态调整过程。

（2）采用对称博弈，暂不考虑金砖国家间制度、政治、经济等方面的差异，也不考虑全球性金融机构和新开发银行制度设计等方面的差异。

（3）每个参与国家都有两种策略选择：参加全球性金融机构；参加新开发银行。不考虑同时参加两种机构的情形。

（4）各变量定义如下。V_S：在小集团情形下，单个国家在集体供给中的获益程度。V_L：在大集团情形下，单个国家在集体供给中的获益程度。S：集团的规模，即集团的成员数量。T：获得集团公共产品的水平或比率（增加额外的集团公共产品，成本会按不同比例上升），T_L、T_S分别表示大、小集团的情形。F_S：在小集团情形下，单个国家收益占集团收益的份额，$F_S = \dfrac{V_S}{S \times T_S}$。$F_L$：在大集团情形下，单个国家收益占集团收益的份额，$F_L = \dfrac{V_L}{S \times T_L}$。$C$：提供公共产品的资金成本和谈判成本，$C_L$、$C_S$分别代表大、小集团情形下的资金成本和谈判成本。$\mu$：成本系数，$\mu_1$、$\mu_2$分别表示在大、小集团情况下的成本系数，其中，$\mu_1 < \mu_2$。$\lambda$：一个国家参加新开发银行比其参加全球性金融机构的获益程度增加的比例，其中，$\lambda > 1$。

3. 无约束条件演化博弈模型构建

金砖国家参与大、小集团获益的博弈支付矩阵如表6-1所示。由于不

考虑单个国家同时参加大、小集团的情况，所以设一个国家采取参加大集团策略的概率为 x，反之，采取参加小集团策略的概率为 $(1-x)$，参加大集团策略的期望收益为：

$$U_1 = x \times \left(\frac{V_L}{S \times T_L} - C_L \right) + (1-x) \times \left(\frac{V_L}{S \times T_L} - \mu_1 C_L \right) \qquad (6-1)$$

表 6 – 1   金砖国家参与大、小集团获益的博弈支付矩阵

	参加全球性金融机构（大集团）：x	参加新开发银行（小集团）：$1-x$
参加全球性金融机构（大集团）：x	$\frac{V_L}{S \times T_L} - C_L,\ \frac{V_L}{S \times T_L} - C_L$	$\frac{V_L}{S \times T_L} - \mu_1 C_L,\ \frac{\lambda V_S}{S \times T_S} - \mu_2 C_S$
参加新开发银行（小集团）：$1-x$	$\frac{\lambda V_S}{S \times T_S} - \mu_2 C_S,\ \frac{V_L}{S \times T_L} - \mu_1 C_L$	$\frac{V_S}{S \times T_S} - C_S,\ \frac{V_S}{S \times T_S} - C_S$

采取小集团策略时的期望收益为：

$$U_2 = x \times \left(\frac{\lambda V_S}{S \times T_S} - \mu_2 C_S \right) + (1-x) \times \left(\frac{V_S}{S \times T_S} - C_S \right) \qquad (6-2)$$

金砖国家的平均收益为：

$$\overline{U} = x \times U_1 + (1-x) \times U_2 \qquad (6-3)$$

根据式（6-1）、式（6-2）、式（6-3），得出金砖国家的复制动态方程[①]：

$$\frac{\mathrm{d}x}{\mathrm{d}t} = (1-x)(U_2 - \overline{U}) = x(1-x)(U_2 - U_1)$$

---

① 威布尔认为群体间的行为演化博弈动态微分方程为 $\frac{\mathrm{d}x}{\mathrm{d}t} = x \times (U_1 - \overline{U}) - x \times |U_1 - [x \times U_1 +$ $(1-x) \times U_2]| = x \times (1-x) \times (U_1 - U_2)$，其中 x $(0<x<1)$ 表示采取策略 1 的概率，采用策略 2 的概率为 $(1-x)$；U_1、U_2 分别表示采取策略 1、策略 2 的期望收益；$\overline{U}$ 表示一个群体的平均期望收益。当一策略满足条件 $F'(x) = \frac{\mathrm{d}x}{\mathrm{d}t} < 0$ 时，则该策略为演化稳定策略。参见〔瑞典〕乔根·威布尔《演化博弈论》，王永钦译，格致出版社、上海三联书店、上海人民出版社，2006。

$$= x(1-x)\left\{(1-x)\left[\frac{V_S}{S \times T_S} - C_S - \left(\frac{V_L}{S \times T_L} - \mu_1 C_L\right)\right] + x\left[\frac{\lambda V_S}{S \times T_S} - \mu_2 C_S - \left(\frac{V_L}{S \times T_L} - C_L\right)\right]\right\}$$

$$(6-4)$$

该复制动态方程表示金砖国家之间选择策略的调整过程，双方在调整过程中不断模仿、学习以达到稳定状态。设 x^* 为稳定点，则该复制动态方程有三个稳定状态，分别是：$x_1^* = 1$；$x_2^* = 1$；

$$x_3^* = \frac{\left[\left(\frac{V_S}{S \times T_S}\right) - C_S\right] - \left[\left(\frac{V_L}{S \times T_L}\right) - \mu_1 C_L\right]}{\left[\left(\frac{V_S}{S \times T_S}\right) - C_S\right] - \left[\left(\frac{V_L}{S \times T_L}\right) - \mu_1 C_L\right] + \left[\left(\frac{V_L}{S \times T_L}\right) - C_L\right] - \left[\left(\frac{\lambda V_S}{S \times T_S}\right) - \mu_2 C_S\right]}$$

$$(6-5)$$

根据微分方程的稳定性和演化稳定性 $F'(x^*) < 0$，x_3^* 为演化稳定策略，即满足这两个条件：

$$\left[\left(\frac{V_L}{S \times T_L}\right) - C_L\right] - \left[\left(\frac{\lambda V_S}{S \times T_S}\right) - \mu_2 C_S\right] < 0 \qquad (6-6)$$

$$\left[\left(\frac{V_L}{S \times T_L}\right) - \mu_1 C_L\right] - \left[\left(\frac{V_S}{S \times T_S}\right) - C_S\right] > 0 \qquad (6-7)$$

国家参加大集团性质的全球性金融机构还是小集团性质的新开发银行取决于它们在集团中的获益程度，若加入新开发银行的获益程度比加入全球性金融机构更高，则有限理性的国家会选择加入新开发银行。

在演化稳定策略下，有

$$\frac{\left[\left(\frac{V_L}{S \times T_L}\right) - \mu_1 C_L\right] - \left[\left(\frac{V_S}{S \times T_S}\right) - C_S\right]}{\left[\left(\frac{V_L}{S \times T_L}\right) - \mu_1 C_L\right] - \left[\left(\frac{V_S}{S \times T_S}\right) - C_S\right] + \left[\left(\frac{\lambda V_S}{S \times T_S}\right) - \mu_2 C_S\right] - \left[\left(\frac{V_L}{S \times T_L}\right) - C_L\right]}$$

比例的国家加入大集团性质的全球性金融机构，有

$$\frac{\left[\left(\frac{\lambda V_S}{S \times T_S}\right) - \mu_2 C_S\right] - \left[\left(\frac{V_L}{S \times T_L}\right) - C_L\right]}{\left[\left(\frac{V_L}{S \times T_L}\right) - \mu_1 C_L\right] - \left[\left(\frac{V_S}{S \times T_S}\right) - C_S\right] + \left[\left(\frac{\lambda V_S}{S \times T_S}\right) - \mu_2 C_S\right] - \left[\left(\frac{V_S}{S \times T_S}\right) - C_S\right]}$$

比例的国家加入小集团性质的新开发银行。

$$\left[\left(\frac{V_L}{S \times T_L}\right) - \mu_1 C_L\right] - \left[\left(\frac{V_S}{S \times T_S}\right) - C_S\right]$$ 越大，则有限理性国家加入全球性

金融机构的可能性越大；同样，$\left[\left(\frac{\lambda V_S}{S \times T_S}\right) - \mu_2 C_S\right] - \left[\left(\frac{V_L}{S \times T_L}\right) - C_L\right]$ 越大，

则有限理性的国家加入新开发银行的可能性越大。如果按我们假设的，加入
小集团的获益程度比加入大集团更高，从政策的产生到实施，小集团所需成
本总和低于大集团，那么很显然 $\left[\left(\frac{V_L}{S \times T_L}\right) - \mu_1 C_L\right] - \left[\left(\frac{V_S}{S \times T_S}\right) - C_S\right] < 0$，

有限理性国家通过不断学习、模仿都会放弃大集团性质的全球性金融机构
而选择小集团性质的新开发银行来获取更多收益。

显然，中国选择成立或参与小集团性质的金融机构提供国际公共产
品更符合国家利益，对外可抵御以美国金融政策为主导的金融货币体系
动荡的冲击，对内可减缓经济波动，促进宏观经济的平稳良性发展。另
外，金砖国家都是新兴市场国家，紧密的经贸合作关系、共同的利益诉
求使其更倾向于积极协作、一致行动，建立公平、平衡的国际政治经济
新秩序。

但毕竟是不同的个体，小集团内部的成员在公共产品供给上仍存在激
励差异。金砖国家之间并不存在一家独大的局面，那么其在新开发银行内
部是否存在利益博弈呢？

（二）金砖国家之间的利益博弈

1. 利益博弈的影响因素

马兰起指出，在没有霸权国的国际体系中，国际公共产品的供给必须
经历脆弱性博弈的过程。[①] 他进一步认为，脆弱性是指行为体在创建制度
前由于重要事项缺失所付出的代价。在金砖国家实力相当的情况下，可预
期新开发银行的运营将在长期处于脆弱性博弈状态，而在金砖国家的内部
博弈中，中国又该采取什么策略呢？

根据约翰·史密斯提出的消耗支付矩阵（见表 6 - 2）可以得出结论，

---

① 马兰起：《脆弱性博弈与东亚经济合作制度建设》，《世界经济与政治》2009 年第 8 期。

获胜者并不需要付出准备的所有成本，因为整个博弈时间是由失败者决定的。[1] 也就是说，当新开发银行实施一项政策涉及谈判妥协的时候，就要比较金砖国家间谁愿意付出更大的代价，获胜国获得的最终收益是所得回报减去失败国付出的成本。

表 6-2　消耗支付矩阵

$m_A > m_B$	A	B
$m_A > m_B$	$V - m_B$	$- m_B$
$m_A = m_B$	$(V/2) - m_B$	$(V/2) - m_B$
$m_A < m_B$	$- m_A$	$- m_A$

注：V 表示竞争中获胜者所获得收益增加值，m_A、m_B 分别表示 A、B 两个行为体所愿意承担的成本。

假设 A、B 为金砖国家中的两个国家，Q 表示国家所付出的成本，$P(Q)$ 表示存在 ESS（稳定策略）时其对应的概率密度函数。根据上述支付矩阵和 Bishop-Canning 定理[2]得：

$$E(m,I) = \int_0^m (V - Q)P(Q)\,\mathrm{d}Q - \int_m^\infty mp(Q)\,\mathrm{d}Q \qquad (6-8)$$

因为 $E(m,I)$ 是一个常数，即其一阶导为 0，在满足 $\int_m^\infty p(Q)\,\mathrm{d}Q = 1$ 时，得出成本选择的稳定分布 $p(Q) = \dfrac{1}{V}e^{-\frac{Q}{V}}$，我们可以假设成本 Q 与时间 x 正相关，假设成本与时间是线性且平方比例的关系，如 $Q = kx^2$，得出时间稳定分布 $p(x) = \dfrac{2kx}{V}e^{-\frac{kx^2}{V}}$。时间持续越长，成本增加可能性越大，所获得收益增加值越少，脆弱性就越小。

在这场博弈中，获胜者并不需要付出准备的所有成本，因为整个博弈

---

① 〔英〕约翰·史密斯（John Smith）：《演化与博弈论》，潘春阳译，复旦大学出版社，2008，第 174 页。

② 约翰·史密斯认为如果策略集是连续的，并且作为混合 ESS 的策略 I 由概率密度函数 $p(x)$ 给出，那么该定理认为对于任一满足 $p(m) \neq 0$ 的策略 m，$E(m,I)$ 是一个常数。

时间是由失败者决定的。也就是说，若新开发银行将实施一项政策，在涉及谈判的时候，要比较金砖国家中谁愿意付出更大的代价，获胜国取得的最终收益是所得回报减去失败国付出的成本。

现实中影响成本的不仅仅是时间因素，还有经济实力、政治稳定性、军事力量、民意倾向等内在变量，以及国际舆论、国际形势等外在变量。而这些变量都难以量化，如能拿捏得当，确实是提高一国对外谈判能力的重要筹码。

2. 中国通过新开发银行供给国际公共产品的博弈策略

目前中国已成为世界第二大经济体，如何在国际舞台上展现一个新兴大国的形象，关系到中国自身发展，也关系到国际社会共同的利益。中国推动设立新开发银行，力所能及地提供国际公共产品，主动承担国际责任，显示出中国智慧和大国气魄。

中国的综合国力尤其是经济实力较其他金砖国家处于优势地位，也是金砖国家中唯一一个经济与政治利益辐射全球的国家。中国现阶段参与运营新开发银行的最大挑战在于如何融合金砖国家各有侧重的利益诉求，借助这一战略平台获取宝贵的全球经济金融治理经验，使之成为中国推动国际治理体系改革的着力点。在新开发银行运营方面，建议如下。

（1）总部地址的选择

国际多边金融治理机构的总部选址应遵循国际惯例，要有利于拓展该机构的治理半径，有利于强化各成员的共同利益，加强缓冲带建设，同时还要有一定的抗干扰能力、一定的吸引同质成员加入的扩容能力和较强的自我存续能力等。新开发银行的总部选址在一定程度上存在利益争夺，应注重平衡各方利益。

（2）投票权

国际金融治理机构的投票权一般取决于出资额度，出资额度大的国家相应地拥有更大比例的投票权，世界银行、国际货币基金组织等大集团性质的金融机构都是这样分配投票权的。但这种模式易造成某一经济超强国家或某些发达国家集团掌控机构的运行规则与议题的设定，使得发展中家的利益长期被"选择性忽视"。因此，由新兴发展中国家组建的新开发银行必须创建一种全新的投票机制以保证各国共享金融治理红利。新开发银行核定资本为 1000 亿美元，初始认缴资本为 500 亿美元并在金砖国家之间平均分摊，均等出资额度保证了金砖国家拥有对新开发银行相同比例的投票权。中国虽然在金砖国家中外汇储备保有量最多，综合实力最强，但不宜谋求最大的话语权。为了打消其他金砖国家的顾虑，巩固成员之间的共同利益基础，中国不妨让步适当的投票权，为各国之间建立深层次的信任关系而努力，推动新开发银行取得实质性发展。

（3）官方币种的选择

金砖国家都希望本国货币成为新开发银行的官方币种，因为这意味着夯实了本国币种的国际化道路基础，而且有可能促使本国货币成为国际储备货币。在长期，中国可通过新开发银行这一战略平台拓展人民币跨境使用范围，使人民币的国际化实现一个飞跃。但在现阶段，中国对自身应抱有足够信心，暂时不必在币种选择上与其他四国产生分歧，新开发银行的定位并不是向其他多边银行发起挑战和竞争，而是对目前现有国际金融治理多边机构的有益补充，因此可以考虑暂且先使用美元和欧元作为主要币种。

（4）银行运营模式

现有的国际多边开发性银行的运营模式都是借助低息债权、股权投资或夹层投资方式解决成员国的融资问题，分享其增长红利，并利用回流的出资本息实现自身的可持续发展。金砖国家中中国与俄罗斯作为资金供给方更关注资金利用的安全与收益性，印度、巴西和南非作为资金需求方则更渴求从新开发银行获得足额的低息贷款，因此对于运营模式的确立，各方存在分歧。笔者认为，为了实现新开发银行的可持续发展，应借鉴现有国际多边开发银行的模式，即中俄一方面应尽量满足印度、巴西和南非的资金需求，另一方面仍应以追求资金使用的安全与收益性为准则。对投资项目的选择，除了重点考虑金砖国家内部的项目，还应适当满足其他新兴市场大国和中小发展中国家的需要，甚至在某些特殊条件下可考虑发达国家的某些开发性项目。

公共产品的供给离不开集体的合作，国际公共产品尤其如此。国际公共产品与国内公共产品相比，在供给主体、供给决策、供给影响因素、供给资金来源等方面都更具有复杂性，国际合作程度的高低往往成为国际公共产品能否顺畅、充足供给的关键因素。经过分析认为，区域性小集团联盟由于成员数量有限，谈判成本更低廉，且各成员的收益能从集体一致供给公共产品的行动中得到保障，因此合作易于达成，应是未来供给国际公共产品的主要力量。金砖国家就是区域性小集团联盟的代表，其正在以一种创新方式实现南南合作的新范式。

三 中国主导供给区域性金融公共产品案例2：作为"一带一路"金融支点的亚洲基础设施投资银行

从2013年"一带一路"倡议提出至今，"一带一路"国家金融合作机制逐步完善。从区域公共产品的视角分析"一带一路"国家金融合作机制，其本质是一种由多国共同参与的跨国集体行动，需要"一带一路"各国之间互相协调、组织和管理。"一带一路"国家金融合作机制建设是中国在全球治理中制定国际规则、贡献中国力量的切入点，也是"一带一路"建设的必要条件。经过各个国家的努力，"一带一路"国家金融合作机制如今已经取得较大发展。

（一）"一带一路"国家金融市场建设

一个稳定的区域金融市场是构建"一带一路"国家金融合作机制的重要前提。中国人民银行分别在1990年及1997年参加了东亚及太平洋中央银行行长会议组织（EMEAP）和东盟与中日韩（"10＋3"）金融合作机制启动会议，为中国与有关国家的金融合作奠定了基础，增加了各国的沟通交流机会，推动了构建金融合作机制的进程。一方面，中国在EMEAP中发挥了积极作用。为了共同抵御金融危机，在1995～1997年期间EMEAP所有成员签署了双边美元国债回购协议，自此"一带一路"区域金融市场初步建立。2007年，为了监控全球及地区金融风险，中国推动国际货币与金融委员会（IMFC）构建了区域危机管理框架，"一带一路"区域金融市场逐步成型。另一方面，在"10＋3"机制中，中国也承担了应有的责任。2000年，中国与东盟10个成员国及中日韩3国签署了《清迈倡议》，实现双边货币互换。2010 年,《清迈倡议》升级为多边货币互换协议。两年后,资金规模达到 2400 亿美元,为原来的两倍。通过这一系列举措,"一带一路"区域金融市场得到逐步完善。除此之外,2008 ~ 2018 年,中国人民银行与韩国、中国香港、马来西亚、白俄罗斯、印度尼西亚等国家及地区签订了本币互换协议(见图 6 - 3)。

(二)"一带一路"国家金融机构的设立与项目融资

国际金融机构在"一带一路"金融合作中承担着大部分职能,双边或多边国际金融机构的设立,能够促进相应国家的沟通与交流,促进"一带一路"国家金融合作机制的完善。中国提出建立的上海合作组织开发银行和亚洲基础设施投资银行都属于区域性国际金融机构,在极大程度上拓展了中国与"一带一路"其他国家之间的经贸关系。以亚洲基础设施投资银行为例,截至 2019 年 4 月,亚洲基础设施投资银行共批准 38 个投资项目,批准贷款约 80 亿美元(见表 6 - 3),带动了 350 亿美元的投资。除了设立区域性国际组织之外,中国与"一带一路"其他国家之间还通过互设金融机构为项目合作提供了有力的金融支持。中国工商银行、中国农业银行、中国建设银行、中国银行等 19 家银行在俄罗斯、越南、新加坡等"一带一路"国家设立了分行、代表处等机构。同样,中国也接纳俄罗斯、泰国等 21 个国家的 55 家银行在中国国内设立了相关机构。

(三)"一带一路"国家金融合作机制设计

为了保障各个国际金融机构在区域金融市场中平稳、高效地运行以及各国金融合作工作的顺利开展,合理的制度设计必不可少。中国强调以开放包容的精神与"一带一路"国家开展合作,谋求共同发展。"一带一路"国家金融合作机制的框架主要由三个部分组成:首先是对接机制,即中国与"一带一路"国家之间在金融以及整体发展规划上的对接,还有与其他各种多边合作机制的对接;其次是金融领域合作机制的创新,即基础设施建设投资、商品贸易和货币合作等;最后是区域金融一体化机制的构建,即通过贸易自由化以及双边、多边投资协定的签署等方式推进区域金融一体化。

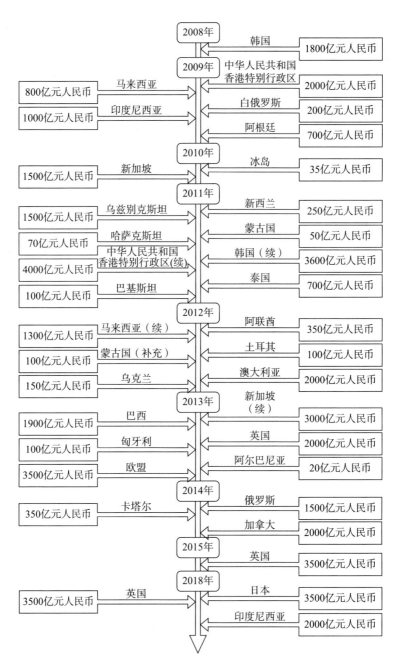

图6-3 2008~2018年中国人民银行与各个国家和地区签订的本币互换协议规模

资料来源：中国人民银行官网。

表 6 - 3　亚洲基础设施投资银行批准投资项目

区域 （国家）	批准日期	项目	行业	批准贷款 （亿美元）
阿曼	2016 年 12 月 8 日	Duqm 港口商业码头和运营区开发项目	运输	2.62
	2017 年 12 月 8 日	宽带基础设施项目	电信	2.39
阿塞拜疆	2016 年 12 月 21 日	Trans Anatolian 天然气管道项目（TANAP）	能源	6
埃及	2017 年 9 月 4 日	第二轮太阳能光伏上网电价计划	能源	2.1
	2018 年 9 月 28 日	可持续农村卫生服务计划	水源	3
巴基斯坦	2016 年 6 月 24 日	国家高速公路 M - 4 项目	运输	1
	2016 年 9 月 27 日	Tarbela 5 水电扩建项目	能源	3
菲律宾	2017 年 9 月 27 日	马尼拉大都会洪水管理项目	水源	2.076
格鲁吉亚	2017 年 6 月 15 日	巴统旁路项目	运输	1.14
老挝	2019 年 4 月 4 日	国道 13 改善和维护项目	运输	0.4
孟加拉国	2016 年 6 月 24 日	分销系统升级和扩建项目	能源	1.65
	2017 年 3 月 22 日	天然气基础设施和提高效率改造工程	能源	0.6
	2018 年 2 月 9 日	孟加拉 Bhola IPP 项目	能源	0.6
	2019 年 3 月 26 日	电力系统升级和扩建项目	能源	1.2
缅甸	2016 年 9 月 27 日	Myingyan 电厂项目	能源	0.2
斯里兰卡	2019 年 4 月 4 日	科伦坡城市再生项目	城市	2
	2019 年 4 月 4 日	降低山体滑坡脆弱性项目	其他	0.8
塔吉克斯坦	2016 年 6 月 24 日	杜尚别 - 乌兹别克斯坦边境道路改善项目	运输	0.275
	2017 年 6 月 15 日	Nurek 水电恢复项目第一阶段	能源	0.6
土耳其	2018 年 6 月 24 日	Tuz Golu 储气扩建项目	能源	6
	2018 年 9 月 28 日	TSKB 可持续能源和基础设施项目	金融	2
亚洲	2017 年 9 月 27 日	国际金融公司新兴亚洲基金项目	金融	1.5
	2018 年 12 月 18 日	亚洲 ESG 增强信用管理投资组合项目	金融	5
印度	2017 年 5 月 2 日	Andhra Pradesh 24 ×7 全民动力项目	能源	1.6
	2017 年 6 月 15 日	印度基础设施基金项目	金融	1.5
	2017 年 7 月 4 日	古吉拉特邦乡村道路（MMGSY）项目	运输	3.29
	2017 年 9 月 27 日	输电系统加强项目	能源	1
	2017 年 12 月 8 日	班加罗尔地铁项目 R6 线	运输	3.35
	2018 年 4 月 11 日	Madhya Pradesh 农村连通性项目	运输	1.4
	2018 年 6 月 24 日	国家投资和基础设施基金	金融	1

续表

区域 （国家）	批准日期	项目	行业	批准贷款 （亿美元）
印度	2018 年 9 月 28 日	安得拉邦农村道路项目	运输	4
	2018 年 12 月 7 日	安得拉邦城市供水和污水处理改善项目	水源	4.55
印度尼西亚	2016 年 6 月 24 日	全国贫民窟改造项目	城市	2.165
	2017 年 3 月 22 日	区域基础设施发展基金项目	多部门	1
	2017 年 3 月 22 日	大坝运营改进和安全项目第二阶段	多部门	1.25
	2018 年 6 月 24 日	战略灌溉现代化和紧急恢复项目	水源	2.5
	2018 年 12 月 7 日	Mandalika 城市和旅游基础设施项目	多部门	2.4839
中国	2017 年 12 月 8 日	北京空气质量改善和煤炭更换项目	能源	2.5

资料来源：亚洲基础设施投资银行官网。

近几年，中国积极地参与"一带一路"国家金融合作机制的设计。首先，在对接机制方面，目前大多数"一带一路"国家已经认同中国的发展理念与模式，中国与这些国家的对接工作顺利开展。其中，中国与中亚五国、南亚的巴基斯坦和印度以及西亚的阿联酋等国家的金融合作频繁，形成了良好的对接机制。其次，在金融领域合作机制的创新方面，跨境人民币业务的范围逐步扩大。在跨境贸易中，2018 年中国对"一带一路"沿线国家的出口额达 7047.3 亿美元，较 2017 年增长 10.9%；自"一带一路"沿线国家的进口额达 5630.7 亿美元，较 2017 年增长 23.9%；中国与"一带一路"沿线国家间的进出口总额高达 1.3 万亿美元，同比增长 16.3%，占中国外贸总额的 27.4%，总体呈上升趋势。在跨境投资中，2018 年中国对"一带一路"沿线国家非金融类直接投资达 156.4 亿美元，较 2017 年增长 8.9%；自"一带一路"沿线国家的直接投资达 60.8 亿美元，同比增长 11.9%。① 最后，在区域金融一体化机制的构建方面，在边境贸易本币结算及本币互换提升了贸易自由度，除了能够降低各国的交易成本，提供短期流动性支持，还有效地规避了美元汇率波动对于"一带一路"国家金融合作的影响，保障了金融合作的顺利进行。

---

① 数据来源于中国金融信息网。

总体上看，"一带一路"国家金融合作机制在双边对接机制、金融领域合作机制的创新方面取得了一定成效，但在多边合作的对接机制以及推进区域金融一体化建设方面尚处于探索阶段。

为了更贴合各国的实际制度环境，本部分在基于国家异质性的前提下，构建"一带一路"国家金融合作博弈模型，分析各个国家对区域公共产品的偏好程度以及收入水平对于集体行动的影响，进而分析其对"一带一路"国家金融合作机制的影响，以为"一带一路"国家共同克服集体行动困境提供解决方案。

1. "一带一路"国家金融合作博弈模型的基本假定

假定一：具有有限理性的 n 个国家政府作为主体决定是否组织或参与"一带一路"国家金融合作，由于"一带一路"国家金融合作机制的建立包括两个阶段，一是发起，二是实现，因此每个国家所面临的策略集合为（发起，参加）、（发起，不参加）、（不发起，参加）以及（不发起、不参加）。

假定二：每个国家的收入由 E_i 来表示，是外生变量，其中 $i \leq n$，$i = 1，2，3，\cdots，n$。假定国家 i 将其所有收入 E_i 仅用于"一带一路"国家金融合作中的区域公共产品投入 P_i 和私人产品消费 x_i，即 $E_i = P_i + x_i$。由于区域公共产品的投入 P 是各国共同供给加总，因此 $P = \sum_{i=1}^{n} P_i$。为简化分析，假定每个国家对区域公共产品的投入是相同的，即 $P_i = p$，即每个国家的参与供给决策为：要么供给为 p；要么供给为 0，即"搭便车"。

假定三：参与"一带一路"国家金融合作决策的 n 个国家中，若国家 i 选择参与集体行动，则能够获得公共产品供给所带来的效用，获得的收益为 R_i；若不参与集体行动，则没有供给成本，但通过"搭便车"的行为也可以获得一定的效用，该收益记为 R_i'。假定每个国家的效用函数为：$u_i = u_i(P，x_i) = x_i + a_iP + x_iP$。其中 a_i 表示的是国家 i 对区域公共产品的偏好程度，x_iP 表示对国家 i 而言，私人产品 x_i 与区域公共产品 P 并非简单的线性替代关系。

假定四：发起国组织"一带一路"国家金融合作是需要投入一定成本的，其中包括为了生产公共产品而产生的直接物质成本、各国之间的信息交流与沟通成本、针对相关议题组织会议进行协调与谈判的成本以及建立维护金融合作的管理机构的组织成本等。假定发起国家投入的组织成本为 c，并且组织成本低于该国对区域公共产品的投入，即 $c < p$。

2. "一带一路" 国家金融合作博弈模型构建

在国家为理性经济人的假设前提下，每个国家对于是否发起或参加 "一带一路" 国家金融合作的决策取决于对该行为导致的最终收益的比较结果，若 $R_i > R_i'$，则国家 i 会积极发起或参加 "一带一路" 国家金融合作，反之，则不会发起或参加。已知 "一带一路" 国家金融合作可以分为发起和实现两个阶段，对于国家 i 而言，若其选择发起 "一带一路" 国家金融合作，而其余各国中有 m （$0 \leqslant m < n$）个国家选择跟随，一起参加 "一带一路" 国家金融合作，则国家 i 的收益方程为：$R_i = u_i - c = x_i + a_i (m+1) p + x_i (m+1) p - c$。根据 $E_i = P_i + x_i$，上述收益方程可以改写为：

$$R_i = u_i - c = (E_i - P_i) + a_i (m+1) p + (E_i - P_i) (m+1) p - c \tag{6-9}$$

若国家 i 选择不发起，"一带一路" 国家金融合作无法实现，那么国家 i 的收益方程为：$R_i' = E_i$。

国家 i 将对收益 R_i 与 R_i' 进行比较后做出决策，当满足 $R_i > R_i'$，即满足式 （6-10） 时，国家 i 才会做出发起 "一带一路" 国家金融合作的决策，反之，则不会发起该行动。

$$a_i + E_i > \frac{c}{p(m+1)} + \frac{1}{m+1} + p \tag{6-10}$$

在现实情况中，作为理性经济人，国家 i 只有在假定其余国家均不跟随，即 $m = 0$，而其发起组织的收益也能满足 $R_i > R_i'$，即满足式 （6-11） 时，才会做出发起 "一带一路" 国家金融合作的决策，反之，则不会发起该行动。

$$a_i + E_i > \frac{c}{p} + 1 + p \tag{6-11}$$

对于国家 i 而言，已知除本国外有 m （$0 \leqslant m < n$）个国家参加（不包括发起国家），则国家 i 选择跟随参加的收益为：

$$R_i = u_i = (E_i - p) + a_i (m + 2) p + (E_i - p)(m + 2) p \tag{6-12}$$

国家 i 选择不跟随参加的收益为：

$$R_i^{'} = u_i^{'} = E_i + a_i (m + 1) p + E_i (m + 1) p \tag{6-13}$$

当 $R_i > R_i^{'}$ 时，国家 i 将会选择跟随参加，即满足以下方程：

$$a_i + E_i > mp + 2p + 1 \tag{6-14}$$

为了更贴近实际情况，进一步分析在国家异质性前提下，各国在"一带一路"国家金融合作上的博弈，本部分将各国的收入水平和对区域公共产品的偏好程度作为国家异质性的表征，并对其进行排序。为了简化分析，假设作为参与主体的 n 个国家的收入及其对区域公共产品的偏好都是依次递减的，即 $a_1 > a_2 > a_3 > \cdots > a_n$，$E_1 > E_2 > E_3 > \cdots > E_n$，易得：

$$a_1 + E_1 > a_2 + E_2 > a_3 + E_3 > \cdots > a_n + E_n \tag{6-15}$$

在不确定其余各国是否会跟随"一带一路"国家金融合作的集体行动时，$(a_i + E_i)$ 的值越大，该国的收入越多，对区域公共产品的偏好程度越高，越有可能发起"一带一路"国家金融合作的集体行动。根据式（6-15）可知，国家 1 最有可能担任发起国家的角色，国家 2 更有可能选择在国家 1 发起组织"一带一路"国家金融合作的集体行动后跟随。显然，每个国家都会根据其收入状况、对区域公共产品的偏好程度以及对其他国家的行为预期，做出是否发起或跟随的决策，从而形成不同的策略集合。

根据假定的各国收入状况及其对区域公共产品偏好程度的排序，"一带一路"国家金融合作机制的建立可以转化为一个动态的博弈过程（见图 6-4）。该动态博弈的决策顺序是：首先，由国家 1 决策发起或不发起"一带一路"国家金融合作；其次，在国家 1 做出决策之后，由国家 2 选择参加或不参加；再次，国家 3 在观察到国家 1 和国家 2 的决策之后，决定参加或不参加，以此类推；最后，国家 n 在得知其余国家的决策后，决定参加或不参加。

在"一带一路"国家金融合作的动态博弈模型中，可以用逆向归纳法对该博弈的精炼纳什均衡进行求解。在博弈的最后一个阶段，即 n 国进行

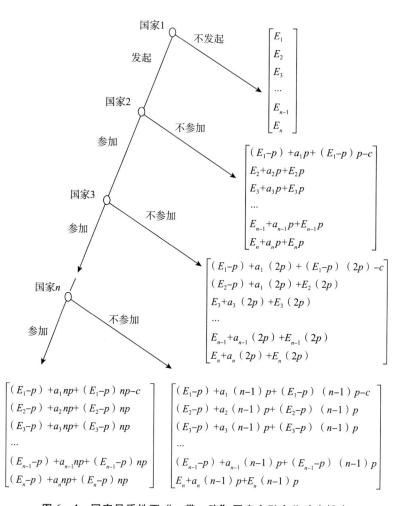

图6-4 国家异质性下"一带一路"国家金融合作动态博弈

决策阶段,当 $R_n > R_n^{'}$,即 $(E_n-p)+a_n np+(E_n-p)np > E_n+a_n(n-1)$ $p+E_n(n-1)p$,也就是 $a_n+E_n > np+1$ 时,国家 n 会选择参加"一带一路"国家金融合作。在倒数第二个阶段,国家 $(n-1)$ 知道如果自己不参加集体行动,那么国家 n 也不会参加,国家 $(n-1)$ 的收益 $R_{n-1}^{'}=E_{n-1}+a_{n-1}(n-2)p+E_{n-1}(n-2)p$,低于 $(E_{n-1}-p)+a_{n-1}np+(E_{n-1}-p)$ np 和 $(E_{n-1}-p)+a_{n-1}(n-1)p+(E_{n-1}-p)(n-1)p$。因此,当满足 $a_n+E_n > (n-1)p+1$ 时,国家 $(n-1)$ 就一定会选择参加集体行动,反之,则不参加。同理可知其余各国的选择,但在第一阶段,即国家 1 决策

时，其面临的情况与其他各国不同。显然，由式（6 – 15）可知，若国家 1 预测到有 m（$0 \leqslant m < n$）个国家会跟随其参加"一带一路"国家金融合作，即 $a_1 + E_1 > \dfrac{c}{p\,(m+1)} + \dfrac{1}{m+1} + p$，国家 1 就会发起"一带一路"国家金融合作机制构建的集体行动，区域公共产品的供给总量 $P = (m+1)\,p$。反之，若国家 1 预测到没有国家会跟随其参加"一带一路"国家金融合作，也就是说，当国家 1 发起供给之后，其余国家均选择"搭便车"，并且对于国家 1 而言，$R_1 < R_1'$，即 $a_1 + E_1 < \dfrac{c}{p} + 1 + p$，那么国家 1 肯定不会发起"一带一路"国家金融合作的集体行动。综上，该动态博弈存在（$n+1$）个子博弈完美均衡，如表 6 – 4 所示。

表 6 – 4　国家异质性下区域公共产品供给的动态博弈均衡

均衡	均衡条件		均衡结果
	国家 1	国家 2 至国家 n	
1	$a_1 + E_1 > \dfrac{c}{np} + \dfrac{1}{n} + p$	$a_2 + E_2 > \cdots > a_n + E_n > np + 1$	（发起，参加，…，参加）
2	$a_1 + E_1 > \dfrac{c}{(n-1)\,p} + \dfrac{1}{n-1} + p$	$a_2 + E_2 > \cdots > a_{n-1} + E_{n-1} > (n-1)\,p + 1$ 且 $a_n + E_n < a_{n-1} + E_{n-1} < np + 1$	（发起，参加，…，参加，不参加）
3	$a_1 + E_1 > \dfrac{c}{(n-2)\,p} + \dfrac{1}{n-2} + p$	$a_2 + E_2 > \cdots > a_{n-2} + E_{n-2} > (n-2)\,p + 1$ 且 $a_n + E_n < \cdots < a_{n-2} + E_{n-2} < (n-1)\,p + 1$	（发起，参加，…，参加，不参加，不参加）
…	…	…	…
$n-1$	$a_1 + E_1 > \dfrac{c}{2p} + \dfrac{1}{2} + p$	$a_2 + E_2 > 2p + 1$ 且 $a_n + E_n < \cdots < a_2 + E_2 < 3p + 1$	（发起，参加，不参加，…，不参加）
n	$a_1 + E_1 > \dfrac{c}{p} + 1 + p$	$a_n + E_n < \cdots < a_2 + E_2 < 2p + 1$	（发起，不参加，…，不参加）
$n+1$	$a_1 + E_1 < \dfrac{c}{p} + 1 + p$	$a_n + E_n < \cdots < a_2 + E_2 < \dfrac{c}{p} + 1 + p$	（不发起，不参加，…，不参加）

3. 模型结论

由上述国家异质性博弈模型的分析可以得到以下结论。

结论 1：国家异质性，即各国的收入水平及其对区域公共产品的偏好程度，与其是否发起或参加"一带一路"国家金融合作关系密切，并且国家异质性对于各国在集体行动的发起和实现两个阶段中充当发起国家还是跟随国家抑或是"搭便车"国家起到了决定性作用。同时，由于 n 个国家之间的异质性存在差异，因此区域公共产品的供给总量也会不同。在上述 n 个国家参与的动态博弈模型中，就存在（$n+1$）种不同的均衡结果。

结论 2：当一个国家的收入水平以及对区域公共产品的偏好程度相较于其他各国更高时，这个国家最有可能在"一带一路"国家金融合作的集体行动中成为发起国家。对于发起国家而言，其能够从数量相同的区域公共产品中获取到的效用相较于其他国家更高，因此，发起国家更有动力承担发起集体行动的成本。

在上述模型中，只要满足 $a_1 + E_1 > \dfrac{c}{p} + 1 + p$，那么无论其余各国是否选择跟随，国家 1 都会选择发起"一带一路"国家金融合作的集体行动。

但是，如果国家 1 能够预期到除自己以外会有 m 个国家跟随参加，那么其主动承担发起成本所要满足的条件就会降低。m 越大，国家 1 主动发起组织集体行动的条件越容易达到。因为在有其他国家跟随参加的情况下，尽管发起成本 c 不变，但因区域公共产品供给总量随参加国家数量的增加而增加，发起国家的收益也会随之增加。在上述模型中可以观察到，随着国家 2、国家 3，直到国家 n 的加入，国家 1 的发起条件逐渐下降为 $a_1 + E_1 > \dfrac{c}{np} + \dfrac{1}{n} + p$。

结论 3：在构建"一带一路"国家金融合作机制时，实力强大的国家的存在显得尤为重要。在现实的国际社会中，各国之间在参加"一带一路"国家金融合作的集体行动中不可避免地存在组织协调的问题，因此需要有大国发起组织集体行动，并且有能力主动承担组织成本。这是"一带一路"国家金融合作集体行动达成的最初一个阶段，也是前提。从理论上分析，人口规模大、国家收入水平高的大国最有可能成为发起国家。首先，如果一个国家对区域公共产品的偏好是该国民众偏好的加总，那么人口规模大的大国对区域公共产品的偏好程度就会更高；其次，区域公共产品的属性是正常品，一个国家对它的需求会随着国家收入的增加而增加，而大国的收入水平相对更高；最后，大国的综合国力相对来说更强，更有能力承担相应的组织成本，为各国在区域公共产品的供给上提供有力的保障。

（四）"一带一路"的金融支点——亚洲基础设施投资银行

过去，中亚各国的基础设施虽然广泛存在，但由于长期投资不足、维护不善以及海关程序和标准不够完善，该地区的运输价格平均比发达国家高出 3 倍。然而，考虑到该地区的自然资源禀赋、相对较多的人口和较高的受教育程度，以及邻近巨大的市场，该地区具有强大的经济潜力。该地区的许多出口产品通常都是高价值的硬通货商品①，适宜通过管道和铁路运输。这些国家需要更好的运输和物流基础设施，以扩大贸易开放和支持产业升级。中国筹备建立的亚洲基础设施投资银行在 2015 年 12 月 25 日正式成立，其为以跨境互联互通为重点的基础设施项目提供了重要的投资机会，也为区域公共产品的供给做出了贡献。

亚洲基础设施投资银行是一个政府间性质的亚洲区域多边开发机构。它为许多国家的基础设施项目提供了资金援助，为促进亚洲地区经济的增长提供了基础条件，其成立的目的是加快亚洲区域的基础设施互联互通和经济一体化进程，并且加强中国与其他亚洲国家和地区的合作。亚洲基础设施投资银行是中国第一个倡议设立的多边金融机构，总部设在北京，法定资本 1000 亿美元。截至 2019 年 5 月 24 日，亚洲基础设施投资银行有 97 个正式成员国，通过批准 39 个项目②，总投资达到 79.4 亿美元。

《亚洲基础设施融资报告》指出：加强中亚地区铁路互联互通，有可能促进欧中贸易，促进中亚与其他地区的融合；可再生能源发电成本下降，加上人们对气候变化问题的认识提高，将促进投资增加，但必须辅之

① 例如，哈萨克斯坦的石油、钢铁和铜，乌兹别克斯坦的黄金、棉花和石油，土库曼斯坦的天然气、石油和棉花。
② 能源：13 个；金融：5 个；综合部门：3 个；电信：1 个；交通：9 个；城市化：2 个；水资源：4 个；其他：2 个。

以加强跨境可再生能源贸易的基础设施；信息和通信技术是促进贸易和一体化的关键因素，但一些国家将需要国际社会提供更大的支持。[1] 种种信息表明，亚洲具有重大的基础设施投资机遇，这些机遇可以为相关国家带来对外贸易交流和经济发展的机会，促进国民收入的增长，切实缩小贫富差距。

亚洲基础设施投资银行在交通、能源、电信等方面为国际社会提供的融资援助是中国积极提供区域公共产品的有效手段。同时，亚洲基础设施投资银行作为国际公共产品供给主体的愿景并不止步于提供投融资。众所周知，亚洲的基础设施融资需求很大，大部分资金将继续来自公共资源，通过更好地调动各国国内收入、控制成本和更好地确定财政资源的优先次序来对相关融资需求进行覆盖。然而，仅是来自各国各个部门的资金仍然不够，不可避免地需要更多的私人部门融资。因此，亚洲基础设施投资银行将资源集中在基础设施项目融资市场，不仅是为了提供融资，也是为了进一步将基础设施作为一种资产类别，为融资需求方的未来经济发展吸引更多的私人资本。"授人以鱼，不如授人以渔"，中国在提供国际公共产品领域也充分彰显了古人的智慧。

具体而言，亚洲基础设施投资银行在提供国际公共产品方面做了哪些贡献呢？《亚洲基础设施融资报告》中总结出以下几个方面：构建一个以中亚地区为主体的亚洲贸易增长带，通过基础设施升级，疏通中亚对外贸易道路；解决拉丁美洲和亚洲两个区域之间存在的贸易关系不平衡问题，确保更大的可持续性；完善机场、航空公司和签证各项制度，推动跨境旅游发展；进一步加强国家间的互联互通，使得国家间的贸易收入增加。同时，亚洲基础设施投资银行可以让各个国家充分发挥自己的资源优势，使各国资源得到更有效的利用，实现周边区域乃至整个全球经济的增长。亚洲基础设施投资银行还与国际性的金融组织如世界银行和国际货币基金组等开展合作，共同促进国际金融秩序的发展与完善。显然，亚洲基础设施投资银行产生的收益能够为亚洲乃至世界各国所共享，亚洲基础设施投资

---

① https://www.aiib.org/en/news-events/asian-infrastructure-finance/index.html.

银行是我国直接供给国际公共产品的一次成功尝试。

在"一带一路"国家金融合作机制中，区域国际金融组织的存在以及合理高效的协调制度至关重要，亚洲基础设施投资银行这一区域国际金融组织的筹备、组建与运行及其制度化规则体系便是典型的例子。"一带一路"国家金融合作涉及全球大多数国家的利益，区域国际金融组织是其中重要的推动力和实现制度化的平台。下文将以亚洲基础设施投资银行为例，分析在"一带一路"国家金融合作机制的建立过程中，各国克服集体行动困境的前提条件以及关键因素。

1. 亚洲基础设施投资银行的公共产品属性

2013年10月，习近平主席对印度尼西亚进行访问时提议建立一个重点服务于亚洲基础设施发展的新的多边银行。一年内，中国与有关国家和地区正式进行了五次磋商会议。2014年10月24日，21个首批意向创始成员国家共同签署了支持银行成立的政府间框架备忘录，2015年12月25日，亚洲基础设施投资银行正式成立。

亚洲基础设施投资银行是首个由中国倡议设立的多边国际金融机构，其区域公共产品属性体现于——与已有的多边开发银行共同提供长期巨额资金支持亚洲地区基础设施建设，通过成熟优质的金融服务提高亚洲的资本利用效率，将全球资本引向亚洲，促进国际货币金融体系改革。

"一带一路"的建设目标是整合区域内各国散乱的产业分工，建立现代高效、可持续的分工体系。中国将亚洲基础设施投资银行作为建立经济合作平台的切入口，"一带一路"国家可以利用金融杠杆吸引更多外部资源，从而推动"一带一路"国家金融合作机制的建立。亚洲基础设施投资银行致力于促进亚洲地区基础设施建设和互联互通，与"一带一路"倡议相契合，可以说亚洲基础设施投资银行是"一带一路"国家金融合作机制构建的重要手段。

从具体的消费属性来看，亚洲基础设施投资银行成立后所产生的收益具有明显的非排他性，虽然收益的获取是以加入亚洲基础设施投资银行为前提条件的，但亚洲基础设施投资银行成立之后，其提供的服务具有很强的外溢效应，因而能够为亚洲乃至世界各国所共享，体现了非排他性。而一旦加入亚洲基础设施投资银行，那么各国就能够获得亚洲基础设施投资银行根据其需求提供的服务，这体现了非竞争性。因此，亚洲基础设施投资银行属于中间国际公共产品，公共产品属性体现为其对"一带一路"国家金融合作机制以及亚洲各国共同利益的促进作用。

2. 亚洲基础设施投资银行的成立过程

尽管中国作为世界第二大经济体，能够为"一带一路"沿线国家大型基础设施建设提供一定资金，集体行动相对容易达成，但以中国一己之力进行供给显然不切实际。作为区域公共产品，"一带一路"国家金融合作机制在建立的过程中容易陷入集体行动困境，出现"一带一路"国家之间的利益分歧、"一带一路"国家与其他国家之间的"搭便车"问题、"一带一路"国家与发达国家之间的利益矛盾等。而中国作为发起"一带一路"倡议的国家，对"一带一路"国家金融合作机制在制度上的设计以及与各国的合作态度，决定了"一带一路"国家是否能够走出集体行动困境，达到利益最大化。

"一带一路"国家之间有明显的异质性，表现在政治环境不同、经济水平不一、文化差距悬殊等诸多方面，因此，在建立金融合作机制时，会面临陷入集体行动困境的可能。亚洲基础设施投资银行的成立在本质上是亚洲各国进行金融合作、共同供给区域公共产品的集体行动。因此，以亚洲基础设施投资银行为例，应用前文建立的基于国家异质性的动态博弈模型分析"一带一路"国家的集体行动逻辑，探讨亚洲基础设施投资银行成立的理论和现实依据，可以从中解析参与"一带一路"国家金融合作的各个国家如何促成这一集体行动。

亚洲基础设施投资银行域内外成员持股情况见图 6-5。从 2013 年 10 月至 2018 年 12 月底，亚洲基础设施投资银行成员扩充过程如图 6-6 所示。

3. 亚洲基础设施投资银行成立的集体行动逻辑

中国是第一个发起成立亚洲基础设施投资银行的国家，承担了相关发起成本。根据前文建立的基于国家异质性的区域公共产品供给博弈模型的先验序列假设 $a_1 + E_1 > a_2 + E_2 > a_3 + E_3 > \cdots > a_n + E_n$，可以先将中国作为

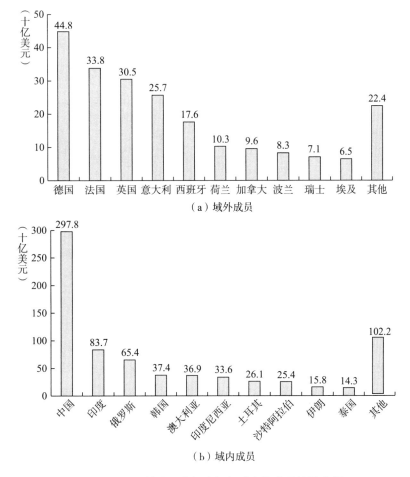

图6-5 亚洲基础设施投资银行域内外成员持股金额

资料来源：亚洲基础设施投资银行官网。

国家1，表征为 $(a_1 + E_1)$。从现实背景来看，由于亚洲基础设施投资存在资金需求量大、实施周期长、收入流不确定等因素，因此现有多边机构无法提供支持。由此可以推测 p 值很大，对于中国来说显然不满足 $a_1 + E_1 > \frac{c}{p} + 1 + p$，因此，单独建立亚洲基础设施投资银行来供给区域公共产品对于中国来说显然不是理性的决策，因为 $R_1 < R_1'$，单独发起成立亚洲基础设施投资银行的收益小于不发起。

但是，中国并没有放弃发起亚洲基础设施投资银行，这可以从以下两

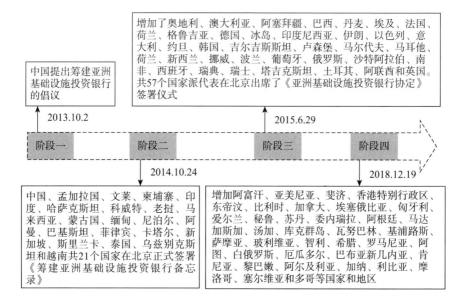

图6-6 "一带一路"国家和地区在亚投行成立过程中的集体行动

资料来源：中国一带一路网。

个方面进行分析。一方面，中国对于"一带一路"国家金融合作的偏好程度很高。发达国家的经济在金融危机的影响下陷入低迷，而中国作为新兴大国的代表，率先走出危机，进入经济发展"新常态"。中国亟须推动基础设施建设相关产业走向国际，发挥新兴国家在世界经济和全球金融治理中的作用，改革原有的国际金融制度。伴随着霸权国家霸权地位的降低，国际公共产品单边供给的形式难以继续维持，基于地区主义的合作供给渐渐成为主流。从中国自身的战略定位上来分析，中国供给国际公共产品应主要放在地区层面，同时承担适当的全球责任。另一方面，中国在提出建立亚洲基础设施投资银行的建议之后，通过与"一带一路"国家多次的积极磋商，预期到部分国家会跟随参加。中国最终联合20个意向国共同发起成立亚洲基础设施投资银行，由于这21个国家都属于创始成员国，因此可以将其视为一个整体作为国家1，表征为 $(a_1 + E_1)$。观察除中国之外的20个创始成员国，大多数国家对于基础设施建设的需求强烈，如其中的老挝、越南、柬埔寨和泰国，这意味着 a_1 很大。

对于由这 21 个国家组成的整体而言，显然满足 $a_1 + E_1 > \dfrac{c}{p} + 1 + p$，因此，亚洲基础设施投资银行得以顺利发起。

亚洲基础设施投资银行经历发起阶段后，则进入实现阶段。其他各国对参加集体行动所获得的收益以及不参加的收益进行对比，若 $R_i > R_i'$，则会积极参加到集体行动中，反之则会选择"搭便车"。由于中国的积极倡导，在图 6-6 所示第二阶段有 21 个创始成员国积极参与亚洲基础设施投资银行的建立，其余国家渐渐意识到参加集体行动能够为本国带来利益。在第三阶段又有 36 个国家跟随创始成员国共同建立亚洲基础设施投资银行，由于这 36 个国家是在同一个时间阶段加入集体行动的，可将其视为一个整体作为国家 2，表征为 $(a_2 + E_2)$，这些跟随国家满足 $R_2 > R_2'$，即 $a_2 + E_2 > 2p + 1$。

在前文建立的基于国家异质性的区域公共产品供给博弈模型中，各国的收入水平及其对区域公共产品的偏好程度对其是否选择加入集体行动会产生决定性影响，除去以上 57 个亚洲基础设施投资银行成员国，其余在第四阶段做出加入亚洲基础设施投资银行决策的国家和地区，满足 $R_3 > R_3'$，即 $a_3 + E_3 > 3p + 1$。而其他一些"一带一路"国家和地区，其中部分是由于收入水平过低，财政常年赤字，无法满足 $R_4 > R_4'$，为了避免加重外债而选择"搭便车"，另一部分则是对基础设施的偏好程度低，如中东地区长期动乱，对于这类国家和地区，与其建设基础设施以促进经济发展，不如增加安全类的国际公共产品。

为了更加简明地展现亚洲基础设施投资银行这一区域公共产品被供给的动态博弈过程，可以令 $n = 4$，$E_1 = 15$，$E_2 = 12$，$E_3 = 9$，$E_4 = 4$，$a_1 = 10$，$a_2 = 8$，$a_3 = 6$，$a_4 = 2$，$p = 4$，$c = 18$，将以上赋值代入计算，便能得到动态博弈均衡策略，结果如表 6-5 所示。

表 6-5 成立亚洲基础设施投资银行的动态博弈均衡结果

满足的均衡条件		均衡结果
国家 1	国家 2 至国家 4	
$a_1 + E_1 > \dfrac{c}{(n-1)\,p} + \dfrac{1}{n-1} + p$	$a_2 + E_2 > \cdots > a_{n-1} + E_{n-1} > (n-1)\,p + 1$ 且 $a_n + E_n < a_{n-1} + E_{n-1} < np + 1$	（发起，参加，参加，不参加）

以下对各国的集体行动逻辑进行梳理得到现实路径。

首先，中国与其余创始成员国可被视为参与决策的国家1。在中国提出建立亚洲基础设施投资银行供给区域公共产品后，有20个国家响应，代入式中可得 $R_1 = 76$，$R_1' = E_1 = 15$，满足 $R_1 > R_1'$。因而，即使是在最悲观的情况下，其他国家不跟随而选择"搭便车"行为，国家1还是会选择发起成立亚洲基础设施投资银行，为"一带一路"国家金融合作供给公共产品。

其次，紧随其后加入的36个国家同创始成员国一起出席了《亚洲基础设施投资银行协定》签署仪式。这些国家普遍对区域公共产品的偏好程度较高，可被视为参与决策的国家2。可得 $R_2 = 136$，$R_2' = 92$，满足 $R_2 > R_2'$。因而，在国家1发起集体行动之后，即便无法知晓其他国家是否会跟随，国家2还是会紧随国家1参与"一带一路"国家金融合作的公共产品供给。

同理，自亚洲基础设施投资银行正式成立到2018年12月19日新加入的国家和地区，是在观察到国家2成为亚洲基础设施投资银行成员国的决策之后进行决策的，由于 $R_3 = 137$，$R_3' = 129$，满足 $R_3 > R_3'$，因而它们会选择跟随。

此外，还有一部分参与决策的国家，它们具有成为亚投行成员国、参与"一带一路"国家金融合作的意愿，但还处于决策期，尚未发起行动。这样的国家可被视为国家4，$R_4 = 32$，$R_4' = 76$，不满足 $R_4 > R_4'$，因而它们目前会选择收益更高的"搭便车"行为。

"一带一路"国家在解决基础设施融资问题、实现外汇储备赢利以及推动国际货币金融体系改革上具有共同的需求，这为亚洲基础设施投资银行的成立提供了前提条件。然而，区域公共产品具有的非排他性为其他国家提供了"搭便车"的可能，将导致各国陷入集体行动困境。但从亚洲基础设施投资银行的成立过程来看，若有些国家基于本国利益主动承担发起供给公共产品的组织成本，同时又有一些国家能够考虑到参与供给的收益更大从而积极跟随发起国家，那么这些国家就能够走出集体行动困境，共同合作实现区域公共产品的供给。这充分说明了高效有序的国际金融组织以及合理的制度能够帮助"一带一路"国家克服集体行动困境，共同构建金融合作机制。

四 从低级政治领域到高级政治领域，完善多个领域国际公共产品供给

Spanier 将国际公共产品所属领域分为高级政治领域和低级政治领域，其中安全、政治等属于高级政治领域，而自然资源、能源、环境、贸易等属于低级政治领域。[①] 当今国际社会，国际公共产品主要是由国家进行供给，所以目前国家都是首先在贸易、金融等方面进行合作，等到双方之间存在一些共同的利益基础后，再走向更加高级的政治领域即政治、安全方面。

为了更好地融入国际社会，中国应该首先从低级政治领域入手，在金融、贸易方面展开合作。1992 年，亚洲开发银行发起成立大湄公河次区域经济合作机制，成员国包括中、老、缅、柬、泰、越 6 个国家。亚洲开发银行成立的目的就是加强亚洲地区各国之间的合作，减少国家内部贫困现象，促进经济的共同发展。

自成立以来，亚洲开发银行国家间的合作不断加深，已形成领导人会议、部长级会议和各领域务实合作的总体合作架构。合作领域覆盖了交通、能源、信息通信、环境、农业、人力资源、旅游等各个方面。2018 年 3 月，亚洲开发银行第六次领导人会议在越南河内举行，主题是"立足 25 周年合作，建设可持续、融合、繁荣的大湄公河次区域"。会议通过了《领导人宣言》、《河内行动计划》和《区域投资框架》，总结了自成立以来的成功发展经验，并讨论了接下来的合作方向及未来的发展前景。

中国积极就亚洲开发银行各层次、各领域项目的规划和实施与其他国家进行交流探讨，发挥了积极的作用。如今，"一带一路"倡议已经深入人心，大湄公河次区域五国都同中方签署了"一带一路"合作协议，这为

---

① Roberts, H. R., Spanier, J., "Congress, the Presidency and American Foreign Policy," *Political Science Quarterly* 97 (1), 1981, p. 160.

我国供给高级政治领域的国际公共产品奠定了坚实的基础。

中国将继续坚定不移地促进次区域国家共同发展。作为次区域的重要成员，中国同各国的发展息息相关、命运与共。党的十九大报告指出，中国秉持共商、共建、共享的全球治理观，将继续发挥负责任大国的作用，积极参与全球治理体系改革和建设，不断贡献中国智慧和力量。中国将与各国人民一道，推动人类命运共同体建设，共同创造人类繁荣和美好未来。可见，中国供给国际公共产品符合发展要求。

21世纪以来，中国在贸易、投资上与亚洲邻国形成了深度的相互依存关系，经济互利局面喜人。2002年，在周边国家中，中国占该国贸易比重超过10%的有7个，2009年上升为18个。2008年，中国首次成为印度最大贸易伙伴，并继续保持与日本、韩国最大贸易伙伴地位。2002～2009年，中国占周边国家的贸易比重不断上升，中亚、南亚和东南亚是中国与周边双边贸易增长迅猛的三个区域。2008年，中日贸易额为2668亿美元，中国占日本国际贸易的比重从2002年的12.6%上升为17.3%。2008年，中韩贸易额为1861亿美元，中马贸易额为535亿美元，中新贸易额为524亿美元，中泰贸易额为413亿美元，中印贸易额为315亿美元，中越贸易额为202亿美元。中国正日渐成为亚洲邻国的贸易中心。在"引进来""走出去"方面，亚洲邻国也和中国紧密联系在一起。亚洲是中国对外直接投资最为集中的地区。2008年，亚洲地区吸引的中国对外直接投资占当年总流量的71.49%，流量超过1亿美元的国家和地区有31个，其中周边国家和地区占14个，超过10亿美元的国家和地区有18个，其中周边占9个。① 此外，在亚洲，日本、韩国和东盟一直是中国引进外资的主要来源地。截至2008年末，中国实际利用外资金额累计8204亿美元，其中，日本投资654亿美元，韩国投资256亿美元，东盟投资520亿美元，分别占总额的8%、3.1%、6.3%，合计占17.4%，超过美国投资所占比重7.2%。② 从贸易和投资两项重要的经济合作内容来看，中国与亚洲邻国的

---

① 商务部、国家统计局、国家外汇管理局：《2009年度中国对外直接投资统计公报》，第9、10、16页。

② 刘昌黎：《和谐世界与东亚和谐》，东北财经大学出版社，2011，第144页。

贸易往来频繁，深化了相互依存关系，实现了经济互利和共同发展。

在政治安全方面，中国也在积极与周边国家开展合作，维护亚洲地区的安全和稳定。在与东盟国家进行经济合作时，中国也在不断地加强与这些国家的政治交流，保证各方的政治安全和稳定。在第六次东盟和中国"10＋1"会议上，东盟各国外长同中国特使签署了《南海各方行为宣言》，提出了旨在加强双方信任的多项措施，包括就国防和军事官员展开磋商、相互通报军事演习、妥善对待海难人员、和平解决可能出现的争端等。同时，宣言还主张通过一系列的合作来为全面和最终解决争端创造条件。各方将在海洋环境保护、海洋科学研究、海上通信安全以及打击国际刑事犯罪和海盗等具体领域寻求合作。《南海各方行为宣言》的签署标志着中国与东盟的政治互信取得了一定进展。①

虽然中国与邻国在政治安全方面的合作取得了一定成绩，但远没有达到政治安全互信的总体目标和预期效果。随着中国上升为世界第二大经济体和国际地位的提升，周边国家的防范心理增强了，加上美国把亚洲作为全球战略重点，利用一切机会扩大中国与周边国家的矛盾。2010 年以来，中国周边安全环境开始趋于复杂，在这种情况之下，政治安全互信不仅是中国周边外交的目标，也是实现中国现代化建设的外部安全保障。中国应该继续巩固与亚洲邻国的经济互利合作，同时利用经济互利的成果实现政治安全互信的目标，具体有以下几个途径。

（一）将与东盟的合作作为政治安全互信的突破口

2010 年，中国与东盟自由贸易区正式建成，中国与东盟的经济互利上了一个新台阶，双方的相互依存关系更加紧密。同时，中国实力的增长使东盟国家担心在经济上会依附于中国，由此导致在某些主权安全问题上被迫向中国让步，为此东盟也在试图拉拢美国、日本来制衡中国。因此，中国应该适当调整经济战略，与东盟开展互补性贸易，让东盟国家也能分享中国经济增长带来的红利。同时在敏感的南海问题上，坚持《南海各方行为宣言》的精神，本着"搁置争议，共同开发"的原则，以实际行动打消

---

① 邢和平：《中国与东盟从经济合作走向政治互信》，《东南亚纵横》2002 年第 12 期。

它们对中国崛起的顾虑，使东盟十国成为中国在政治安全领域的坚强后盾。

（二）继续发挥上海合作组织的建设性作用

在中国与中亚的经贸关系中，以安全和经济为两大支柱的上海合作组织发挥了关键性作用。上海合作组织成立时就提出要利用各成员之间在经贸领域互利合作的巨大潜力和广泛机遇，努力促进各成员之间双边和多边合作的进一步发展以及合作的多元化，尽一切必要努力保障地区安全。因此，上海合作组织"政经合一"的思想与中国和邻国实现经济互利和政治安全互信的两大目标是一致的。中国应该充分利用上海合作组织的合作机制，继续推进框架内成员之间的经贸和安全合作，在维护地区稳定的共识基础上，加强政策协调，使上海合作组织成为中国在中亚的安全屏障。

（三）处理好地区大国之间的关系，加强东北亚安全合作

东北亚地区是经济上互补性最强的地区，是世界经济中最富活力的地区，也是世界上总体经济实力最大的地区之一。[①] 同时，东北亚经济合作具有广泛的政治内涵，影响东北亚区域合作的原因表现为三大因素：政治互信缺失、经济失衡加剧、国际体系变迁。这三大因素导致东北亚区域内的国家关系表现出区域内各国的互动具有高度的敏感性，政治与安全的合作呈现其他地区少有的脆弱性。其中，缺少政治互信表现为根本性的原因。[②] 历史纠纷，政治、经济、社会制度的差异，以及新兴国家与发达国家的矛盾，限制了东北亚国家之间的政治与经济交流，并致使东北亚区域安全关系紧张，难以建立密切的合作关系。因此，中国应该从战略高度处理好与有关大国的关系，加强中俄建设性战略伙伴关系，形成两国在该地区的安全共识和合力；在朝核"六方会谈"中加强与美国的合作；与日本在尊重历史的前提下加强经贸合作，减少政治摩擦，并继续对朝鲜提供政策建议，稳定朝鲜局势。在政治、经济、安全等各个领域建立制度化、机

---

① 池元吉、田中景：《建设"中日韩经济合作体"的必要性及建议》，《世界经济与政治》2000 年第 10 期。

② 巴殿君：《东北亚区域合作政治互信关系的构筑》，《新视野》2009 年第 6 期。

制化的战略互信，以推动东北亚安全合作。

（四）营造中国走和平发展道路的舆论环境

实现与亚洲邻国的政治安全互信，很重要的一点是打消它们对"中国威胁论"的疑虑，让它们理解和支持中国的和平崛起。因此，除了在行动上加强经贸和安全合作外，还要营造中国走和平发展道路的舆论环境。随着中国综合国力的进一步增强，周边国家和西方国家对中国的防范心理还会反复和加剧。因此，在较长的时间内，要把驳斥"中国威胁论"作为对外宣传和国际舆论斗争的重点和难点，采取国际社会容易接受的方式，不断增强感染力和吸引力，积极引导国际媒体全面、客观、真实地报道和评价中国，展示中国良好的负责任大国形象，营造中国走和平发展道路的舆论环境。

由于亚洲各国在历史、政治、文化上错综复杂的关系以及域外力量的干涉，从经济互利到政治安全互信的转变过程不会是一帆风顺的。中国只有在包容性发展的理念下，通过提供区域公共产品的方式，让更多的周边国家分享到中国发展带来的收益，才能形成更多区域共识，减少纠纷，并逐步实现政治安全互信的愿景。

第三节　中国供给国际公共产品的政策建议

一　推进中国经济转型和亚洲经济一体化

区域经济一体化是区域内国家利用地理上相近、传统经济关系密切的特点，积极扩大合作，加速资金、商品资源、技术、信息及人员在域内的自由流动和有效配置，大幅降低或取消关税，放松进口数量限制，对经济政策、社会福利政策和货币、财政政策等加强协调，并在国际经济关系中采取统一立场。同一个区域的国家可以通过贸易、经济一体化以及采用共同货币的形式来形成一个共同的经济体。[①] 当前，北美和欧洲一体化起步

---

① 田中青、王伟军、钟乃仪：《共赢——崛起中的东亚经济合作》，上海人民出版社，2004，第4页。

时间早，程度也较高。亚洲经济一体化尚处于低级阶段，仅在小团体内形成了自由贸易区，如韩国－东盟自贸区、中国－东盟自贸区，地区大国间还没有类似机制，更没有形成整个地区层面的自由贸易区。

作为世界第二大经济体和亚洲地域面积最大的国家，中国有责任以自身发展带动区域发展，通过提供区域公共产品，打破制约亚洲经济一体化发展的瓶颈，实现区域共赢，消除"中国威胁论"的负面影响。其中的方法之一就是加快经济的转型升级。

加快经济的转型升级对于一个国家是十分重要的。中国政府一贯重视经济转型，同时，经济转型是个系统工程，涉及体制改革、经济结构调整、产业升级、科技创新、节能环保等诸多方面，虽然调整了十几年，取得了一些成绩，但尚未得到根本性解决。

中国经济转型对推进亚洲经济一体化具有重大意义，有以下几个方面的原因。

第一，经济转型、产业结构调整和升级有利于减少与其他亚洲国家的恶性竞争，实现优势互补。亚洲很多国家与中国一样具有劳动力优势，并采取出口导向模式，在国际市场疲软和世界经济发展放缓的情况下，必然在某些同类商品贸易领域与中国存在激烈的竞争。比如，印度、越南等国家的某些劳动密集型行业的生产成本甚至比中国还低，这些行业部分出口产品已替代了中国的产品，还有一些外资企业也将工厂转移出了中国。以全球服装加工贸易为例，由于劳动力、原材料要素上涨等因素，部分服装制造工厂正从中国转移到东南亚、西欧等地。日本也采取了"中国＋1"投资策略，在一定程度上反映了亚洲国家之间承接产业转移的竞争性。在这种情况下，如果中国不进行产业结构调整，依旧在低端产业上与其他亚洲国家进行低价竞争，不仅会损害自身的经济利益，而且会恶化与周边国家的关系。因此，中国要通过经济转型，扩大内需，优化贸易结构，减少与周边国家在出口上的尖锐冲突。同时，注重自主品牌建设，向产业价值链高端推进，由劳动力成本优势向功能优势、效率优势转变，企业由生产型向服务型转变，制造也由单一向多方合作创新方向改变，与其他亚洲发展中国家实现优势互补，共享经济利益，为推动亚洲经济一体化扫除障碍。

第二，经济转型、提高资源的有效利用率，发展低碳经济，开发清洁能源，减少碳排放量，应对气候变暖，保护亚洲环境，彰显大国责任，争取其他亚洲国家的信任和理解。从支撑中国经济增长的资源和能源消耗水平来看，中国将越来越依赖国际市场的供应。如果不转变增长方式，就不得不从本来就明显不足的资金中拿出很大一部分用来购买国际矿产资源或放慢增长速度以便同短缺的能源保持消极平衡。改革开放以来，以环境污染为代价换取 GDP 的增长方式加剧了当前中国节能减排的压力。尽管中国人均碳排放数量接近全球平均水平，但碳排放总量已位居世界第一。此外，其他环境指标（如水污染、沙漠化）在过去 30 年间也在迅速恶化。自然资源是有限的，中国对自然资源的大量消耗意味着其他国家可用资源的减少。而中国经济发展对大气环境、水资源的污染也引起了亚洲其他国家的不满。对于中国出现的沙尘暴现象，有些周边国家就表示了自己的担忧。这都不利于中国在亚洲树立负责任的大国形象。因此，中国要增强危机意识，树立绿色、低碳发展理念，通过经济转型，摒弃靠自然资源和要素投入驱动的传统经济发展模式，把经济发展引导到更多地依靠提高资源配置效率上来，严格控制高耗能、高污染、资源性产品出口，由中高碳经济向低碳经济转型，按照减量化、再利用、资源化的原则，以产出效率为主，同时也要保证国家生产、流通等环节的正常运行，处理好自身发展与亚洲整体发展的关系，为亚洲和全球的气候改善做出贡献。

第三，经济转型有利于中国未来的可持续发展，以中国的发展动力带动亚洲经济一体化进程。亚洲是目前世界上经济发展最有活力、发展速度也最快的地区，预计到 2030 年，东亚 GDP 将占世界 1/3 以上，欧盟和美国都将下降到 20% 左右。东亚是世界的新兴经济体，中国需要不断加强与它的贸易合作。2008 年，中国向东亚出口额为 4209 亿美元，占中国出口总额的 27.8%；向东亚进口额为 4670 亿美元，占中国进口总额的 40.2%。① 中国与其他亚洲国家在经济上相互依存度很高，中国能否成功

① 刘昌黎：《和谐世界与东亚和谐》，东北财经大学出版社，2011，第 143 页。

地实现经济转型不仅影响到自身未来的经济增长质量和可持续发展，还影响着亚洲地区的繁荣。目前，中国经济转型面临着许多困难，如需求结构失衡、供给结构不协调、要素利用效率低下、环境损害大、空间布局不够合理、内需与外需失衡、投资与消费失衡、三次产业发展不协调、农业基础薄弱、服务业发展滞后、部分行业产能过剩、地区发展不平衡、资源消耗偏大等。以水资源为例，中国是个水资源短缺国家，同时，中国长江流域 90% 的城市和河段水资源严重污染，很多地方的地下水不能饮用。① 中国经济转型面临着诸多问题，需要统筹考虑，以转型带发展，以个体发展带动亚洲地区发展。具体应从几个方面稳步推进：一是扩大内需，加大进口，加快转变外贸增长方式，改变贸易结构不平衡的状况；二是推进自贸区建设，继续发展出口贸易；三是统筹"引进来"和"走出去"的外资战略，提高外资质量，同时，积极开展海外投资，发展企业品牌营销；四是加大国家的创新投入，保证产业结构升级，发展产业链高端产品；五是加强对资源的有效利用，节能减排，严格控制高耗能产业规模；六是扩大沿边和内陆的开放，进行投资引导，发展优势产业，缩小地区发展差距。通过这些措施，实现从传统的经济发展方式到现代经济发展方式的转变，为中国在战略机遇期的发展创造条件，以推动亚洲经济一体化的进程。

在经济转型的过程中，中国要不断加深与亚洲国家的产业及经济合作，实现共同发展。20 世纪 70 年代，日本实现了从工业化初级阶段向高级阶段的转变，在结构提升的同时完成了资源配置方式的更新。日本的国内经济转型使得亚洲地区的投资和贸易格局发生了巨大变化，一批发展中国家和地区乘势而起。中国要提升产业结构，从出口导向转向扩大内需，势必将大大影响亚洲地区的国际分工。中国要从亚洲地区的国际分工受益者转为引导者，这将大大增加中国为亚洲地区提供国际公共产品的主动性。

二 持续走人民币国际化道路和坚持亚洲金融合作

1997 年亚洲金融危机后，东亚各国为应对危机，增强危机管理和防范

① 关秀丽：《中国经济国际化战略》，中国市场出版社，2011，第 56 页。

能力，采取了各种形式的区域金融合作。在这期间，中国积极提供区域公共产品，从《清迈倡议》下的货币互换和回购到多边外汇库的建立及亚洲债券市场的形成，中国与域内其他国家一起共担合作成本、共享金融安全。中国的国际金融政策也明确了三项任务：一是改革全球金融框架；二是促进金融合作，其中包括创建区域金融构架；三是加快人民币国际化进程。[①]

一方面，人民币国际化战略的实施，是中国政府针对亚洲金融合作进展缓慢、分歧增大、水平较低、效率不高等问题而采取的单边措施，期望通过提供新的区域公共产品来加速推进区域金融合作。

首先，作为亚洲金融合作起步标志的《清迈倡议》的象征意义大于实际意义。《清迈倡议》下的双边货币互换是最重要的合作形式，旨在通过"10＋3"内部的双边货币互换，解决短期国际收支失衡或流动性不足的困难，从而应对危机。但是从 2000 年正式启动至今，尚未有成员国启用过互换基金。即使是在全球金融危机期间，一些国家虽然出现暂时性资金困难，但因为其他融资渠道的存在（如央行间货币互换协议）而不愿启用《清迈倡议》下的双边货币互换。这客观上把《清迈倡议》当成了防范危机的象征而不是切实有效的解决途径。

其次，汇率协调机制问题仍然存在。维持汇率稳定、加强政策协调是维持亚洲各国之间金融合作的重要组成部分。但是汇率协调机制的形成涉及主权的部分让渡，触及了部分国家的底线，因此进展相当缓慢，各国仍然采取独立的汇率形成机制。这表明，有关各方对货币合作的前景存在着矛盾和分歧，难以达成一致。[②] 此外，东亚各国仍然把自身外汇储备的增加作为防范危机的重要手段，导致该地区的外汇储备大幅增长，这对存在摆脱美元影响力的区域金融合作造成了障碍。

最后，主要国家在货币合作上仍然存在分歧。亚洲金融合作不同于欧

---

① 高海红、余永定：《人民币国际化的含义与实现条件》，载张蕴岭主编《中国面临的新国际环境》，社会科学文献出版社，2011，第 1 页。

② 李晓：《东亚货币合作为何遭遇挫折？——兼论人民币国际化及其对未来东亚货币合作的影响》，《国际经济评论》2011 年第 1 期。

盟和北美的金融合作,各国参与其中共同作用,在中、日、韩之间缺乏有关货币合作的多边制度安排,它们都要借助东盟"10 + 1""10 + 3"的平台开展合作。而中、日作为地区性大国,在地区事务中都有自己的战略,关于货币合作的构想也存在分歧。尤其是日元国际化战略失败后,日本并没有放弃对地区主导权的期望,在地区货币合作中趋于制衡中国。

另一方面,人民币国际化战略的实施,是由于2008年全球金融危机的爆发,是中国为了防范自身对国际金融体系中美元霸权的敏感性和脆弱性而制定的战略。

首先,在现行的国际金融体系中,中国对美元霸权具有敏感性,美国国内的金融状况和政策调整都会对中国产生影响。美元是一种世界货币,许多国家都有一定的外汇储备,这就导致美国政策具有很强的外部性。美国是中国最大的出口国,中国对美元霸权具有很高的敏感性,增持美元储备会进一步增加汇率风险,减持美元又会使已有外汇资产缩水,两难困境难以解决。中国拥有世界第一的外汇储备量和1万多亿美元资产,一旦美国出现金融风险或调整金融政策导致美元贬值,都会影响到中国的美元资产价值。目前,世界上大多数国家都遭遇过金融危机。这些危机的发生有不少都与美元的宏观政策调控有关,中国需要引以为戒。

其次,中国对美元霸权还具有脆弱性,为防止本币过快升值,只能被迫调整国内财政政策来应对。脆弱性指一个国家对于另一个国家变化的应对能力及所付出的代价。与美国开展贸易的国家为减少因美国政策调整带来的损失,采取相应措施自救,被迫付出巨大的代价。例如,在纳斯达克股市泡沫破裂之后,美联储大幅降低利率,降至二战后的最低水平,使得那段时间美国的信贷成本很低。发达国家为了获得更高的利益,就将许多资金投入到发展中国家,导致发展中国家的外资流入连创新高。根据世界银行的统计数据,流入发展中国家的私人资本从2003年的850亿美元增加到2005年的1920亿美元。尤其是对于中国等新兴经济体来说,由于遭遇到贸易顺差以及外资流入的双重压力,这些国家就有了货币升值的风险。因此,美国的这种低利率政策会使得许多国家的资产泡沫化。而各国只能通过低利率等手段,以避免货币过度升值。近年来,美国还在不断利用美元霸权和政治手段使得人民币升值。为防止因过快升值导致国内经济、社会动荡，中国必须克服自身对美元霸权的脆弱性。

最后，人民币国际化可以降低中国对美元的敏感性和脆弱性。中国的外汇储备中美元占了70%以上。采取人民币国际化战略，把中国所持有的美元资产转化为以人民币计价的资产，就可以防止美国通过通胀手段稀释债务而造成的外汇储备的贬值；实施人民币国际化，还可以在与他国进行贸易时采取人民币结算，降低企业的汇率风险，推动跨境贸易发展，这样中国的出口国和出口结构都会有所调整，从而减少对美国市场的过度依赖。可以看出，推行人民币国际化可以有效降低甚至克服中国对美元霸权的敏感性和脆弱性，从而在根本上防范因美元波动而造成的金融风险或动荡，保证中国金融体系的稳定。

因此，人民币国际化是在亚洲金融合作和中国自身防范金融风险的双重考虑下推出的战略，将对亚洲金融稳定和未来的国际金融格局产生重大影响。

世界上许多国家都认为应该建立起一个国际货币体系。在亚洲金融格局中，人民币和日元、韩元已成三足鼎立之势。以人民币国际化为内在动力深化与扩展以《清迈倡议》为基础的亚洲金融合作，将是率先在亚洲打破美元一统天下局面的尝试。

三 深化对外开放，深度参与亚洲基础设施整治

自1978年改革开放以来，中国经济得到了长远的发展，在规模上已成为世界第二大经济体。但是中国经济主要是外向型经济，需要依靠不断地开拓新市场来保持经济增长。全球经济乏力和国际市场萎缩，对中国的对外开放提出了更高的要求，经济转型成为当前中国经济面临的重大问题。中国不仅要拉动内需，实现产业结构调整和升级，还要深化对外开放，扩大区域新兴市场。为了实现这一目标，减少流通环节和降低物流成本、改善贸易和投资环境是重要的措施之一。近年来，中国积极参与亚洲基础设施整治行动，期望通过加强区域基础设施建设来改善交通运输、通信条件，将贸易和投资引入沿边地区，开拓新的国内市场。同时，进一步畅通

与有关国家的贸易和投资渠道,大力发展次区域合作,扩大国外新市场。

一方面,参与亚洲基础设施整治是中国提供区域公共产品的举措。基础设施整治带来的收益往往超越国界,甚至为整个区域所有。这是公共产品所具有的性质。事实上,大多数与基础设施有关的服务并不是纯粹的公共产品,它们要求用户支付准入费用,具有排他性和非竞争性,属于俱乐部产品。即便如此,中国提供此类区域公共产品,也可以为当地生活、生产及亚洲各国的贸易、投资往来等商业活动提供极大的便利,不仅可以降低贸易、投资中的物流成本,而且可以改善亚洲落后地区的环境和社会发展状况,显示中国为区域发展做贡献的意愿,同时加强与相关国家之间的伙伴关系。

另一方面,参与亚洲基础设施整治可以为中国进一步扩大贸易与投资规模创造良好的基础环境,使对外开放不断深化,为经济持续增长创造条件。中国在战略机遇期的发展中很重要的转变之一是统筹"引进来"和"走出去",亚洲地区的基础设施状况直接影响到中国引进外资和对外投资的环境,同时通信、物流的便利通畅也有利于提高贸易、投资的效率。然而,建设基础设施需要花费大量的人力、物力以及财力。中国与其他国家一起参与亚洲基础设施整治,不仅可以减少开支,还能共享合作利益。

中国在亚洲基础设施整治方面,积极开展与有关国家的合作,并发挥了重要的作用。1992 年,在亚洲开发银行的支持下,中、老、缅、柬等国共同启动了大湄公河次区域经济合作项目,并确定了运输、能源、通信、环境、旅游、贸易、投资和人力资源开发等为关键领域。1996 年,中国参加了东盟 – 湄公河流域开发合作的第一次部长会议,成为东盟 – 湄公河流域开发合作的核心国;1996 年,中国与缅甸成为湄公河委员会的对话国;1999 年,中泰签订《中华人民共和国与泰王国关于二十一世纪合作计划的联合声明》;2000 年,中缅签订《中华人民共和国和缅甸联邦关于未来双边关系合作框架文件的联合声明》,该声明强调了两国对于大湄公河次区域经济的重视。此外,中国政府实施西部大开发战略,为次区域合作创造了历史机遇,同时地方政府也积极配合,为合作提供便利。在水电资源开发方面,中国制定了澜沧江下游十四大梯级水电工程开发规划方案;在环境保护方面，中国在国内积极开展城市污水治理，实施流域林业生态体系建设；在交通运输方面，中国重点对公路、铁路、水路、机场等进行改造和修建。云南澜沧江流域三大对外口岸思茅港、景洪港、关累港实施以"三检合一"（"三检"指商检、动植物检疫、卫生检疫）和"六个一次"（一次报验、一次取样、一次检验检疫、一次卫生除害处理、一次收费、一次发证通行）为内容的监管体系，为澜沧江－湄公河流域国际经济合作提供了方便、快捷的过境检测。

不仅如此，中国在参与亚洲基础设施整治的过程中还给相关国家提供技术和资金援助，帮助这些国家共同管理公共自然资源，通过加强沟通抑制负外部性。在亚洲开发银行帮助开发连接中国云南省的南北走廊中的老挝境内部分时，中国给老挝提供了优惠贷款。中国还给越南承担的湄公河区域旅游开发项目提供了资金援助。2006 年，中国还积极向柬埔寨、老挝和缅甸三国扩大了特惠关税产品范围，以此促进国家间的合作交流。在2009 年召开的叶卡捷琳堡峰会上，中国向上海合作组织框架内的合作项目提供了 100 亿美元信贷，用于支持基础设施互联互通及民生改善。2008 年金融危机后，为了保证亚洲各国的经济不受影响，中国积极向上海合作组织成员派出贸易投资促进团，提升其技术水平。

亚洲基础设施整治是个系统大工程，耗费资金多、建设周期长、效益产出慢。作为核心力量的中国，随着对外开放的深化和经济实力的提升，应该在提供此类区域公共产品上发挥更为积极的作用。缅甸、老挝等相当多亚洲国家的社会基础设施严重供应不足，这是中国参与提供区域公共产品的机会。同时，将中国沿边开放与亚洲次区域经济圈相结合，将为中国多层次、全方位参与提供区域公共产品提供新的动力和空间。

四　提供区域公共产品是中国参与全球治理的起点

经济全球化引发的诸多全球性问题需要世界各国共同解决。随着世界各国经济的不断交流融合，不同国家之间的联系日益密切。与此同时，自然灾害、环境污染、温室效应、金融传染以及恐怖袭击等非传统安全问题越来越严重，并且跨越了国界，越来越具有全球性影响。单靠一国的力量或者单靠政府组织的力量，难以解决这些事关人类整体利益的全球性问题。美国学者詹姆斯·罗西瑙提出了全球治理理论。[1] 他从理论上构建了国内政治与全球政治两个层面，并认为这两个层面是相互联系的。他认为政府不是解决问题的唯一主体，个人及非政府组织在其中发挥着越来越重要的作用。由于当今国际社会上不存在一个统一的"政府组织"，全球治理是通过国家之间的交流合作进行的，所以政府行为体与非政府行为体存在着并列关系。全球治理理论强调通过个人与个人之间的利益调整、组织和组织之间的利益调整以及国家间的利益调整，最终形成人类的共同利益。[2] 这反映了全球治理倡导政府行为体和非政府行为体都要遵循和平与合作的理念。

自金融危机爆发以来，全球治理较以往有所不同。在金融领域，针对金融危机后国际金融秩序和国际货币体系改革的方案不断推出，各大国之间展开新一轮主导权之争。在气候和能源领域，发达国家之间、发达国家与发展中国家之间对减排义务和责任展开激烈交锋。在安全领域，各国家之间展开合作打击恐怖主义以及海盗。在贸易领域，发展中国家与发达国家的贸易摩擦仍时有发生，世贸规则也经常遭到以美国为首的发达国家的破坏。[3] 这四个领域的全球治理反映出国际公共产品存在严重的供给不足，这为全球治理力量重组提供了机会。作为新兴大国的中国应该抓住新的机遇，参与全球治理，有效提供国际公共产品，处理好经济发展与社会责任的关系，树立负责任大国形象，以实际行动粉碎"中国威胁论"。

中国作为国际公共产品提供方的后来者，要学会从小的地方做起。目前，中国供给的国际公共产品大多数面向亚洲地区，只有不断增强国力，才能加大投入分量和比重，扩大其影响和覆盖范围。因此，中国参与新一轮的全球治理应该首先立足于亚洲，从提供区域公共产品着手。

一方面，中国应该根据实际情况提供与自身能力相符合的区域公共产

---

① 〔美〕詹姆斯·罗西瑙（James N. Rosenau）主编《没有政府的治理》，张胜军、刘小林等译，江西人民出版社，2001。
② 樊勇明：《西方国际政治经济学》（第二版），上海人民出版社，2006，第47页。
③ 黄仁伟：《全球治理与中国的地位与作用》，《国际展望》2010年第3期。

品。21 世纪以来，中国向世界宣示，要走和平发展道路，以自身的和平与发展带动世界的和平与发展，积极构建人类命运共同体。这显示了中国愿意努力发展与各国的关系，期望通过合作，成为世界和平与发展、地区稳定与进步的重要力量。从中国目前的综合国力和政治地位来看，中国不是国际社会的普通成员，它是亚洲地区性大国，也是国际政治经济格局中的重要力量，确实应该在地区和国际事务中发挥更加重要、更为积极的作用，这也是国际社会对中国的期望。但同时，中国自身还有大量的现实问题和困难没有解决：人口众多，负担重，国富民穷；外向型经济导致敏感性和脆弱性增加；地区发展不平衡；等等。因此，中国在提供区域公共产品时要客观地进行自我定位，不能盲目担负与自身能力不相符合的责任。中国与亚洲邻国有着深度的经济依存关系，如果中国提供超过能力承受范围的区域公共产品，不仅会拖累自身的发展，使国内经济从繁荣走向衰退，也会对亚洲的繁荣和发展造成不利影响。

另一方面，中国在提供区域公共产品时要协调好韬光养晦和有所作为的关系。目前，中国在国际舞台上的作用受到欧美国家的牵制。因此，仍然应该坚持韬光养晦，在处理地区和国际事务时实事求是、沉着冷静、自我发展、自我约束。同时，韬光养晦不等于不负责任、对外搞阴谋诡计、钩心斗角、拉帮结派，它是与有所作为结合在一起的。有所作为意味着中国要集中精力做自己力所能及而且迫切需要的事情，该出手时就出手。党的十九大报告指出，中国特色大国外交要推动构建新型国际关系，推动构建人类命运共同体。因此，中国要抓住战略机遇期，就需要把韬光养晦和有所作为结合起来，提供适当品种、适度规模的区域公共产品，大力推动区域合作和区域治理的发展。

五　积极参与并供给国际公共产品，为建立人类命运共同体而努力

从和平崛起到和平发展的转变，从和平发展到人类命运共同体的提出，都显示了中国政府在对自身和世界之间关系的认知上逐渐成熟，在国际社会赞扬"中国模式"或"中国道路"的同时，中国对自己的发展方式

进行了深刻的反思。中国寻求的和平发展道路是绝不称霸的负责任大国对全世界的承诺，是中国在走向世界大国、世界富国和世界强国的道路上，以自身的和平发展促进世界的和平与发展，与世界各国一起向着持久和平、共同繁荣的人类命运共同体迈进。

国际社会日益成为一个你中有我、我中有你的人类命运共同体，面对世界经济的复杂形势和全球性问题，任何国家都不可能独善其身。人类命运共同体是中国政府反复强调的关于人类社会的新理念。2018 年 12 月 18 日，在庆祝改革开放 40 周年大会上的讲话中，习近平总结改革开放 40 年来我国所取得的伟大历史成就时指出："我们积极推动建设开放型世界经济、构建人类命运共同体，促进全球治理体系变革，旗帜鲜明反对霸权主义和强权政治，为世界和平与发展不断贡献中国智慧、中国方案、中国力量。"习近平强调："必须坚持扩大开放，不断推动共建人类命运共同体。"这些内涵诠释出当今世界共同发展的主题，并向世界昭示了中国推动建设人类命运共同体的诚意和决心。

当然，关于建设人类命运共同体的主张代表的是一种理想，在现实中仍然存在着一些障碍。从中国国内状况看，中国整体经济规模虽然很大，外汇储备也很多，但居民收入较低，称不上真正的富国。虽然目前中国经济总量位居世界第二，但由于中国是一个人口大国，人均 GDP 较低。经济基础决定上层建筑，它是中国向人类命运共同体迈进的物质保障，低水平的居民收入会限制中国能力的发挥和这一进程的推进。此外，中国国内各类经济、政治、社会问题凸显，如经济转型压力大、能源消耗大、环境污染严重、贫富差距大、地区发展不平衡等。如果这些问题得不到有效解决，将影响到中国国内社会的和谐，更谈不上向人类命运共同体迈进。

从国际环境来看，中国与西方的国家政治体制、价值观念差异很大。布鲁金斯协会高级研究员黄靖认为，中西在政治制度和价值观念上的差异是中国在世界上实现和平发展的最大阻力。同时，美国作为世界上唯一的超级大国，它在全球的战略布局都是为了防止另一个世界强国的出现并对它的一超地位形成挑战。中国向人类命运共同体迈进无疑意味着中国要不断地增强综合国力和提高在国际上的影响力、话语权，即使中国宣称永不称霸，也改变不了这种趋势。因此，美国会尽一切办法干扰这种局面的出现。

由此可见，中国首先要以和平、发展、合作为原则，妥善解决上述问题，为推动人类命运共同体建设扫除障碍。具体而言，就是要做到以下几个方面。

首先，发展才是硬道理。要以综合国力的增长促进社会和谐，以国内和谐推动世界和谐。目前，中国面临着难得的战略机遇期，同时也是深化改革的关键时期，经济体制深刻变革，社会结构深刻变动，利益格局深刻调整，思想观念深刻变化。中国要以经济发展为动力提高综合国力，让居民充分享受到国家发展带来的生活质量的提高，在医疗、养老、住房、教育等方面增强居民的幸福感，促进社会和谐。和谐社会是人类命运共同体的重要组成部分，人类命运共同体是和谐社会向国际社会的延伸和拓展，只有实现国内和谐，才能推动世界和谐。

其次，反对霸权主义和强权政治，尊重文明的多样性，推动世界多极化发展。霸权主义和强权政治始终是威胁世界和平与发展的主要根源。以美国为首的某些发达国家依靠在国际上的强势地位，动辄干涉他国内政，造成了国际关系的紧张，危及了世界的和平与发展。人类命运共同体是承认各国"和而不同"的世界，是多样性文明共存的世界。每个国家都有自己的历史过往、文化传统和价值观念，有权选择适合自己的政治体制和经济体制，不能强制以西方文明取代东方文明。中国作为发展中大国和新兴国家，要利用联合国等国际机制，在国际政治经济格局中发挥积极作用，团结一切可以团结的力量，反对霸权主义和强权政治，推动世界多极化发展。

再次，推行公众外交和文化外交，增强国际社会对中国和平发展的认同感。中国的快速发展是举世瞩目的，引起了各国人民的关注。中国不仅要与各国建立经济互利、政治互信关系，还要利用公众外交和文化外交，宣传中国的睦邻文化与和平发展理念，让世界人民了解中国、理解中国，增进对中国和平发展的认同感，营造良好的国际舆论环境。

最后，坚持"大国是关键，周边是首要，发展中国家是基础，多边是舞台"的全方位外交布局。中国处在世界多极化的发展过程中，在对外交往中势必与各类政治力量发生联系。中国要以互信、互利、平等、协作、求同存异为原则，对待不同的政治力量，采取不同的外交策略。把与欧美大国的关系放在关键位置，在裁军、防止核扩散、打击恐怖主义、保护环境等全球性问题上，争取更多、更积极的合作；把与周边国家的关系放在首要位置，坚持"与邻为善、以邻为伴"和"睦邻、安邻、富邻"的周边外交政策，以"搁置争议，共同开发"为原则，妥善处理与周边国家的领土、海洋争议，实现在政治互信基础上的经济交融和安全合作；把与发展中国家的关系作为基础，加强团结和合作，加大对最落后发展中国家的援助，积极推动国际政治经济秩序的改革，缩小南北差距，维护发展中国家的整体利益；把多边作为舞台，加强国际机制建设，提高外交水平，制定符合人类命运共同体建设目标的国际规则。

中国是人类命运共同体理念的倡导者，也是人类命运共同体建设的积极推动者。作为发展中大国和正在崛起中的大国，中国负有重大的历史使命并发挥着越来越重要的作用。中国不仅要使自己走向富强，还要以身作则，以人类生存发展的大局为重，提供与自己能力相符合的区域公共产品，积极参与区域治理和全球治理，团结各国人民，向人类命运共同体迈进，使 21 世纪真正成为"人人享有发展的世纪"。

中国既是具有全球性影响的发展中大国，同时又是亚洲地区最大、发展最快的大国。中国的发展离不开亚洲，中国的东亚合作战略思路就是要在包容性发展理念的指导下，通过在亚洲提供区域公共产品的形式，夯实参与全球治理的基础，筑牢参与全球治理的后盾。首先，中国的国际地位决定了中国提供区域公共产品的必要性。随着中国经济实力的增长，世界各国对中国承担国际责任和国际义务的期望越来越高。所谓包容性发展的理念，就是要让全世界从中国的发展中得到好处。据此，应该让中国所处的亚洲各国分享中国发展带来的好处。参与提供亚洲地区的区域公共产品是包容性发展理念的具体体现之一。其次，中国的发展阶段决定了中国提供区域公共产品的现实可能性。在过去 40 多年间，中国迫切需要有一个和平稳定的国际环境来为国内的改革开放创造条件。现在中国的综合国力已经有了较大的提升，已经有从利用外部环境转变为构建外部环境的可能性。亚洲邻国在过去为中国的改革开放提供了各种资源和条件，如今亚洲也理应成为中国承担国际责任的起点。最后，亚洲事务的全球性决定了中国提供区域公共产品的紧迫性。20 世纪 90 年代以来，亚洲是世界上经济活力最强的地区，全球性金融危机后世界格局的调整进一步凸显了亚洲在全球治理中的战略地位，各大国的战略利益均在亚洲汇集。就中国来说，在亚洲地区参与提供区域公共产品的成功与否，直接关系到中国参与全球治理基础的牢固与否。

参考文献

Albin, C. , "Negotiating International Cooperation: Global Public Goods and Fairness," *Review of International Studies* 29 (3), 2003.

Anand, P. B. , "Financing the Provision of Global Public Goods," WIDER Working Paper Series 27 (2), 2002.

Bayer, P. , Urpelainen, J. , "Funding Global Public Goods: The Dark Side of Multilateralism," *Review of Policy Research* 30 (2), 2013.

Bernardo, T. M. , "Harnessing Collective Knowledge to Create Global Public Goods for Education and Health," *Journal of Veterinary Medical Education* 34 (3), 2007.

Blackwell, C. , Mckee, M. , "Only for My Own Neighborhood? Preferences and Voluntary Provision of Local and Global Public Goods," *Journal of Economic Behavior and Organization* 52 (1), 2003.

Bodansky, D. , "What's in a Concept? Global Public Goods, International Law, and Legitimacy," *European Journal of International Law* 23 (23), 2012.

Boucher, V. , Yann B. , "Providing Global Public Goods under Uncertainty," *Journal of Public Economics* 94 (9 – 10), 2010.

Brousseau, E. , Siebenhuner, B. , Dedeurwaerdere, T. , *Reflexive Governance for Global Public Goods* (Cambridge, MA: MIT Press, 2012).

Cafaggi, F. , "Transnational Private Regulation and the Production of Global Public Goods and Private Bads," *European Journal of International Law* 23

(3), 2012.

Carbone, M., "Supporting or Resisting Global Public Goods? The Policy Dimension of a Contested Concept," *Global Governance* 13 (2), 2007.

Cepparulo, A., Giuriato, L., "Responses to Global Challenges: Trends in Aid-financed Global Public Goods," *Development Policy Review* 34 (4), 2016.

Chou, P. B., Sylla, C., "The Provision of Global Public Goods: A Game-Theoretic Comparison of International Environment and Knowledge," *International Journal of Networking and Virtual Organisations* 8 (3/4), 2011.

Cluniesross, A., "Ways of Paying for Global Public Goods," *Journal of International Development* 16 (7), 2004.

Cornes, Richard, "Global Public Goods and Commons: Theoretical Challenges for a Changing World," *International Tax and Public Finance* 15 (4), 2008.

Coussy, J., "The Adventures of a Concept: Is Neo-classical Theory Suitable for Defining Global Public Goods?" *Review of International Political Economy* 12 (1), 2005.

Dirk, T. G., "Foreign Aid and Global Public Goods: Impure Publicness, Cost Differentials and Negative Conjectures," *International Environmental Agreements* 5 (2), 2005.

Escribano, G., "Fragmented Energy Governance and the Provision of Global Public Goods," *Global Policy* 6 (2), 2015.

Gregor, M., "Tradeoffs of Foreign Assistance for the Weakest-link Global Public Goods," *International Tax and Public Finance* 18 (2), 2011.

Gupta, M. D., Gostin, L., "Donors' Roles in Building of Global Public Goods in Health," *Lancet* 373 (9672), 2009.

Hattori, K., "Is Technological Progress Pareto-Improving for a World with Global Public Goods?" *Journal of Economics* 84 (2), 2005.

Heal, G., "New Strategies for the Provision of Global Public Goods: Learning from International Environmental Challenges," *SSRN Electronic Journal* 27 (6), 2001.

Kapur, D., "The Common Pool Dilemma of Global Public Goods: Lessons from the World Bank's Net Income and Reserves," *World Development* 30 (3), 2002.

Karlsson-Vinkhuyzen, S., Jollands, N., Staudt, L., "Global Governance for Sustainable Energy: The Contribution of a Global Public Goods Approach," *Ecological Economics* 83 (7), 2012.

Kaul, I., Faust, M., "Global Public Goods and Health: Taking the Agenda Forward," *Bulletin of the World Health Organization* 79 (9), 2001.

Kaul, I., "Global Public Goods and the Poor," *Development* 44 (1), 2001.

Kaul, I., "Global Public Goods: Explaining their Underprovision," *Journal of International Economic Law* 15 (3), 2012.

King, M., "Broadening the Global Development Framework Post 2015: Embracing Policy Coherence and Global Public Goods," *European Journal of Development Research* 28 (1), 2016.

Krisch, N., "The Decay of Consent: International Law in an Age of Global Public Goods," *The American Journal of International Law* 108 (1), 2014.

Lele, U., Gerrard, C., "Global Public Goods, Global Programs, and Global Policies: Some Initial Findings from a World Bank Evaluation," *American Journal of Agricultural Economics* 85 (3), 2003.

Levaggi, R., "From Local to Global Public Goods: How should Externalities be Represented?" *Economic Modelling* 27 (5), 2010.

Levaggi, R., "From Local to Global Public Goods: How should We Write the Utility Function," *SSRN Electronic Journal* 27, 2009.

Long, D., Woolley, F., "Global Public Goods: Critique of a UN Discourse," *Global Governance* 15 (1), 2009.

Maskus, K. E., "The Globalization of Private Knowledge Goods and the Privatization of Global Public Goods," *Journal of International Economic Law* 7

（2），2004.

Meyer, T. , "Global Public Goods, Governance Risk, and International Energy," *Social Science Electronic Publishing* 22（3），2012.

Meyer, T. , "How Local Discrimination Can Promote Global Public Goods," *Boston University Law Review* 95（6），2015.

Moon, S. R. , Ttingen, J. A. , Frenk, J. , "Global Public Goods for Health: Weaknesses and Opportunities in the Global Health System," *Health Economics, Policy and Law* 12（2），2017.

Moore, D. , "The Second Age of the Third World: From Primitive Accumulation to Global Public Goods?" *Third World Quarterly* 25（1），2004.

Morgera, E. , "Bilateralism at the Service of Community Interests? Non-judicial Enforcement of Global Public Goods in the Context of Global Environmental Law," *European Journal of International Law* 23（3），2012.

Nollkaemper, A. , "International Adjudication of Global Public Goods: The Intersection of Substance and Procedure," *European Journal of International Law* 23（3），2012.

Nordhaus, W. , "Paul Samuelson and Global Public Goods," *Samuelsonian Economics and the Twenty-First Century* 27（2），2005.

Norren, D. E. V. , "The Nexus between Ubuntu and Global Public Goods: Its Relevance for the Post 2015 Development Agenda," *Development Studies Research* 1（1），2014.

Sandler, T. , Daniel, G. A. M. , "A Conceptual Framework for Understanding Global and Transnational Public Goods for Health," *Fiscal Studies* 23（2），2010.

Sandler, T. , "Global and Regional Public Goods: A Prognosis for Collective Action," *Fiscal Studies* 19, 1998.

Sandler, T. , "On Financing Global and International Public Goods," Policy Research Working Paper 109（6），2001.

Scott, B. , "Response to Kerry Whiteside's Review of Why Cooperate? The Incentive to Supply Global Public Goods," *Perspectives on Politics* 7 (1), 2009.

Shaffer, G., "International Law and Global Public Goods in a Legal Pluralist World," *European Journal of International Law* 23 (3), 2012.

Smith, R., Beaglehole, R., Woodward, D., et al., "Global Public Goods for Health: Health, Economic, and Public Health Perspectives," *General Information* 13 (5), 2003.

Smith, R. D., Mackellar, L., "Global Public Goods and the Global Health Agenda: Problems, Priorities and Potential," *Global Health* 3 (1), 2007.

Smith, R. D., Thorsteinsdottir, H., Daar, A. S., et al., "Genomics Knowledge and Equity: A Global Public Goods Perspective of the Patent System", *Bulletin of the World Health Organization* 82 (5), 2004.

Smith, R., "Global Public Goods and Health," *Encyclopedia of Health Economics* 81 (7), 2014.

Strand, J., Navrud, S., "Valuing Global Public Goods: A European Delphi Stated Preference Survey of Population Willingness to Pay for Amazon Rainforest Preservation," Policy Research Working Paper, 2013.

Widdows, H., Marway, H., "A Global Public Goods Approach to the Health of Migrants," *Public Health Ethics* 8 (2), 2015.

Wilkinson, E., "The European Union in the G8: Promoting Consensus and Concerted Actions for Global Public Goods," *Journal of Contemporary European Studies* 22 (1), 2014.

Zhang, J., Swartz, B. C., "Public Diplomacy to Promote Global Public Goods (GPG): Conceptual Expansion, Ethical Grounds, and Rhetoric," *Public Relations Review* 35 (4), 2009.

蔡昉:《金德尔伯格陷阱还是伊斯特利悲剧?——全球公共品及其提供方式和中国方案》,《世界经济与政治》2017年第10期。

蔡亮:《试析国际秩序的转型与中国全球治理观的树立》,《国际关系研究》2018年第5期。

曹德军：《嵌入式治理：欧盟气候公共产品供给的跨层次分析》，《国际政治研究》2015 年第 3 期。

查晓刚、周铮：《多层公共产品有效供给的方式和原则》，《国际展望》2014 年第 5 期。

陈辉、王爽：《"一带一路"与区域性公共产品供给的中国方案》，《复旦国际关系评论》2018 年第 1 期。

陈建奇、张原：《中国推动全球经济治理改革的战略选择》，《天津社会科学》2017 年第 3 期。

陈来生：《全球性农业公共品供给问题探讨》，《生产力研究》2005 年第 10 期。

陈明宝、陈平：《国际公共产品供给视角下"一带一路"的合作机制构建》，《广东社会科学》2015 年第 5 期。

陈琪：《浅谈公共产品的有效的供给——从公共品的消费方面》，《商情》2012 年第 20 期。

陈霞：《大国良性竞争与地区公共产品的供给——对欧洲一体化进程中法德关系的考察》，《复旦国际关系评论》2009 年第 1 期。

程铭：《气候变化与中国参与国际公共产品供给的战略选择》，《安徽农业科学》2015 年第 36 期。

崔秋菊：《当前国际公共产品供给问题研究》，《东方企业文化》2011 年第 22 期。

丁煌、赵宁宁：《北极治理与中国参与——基于国际公共品理论的分析》，《武汉大学学报》（哲学社会科学版）2014 年第 3 期。

樊丽明：《"大国责任"视角下的"大国财政"分析》，《财政监督》2017 年第 10 期。

范春燕：《论东亚区域性经济公共产品供给模式的转变——基于中国 - 东盟自贸区建设的实证分析》，上海师范大学硕士学位论文，2011。

傅干：《朝鲜与东北亚区域合作——从区域公共产品理论角度剖析》，《韩国研究论丛》2012 年第 1 期。

傅干：《区域公共产品视域下的朝鲜与东北亚合作研究》，复旦大学博士学位论文，2012。

高鉴国、高泰姆·亚达马、高功敬：《农村基本公共品的社区供给：山东省 30 个村庄的调查》，《山东社会科学》2010 年第 2 期。

高鹏、陈励：《跨国公共产品：必然性与意义析论》，《湘潭大学学报》（哲学社会科学版）2015 年第 5 期。

何寿奎：《"一带一路"公共产品供给困境与路径优化》，《中国流通经济》2017 年第 11 期。

何岩：《地区公共产品的供给与图们江区域合作》，《法制与社会》2011 年第 15 期。

洪嘉泽：《增进中低收入国家社会福利的国际公共产品视角与实践》，《社会福利》（理论版）2018 年第 8 期。

洪亮：《国际公共产品理论视角下的"欢乐春节"》，复旦大学硕士学位论文，2014。

胡望舒、寇铁军：《区域性国际公共产品研究评述》，《地方财政研究》2016 年第 9 期。

胡文秀、贡月秋：《"一带一路"视角下中国国际公共产品的提供》，《山西高等学校社会科学学报》2018 年第 5 期。

黄昌朝：《日本东亚环境外交研究——基于区域公共产品理论的视角》，复旦大学博士学位论文，2013。

黄河：《金融发展对国际公共产品供给的影响》，《当代经济研究》2005 年第 4 期。

黄永新：《区域性国际公共产品视角下中国－东盟自由贸易区基础设施建设》，《特区经济》2011 年第 8 期。

姜默竹、李俊久：《朋友与利益——国际公共产品视角下的中国对外援助》，《东北亚论坛》2016 年第 5 期。

姜欣悦：《国际公共品供给问题研究》，《山东纺织经济》2016 年第 6 期。

康杰：《国际公共产品供给中的遵约困境与解决——以 19 世纪国际反贩奴协定体系为例》，《国际政治研究》2015 年第 3 期。

孔元：《多边环境合作问题的阐析与展望——基于"国际公共品"的视

角》,《西安交通大学学报》（社会科学版）2011 年第 4 期。

寇铁军、胡望舒：《国际公共产品供给：基于财政学视角》,《东北财经大学学报》2015 年第 3 期。

寇铁军、胡望舒：《区域性国际公共产品自主供给的行动逻辑》,《财政监督》2017 年第 14 期。

李宏佳、王宏禹、严展宇：《国际公共产品供给：中国稀土产业的经济外交策略》,《东北亚论坛》2017 年第 2 期。

李佳媛、庞晓东：《"一带一路"战略沿线区域性国际公共产品投资策略》,《环球市场信息导报》2017 年第 38 期。

李娟娟、樊丽明：《国际公共品供给何以成为可能——基于亚洲基础设施投资银行的分析》,《经济学家》2015 年第 3 期。

李娟娟：《国际公共品供给中的集体行动逻辑》,《理论与改革》2015 年第 3 期。

李娟娟：《集体行动视角下的国际公共品供给研究——一个理论分析框架及应用》,山东大学博士学位论文,2015。

李娟娟：《英国脱欧的政治经济学逻辑——基于国际公共品供给的双层博弈分析》,《国际观察》2017 年第 5 期。

李俊久：《论人民币的国际公共产品属性》,《经济学家》2018 年第 6 期。

李俊久：《"一带一路"建设中的人民币国际化：国际公共物品的视角》,《四川大学学报》（哲学社会科学版）2017 年第 4 期。

李巍：《区域霸权与地区公共产品——对北美地区主义的一种解释》,《复旦国际关系评论》2009 年第 1 期。

李巍、张玉环：《美国自贸区战略的逻辑——一种现实制度主义的解释》,《世界经济与政治》2015 年第 8 期。

李昕蕾：《跨国城市网络在全球气候治理中的行动逻辑：基于国际公共产品供给"自主治理"的视角》,《国际观察》2015 年第 5 期。

李新、席艳乐：《国际公共产品供给问题研究评述》,《经济学动态》2011 年第 3 期。

李新、席艳乐：《全球治理视野下的公私伙伴关系：现状与困境》,《经济社会体制比较》2011 年第 1 期。

李岩：《政府失灵及其矫正机制的经济学分析》，济南大学硕士学位论文，2013。

李阳：《公共产品理论视角下的国际反恐合作研究》，延安大学硕士学位论文，2015。

李占一：《博弈视角下的国际公共品供给困境与破解之道——以国际环境治理为例》，山东大学博士学位论文，2015。

李贞、谭笑、孟冬：《国际公共产品的税收供给方式分析》，《中央财经大学学报》2014 年第 12 期。

李贞、魏泽晴：《国际公共产品的税收供给困境研究》，《新疆财经》2017 年第 4 期。

林江、姚翠齐：《基于国际公共产品理论的"一带一路"财税支持政策分析》，《财政监督》2017 年第 16 期。

刘丰：《新的国际体系下中国的地位和作用》，《国际经济评论》2013 年第 6 期。

刘洪钟、周帅金：《砖国家金融合作的定位与包容性的提升——基于国际金融公共产品的视角》，《亚太经济》2017 年第 3 期。

刘世强：《十八大以来中国参与全球治理的战略布局与能力建设探析》，《当代世界与社会主义》2017 年第 2 期。

刘玮、邱晨曦：《霸权利益与国际公共产品供给形式的转换——美联储货币互换协定兴起的政治逻辑》，《国际政治研究》2015 年第 3 期。

刘雨辰：《从参与者到倡导者：中国供给国际公共产品的身份变迁》，《太平洋学报》2015 年第 9 期。

刘雨辰、杨鲁慧：《国际秩序转型视域下中国的角色转换》，《浙江大学学报》（人文社会科学版）2018 年第 5 期。

卢光盛：《地区公共产品分析——以 GMS 为例》，《复旦国际关系评论》2009 年第 1 期。

卢光盛：《国际公共产品与中国—大湄公河次区域国家关系》，《创新》2011 年第 3 期。

卢光盛：《区域性国际公共产品与 GMS 合作的深化》，《云南师范大学学报》（哲学社会科学版）2015 年第 4 期。

吕文杰：《结构建构主义视角下的国际公共产品》，《商》2015 年第 37 期。

马海涛、乔路：《中国国际公共产品供给问题研究——以联合国会费为例》，《财经问题研究》2017 年第 9 期。

孟于群、杨署东：《国际公共产品供给：加总技术下的制度安排与全球治理》，《学术月刊》2018 年第 1 期。

米军：《公共产品供给与中俄地区合作机制建设》，《欧亚经济》2018 年第 5 期。

米军、李娜：《中蒙俄经济走廊建设：基础、挑战及路径》，《亚太经济》2018 年第 5 期。

沐小东：《国际公共产品理论视角下的中欧太空合作》，外交学院硕士学位论文，2016。

宁志玲：《"一带一路"的国际公共产品功能与实现路径研究》，河北大学硕士学位论文，2016。

钱亚平：《金砖银行与全球金融治理体系改革——国际公共产品的视角》，《复旦国际关系评论》2016 年第 1 期。

庆幸：《国际金融危机后中国在国际金融公共产品供给中的角色变化》，《国际关系学院学报》2011 年第 1 期。

曲博：《国家政策偏好与地区公共产品供给不足——以东亚货币合作为例》，《复旦国际关系评论》2009 年第 1 期。

沈本秋：《美国霸权式微：国际贸易公共产品供给的视角》，《国际论坛》2011 年第 3 期。

宋效峰、黄家亮：《国际金融视角下的英美权力转移及其启示》，《江南社会学院学报》2018 年第 1 期。

宋效峰：《全球治理变革背景下中国特色国际公共产品供给范式》，《北华大学学报》（社会科学版）2019 年第 1 期。

宋效峰：《习近平新时代中国特色社会主义外交思想探析》，《社会主义研究》2018 年第 5 期。

谈谭：《中国主导湄公河次区域国际公共产品供给的路径分析——以中老缅泰四国湄公河联合巡逻执法为例》，《同济大学学报》（社会科学版）2017 年第 4 期。

田萃、韩传峰、杨竹山：《国际经济治理机制对中国贸易水平影响：国际公共产品视角》，《中国软科学》2018 年第 10 期。

田立加、高英彤：《"一带一路"建设中的公共产品供给研究》，《晋阳学刊》2017 年第 4 期。

王国清、肖育才：《全球公共产品供给的学术轨迹及其下一步》，《改革》2012 年第 3 期。

王竞超：《国际公共产品视阈下的索马里海盗治理问题》，《西亚非洲》2016 年第 6 期。

王明国：《全球治理转型与中国的制度性话语权提升》，《当代世界》2017 年第 2 期。

王玮：《紧缩政策背景下的国际公共产品供给问题研究》，《国际关系研究》2014 年第 1 期。

王霞：《"一带一路"战略下国际公共产品供给合作机制构建策略》，《改革与战略》2017 年第 3 期。

王义桅：《世界的一带一路期待》，《中国投资》2016 年第 2 期。

王逸舟：《国际公共产品：变革中的中国与世界》，北京大学出版社，2015。

王逸舟、张硕：《中国民间社会组织参与国际公共产品供给：一种调研基础上的透视》，《当代世界》2017 年第 7 期。

王宇：《精准把握国际公共产品态势有效提升中国认证认可供给》，《中国认证认可》2017 年第 10 期。

吴佩：《我国农村公共品供给的现状与对策》，《咸阳师范学院学报》2005 年第 3 期。

吴晓萍：《论国际公共产品的供给困境》，《中南民族大学学报》（人文社会科学版）2011 年第 3 期。

吴志成、李金潼：《国际公共产品供给的中国视角与实践》，《政治学研究》2014 年第 5 期。

吴志成、李金潼：《中国在国际公共产品供给中的作用日益重要》，《南开学报》（哲学社会科学版）2015 年第 2 期。

席艳乐、曹亮、陈勇兵：《对外援助有效性问题研究评述》，《经济学动态》2010 年第 2 期。

席艳乐：《国际公共产品视角下的国际经济组织运作——以三大国际经济组织为例》，西南财经大学出版社，2012。

席艳乐、李新：《国际公共产品供给的政治经济学——兼论中国参与国际公共产品供给的战略选择》，《宏观经济研究》2011 年第 10 期。

信强：《三重博弈：中美关系视角下的一带一路战略》，《美国问题研究》2016 年第 5 期。

邢彩丽：《对气候政治中国家利益的阶层属性的马克思主义解读——基于美国利益集团对政府气候政策影响的分析》，浙江理工大学硕士学位论文，2013。

徐恺：《国际公共产品、地区国际公共产品与东亚供给模式》，《理论界》2009 年第 6 期。

徐望：《基于国际公共品视角的国际反腐合作研究》，《湖北行政学院学报》2009 年第 3 期。

薛晨：《非传统安全问题与国际公共产品供给——兼论"中国责任论"与和谐世界理念的实践》，《世界经济与政治》2009 年第 3 期。

杨国庆：《从亚洲金融危机看美国金融霸权》，复旦大学博士学位论文，2007。

杨鲁慧：《中国崛起背景下的中美新型大国关系——国际安全公共产品供给的分析视角》，《山东大学学报》（哲学社会科学版）2013 年 6 月。

杨默如：《国际公共筹资的实践与启示》，《税务研究》2016 年第 6 期。

杨默如、李平：《"一带一路"战略下国际公共产品供给研究》，《价格理论与实践》2015 年第 11 期。

杨伊、蒋金法：《国际合作供给全球公共品的制度设计研究——兼论中国参与的路径选择》，《当代财经》2014 年第 1 期。

杨伊、苏凯荣：《国际公共品供给的集体行动博弈路径——对金砖国家开发银行的思考》，《江西社会科学》2015 年第 10 期。

杨怡爽：《区域合作行为、国家间信任与地区性国际公共产品供给——孟中印缅经济走廊推进难点与化解》，《印度洋经济体研究》2015 年第 6 期。

姚晓征：《"一带一路"案件的争端解决机制——国际经济法创新》，《经贸实践》2018 年第 14 期。

张帆：《国际公共产品理论视角下的多哈回合困境与 WTO 的未来》，《上海对外经贸大学学报》2017 年第 4 期。

张建新：《国际公共产品理论：地区一体化的新视角》，《复旦国际关系评论》2009 年。

张建新：《国际公共产品与地区合作》，上海人民出版社，2009。

张磊、徐琳：《从区域性国际公共产品供给角度分析东亚区域合作中的中韩自贸区建设》，《上海对外经贸大学学报》2010 年第 2 期。

张雪滢：《国际公共产品与中国构建国际机制的战略选择》，《复旦国际关系评论》2018 年第 1 期。

张志超：《国际公共产品视角下中国"一带一路"倡议研究》，辽宁大学硕士学位论文，2017。

赵思洋：《区域公共产品与明代东亚国际体系的变迁》，《国际政治研究》2015 年第 3 期。

郑先武：《区域间主义与国际公共产品供给》，《复旦国际关系评论》2009 年第 1 期。

朱杰进：《从 G8 看国际公共产品的集团供给》，《复旦国际关系评论》2009 年第 1 期。

朱赛飞、孙亚忠：《人类命运共同体：跨越"金德尔伯格陷阱"的中国智慧》，《思想教育研究》2018 年第 5 期。

〔美〕罗伯特·基欧汉（Robert O. Keohane）、约瑟夫·奈（Joseph S. Nye, Jr.）：《权力与相互依赖》，门洪华译，北京大学出版社，2002，第 56 页。

图书在版编目（CIP）数据

中国参与国际公共产品供给的模式与路径／杨伊著
. -- 北京：社会科学文献出版社，2022.7
ISBN 978 - 7 - 5228 - 0161 - 2

Ⅰ.①中… Ⅱ.①杨… Ⅲ.①公共物品 - 供给制 - 研
究 - 中国 Ⅳ.①F20

中国版本图书馆 CIP 数据核字（2022）第 090516 号

中国参与国际公共产品供给的模式与路径

著　　者／杨　伊

出 版 人／王利民
组稿编辑／高　雁
责任编辑／颜林柯
责任印制／王京美

出　　版／社会科学文献出版社·经济与管理分社（010）59367226
　　　　　　地址：北京市北三环中路甲 29 号院华龙大厦　邮编：100029
　　　　　　网址：www.ssap.com.cn
发　　行／社会科学文献出版社（010）59367028
印　　装／三河市尚艺印装有限公司

规　　格／开本：787mm × 1092mm　1/16
　　　　　　印　张：13.25　字　数：205 千字
版　　次／2022 年 7 月第 1 版　2022 年 7 月第 1 次印刷
书　　号／ISBN 978 - 7 - 5228 - 0161 - 2
定　　价／128.00 元

读者服务电话：4008918866

▲▲ 版权所有 翻印必究